독재자의 자식들은
어떻게 살았을까?

독재자의 자식들은 어떻게 살았을까?

초판 1쇄 인쇄 | 2018년 10월 30일
초판 1쇄 발행 | 2018년 11월 6일

지은이 | 이형석·서영표·강상구·김성경·정규식·김재민
펴낸이 | 박영욱
펴낸곳 | 깊은나무

편 집 | 허현자
마케팅 | 최석진
디자인 | 서정희 · 민영선

주 소 | 서울시 마포구 월드컵로 14길 62
이메일 | bookocean@naver.com
네이버포스트 | m.post.naver.com('북오션' 검색)
전 화 | 편집문의: 02-325-9172 영업문의: 02-322-6709
팩 스 | 02-3143-3964

출판신고번호 | 제313-2013-000006호

ISBN 978-89-98822-63-7 (03900)

독재자의 자식들은 어떻게 살았을까?

김정은의 담대한 게임

이형석·서영표·강상구·
김성경·정규식·김재민 공저

깊은나무

서문

그리고 김정은이 있었다

박근혜가 대통령이 됐고, 책 '독재자의 자식들' 이 나왔다. 6년 전의 일이다. 우리 저자들은 제18대 대선을 앞두고 글을 썼고 책은 선거가 끝난 2012년 12월 하순에 출간됐다. 우리는 박근혜의 당선 가능성 때문에 책을 쓰기 시작했지만 박근혜를 따로 다루진 않았다. 이에 대해 나는 6년 전 책 서문에서 "정치적 곡해와 선입견을 배제하기 위해 훨씬 더 객관적인 평가가 이루어지고, 비교적 역사적 기술이 완료된 사례만을 선택했다"고 변명 아닌 변명을 했다. "우리가 택한 우회로"라고도 했다. 한 마디로 다른 사례들이 우리와 우리가 마주할 박근혜 시대의 '반면교사' 가 되길 바란다는 말이었다. 박근혜를 독립적인 목차로 다루지 않았지만 당연히 책은 박근혜 때문에 기획이 됐고, 책 전체에 박근혜 시대에 대한 불안과 근심, 경고를 담았다.

우려는 현실이 됐다. 박근혜는 결국 임기를 다 채우지 못하고 쫓겨났다. 4년 만에 탄핵됐고 국정농단의 범죄로 감옥에 갇혔다. 우리는 책에서 현대사 속 독재자 10명과 그 자식들의 삶을 추적하면서 "우리 앎이 미치는 한, 독재자의 자식들은 하나같이 비극으로부터 자유로울 수도, 벗어날 수도 없었다"고 했다. 우리는 그 이유로 "독재자들의 자식들은 대개 아버지의 권력이 절정일 때 태어나고 자랐다. 애초부터 아버지가 이룩한 세계, 아버지의 나라를 부정한다는 것이 불가능할 수밖에 없었던 이유"라고 썼다. "그들은 아버지 권력의 부침에 따라 행복했고 불행했으며, 천국과 지옥의 끊임없는 교차와 분열을 겪었다. 이 모든 것이 비극의 기원"이라고도 했다. 특히 독재자의 자식들이 선대의 뒤를 이어 정치에 나설 경우 비극은 개인만이 아닌 모두의 것이 된다고 했다. 박근혜는 우리의 '경험적인 결론'을 입증한 사례가 됐다. 우리는 독재라는 악이 자식들을 통해 어떻게 필연적으로 반복되는지도 고찰했다. 한번은 비극으로, 한번은 희극으로 말이다. 아버지는 총탄으로 권력을 마감했고, 딸은 탄핵으로 권좌에서 쫓겨났다. 이번 개정판에선 박근혜를 목차에 새로 넣었다.

그리고 김정은이 있었다. 처음 우리는 박근혜 때문에 책을 썼고, 김정은 때문에 개정판을 내게 됐다. 문재인 대통령과 함께 한반도의 새 역사를 써 가고 있는 또 다른 '독재자의 자식' 김정은 북한 국무위원장이 아니었다면 우리가 책에 새로 손을 댈 이유가 크진 않았을 것이다.

문재인과 김정은이 열어간 2018년의 한반도를 누가 예상이나 했을까. 그 변화의 폭과 속도를 짐작이나 했을까. 김정은은 한국전쟁 후 북한 최고지도자로는 처음으로 미국 대통령과 정상회담을 했다. 도널드 트럼프 미국 대통령과의 싱가포르회담이었다. 문 대통령과는 반년 사이 세 번이나 만났다. 한국전쟁의 종전과 한반도의 비핵화, 평화공존체제의 구축, 남북미관계의 완전한 정상화 등의 시나리오가 본궤도에 올랐다. 앞으로도 시련과 곡절이 없을 수는 없겠으나 정전과 비핵화, 항구적 평화라는 역사적 흐름이 뚜렷하다.

무엇이 김정은을 국제사회로 불러냈을까. 트럼프 대통령이 말하길, 김정은은 어떻게 핵을 든 겁 없는 '꼬마 로켓맨' 에서 '개방적이고 훌륭한 지도자' 가 됐을까? 문재인 대통령이 표현하길, 김정은은 어떻게 '분노와 실망' 의 대상에서 '감동과 희망' 의 존재가 됐을까?

이번 개정판에서는 김정은에 대한 분석에 가장 높은 비중을 뒀다. 현재의 국제정세와 한반도의 앞날에 끼치는 그의 영향력을 생각하면 당연한 일이다. 김정은이 국제무대에 등장해 비핵화와 북한 경제발전을 두고 협상할 수 있게 된 조건, 3대째로 내려오는 북한세습권력의 변화를 살폈고, 다양한 참고문헌과 증언 자료를 활용해 성장과정과 인성 등 '개인 김정은' 을 조망했다.

박정희 없는 박근혜의 정치적 삶이란 떠올릴 수 없듯이, 김정일을 빼놓고 김정은의 통치행위를 논할 수는 없을 것이다. 김정일은 아버지[김일성]의 성공신화를 물려받았지만, 김정은은 아버지[김정일]가 실패한 나라를 물려받았다. 아버지의 시대, 권력의 영광과 전성기 속에서 성장과정을 보냈던 다른 독재자의 자식들과 김정은의 출발은 달랐다. 뿐만 아니라 '왕자' 로서 자라나고 북한에 스스로를 가뒀던 김정일과 달리, 김정은은 국제적인 감각과 중산층 가정의 생활감각을 갖추며 성장했고, 바깥 세계로 담대하게 발걸음을 내디뎠다. 성장과정에서 어머니[고용희]와의 안정적 애착관계도 김정은의 인성형성에 중요한 영향을 미쳤을 것이다. 정상회담을 비롯해 북한 대내외 공식 행사에서 부인 리설주와 보여주는 정상국가의 정상 부부 이미지는 다만 홍보 전략만은 아닐 것이다. 우리는 김정은을 둘러싼 다양한 국제·역사적 조건과

이에 응전하는 김정은과 북한의 전략, 김정은의 다양한 개인적 면모를 짚어보려고 했다. 냉철한 시각을 잃지 않으려 했으되, 글 전반에 다소의 긍정적인 뉘앙스가 녹아 있을 것이다. 여기서 그가 다른 독재자 자식들의 전철을 밟지 않고, 앞으로도 한반도 평화 구축의 좋은 파트너가 되기를 바라는, 국민의 일원으로서 개인적인 희망까지 포기하라고 한다면 필자에겐 너무 가혹한 요구가 될 것이다.

김정은과 박근혜를 제외한, 다른 목차의 구성은 6년 전 초판과 같다. 10명의 독재자를 택해서 그 자식들의 삶을 추적했다. 총 세 부분으로 나누어 처음은 현대사에서 파시즘의 출현, 공산주의 체제의 성립 및 강화 시대를 배경으로 등장했던 독재자들과 그 자식들의 삶을 다뤘다. 두 번째는 식민지 시대와 냉전 체제의 사이에서 집권한 통치자들을 대상으로 했다. 세 번째는 아버지의 대를 이어 정치의 전면에 나선 자식들의 사례를 담았다.

6명의 필자들은 서로 다른 기술 방식으로 대상에 접근했다. 아버지와 자식들이라는 개인적인 관계에 기초해 내재적으로 접근한 방식이 있는가 하면 정치 경제 체계 및 국제사회의 변화라는 역사적인 조망 속에서 기술한 글도 있다. 박근혜와 김정은 편이 우리 역사와 현실을 돌아보는 계기라면, 다른 독재자와 그 자식들의 사례는 세계사에 대한 시야를 넓혀주는 지적 경험을 독자들에게 줄 수 있으리라 본다.

대표저자 이형석

차례

2장

부패와 폭력의 승계자들

3장

망령의 부활

1장

비극과 도피의 여정

'나는 당신의 딸이 아니다'

독재자의 자식들은 아버지로부터 탄생한 비극의 고리를 끊어내지 못했다. 아버지의 삶으로부터, 아버지의 정치적 영혼으로부터 단절하지 못했다. 아버지를 극복하지도 못했고, 아버지의 죄를 대속할 수도 없었다. 비극을 거스를 수는 없었다. 태내에서부터 주어진 운명이 유일하게 허락한 길은 비극으로부터의 도피, 비극으로부터의 은둔일 뿐이었다.

구소련

'아버지' 라는 트라우마

_ 비극으로 점철된 스탈린 자식들의 삶

서영표 | 제주대 사회학과 교수

소비에트연방의 제2대 서기장
이오시프 스탈린

스베틀라나 막내딸

야코프 정남

아버지가 좀도둑이나 삼류 깡패 정도라면 자식은 아버지의 존재를 부정할 수 있다. 동시에 아버지에 대한 연민의 정을 느낄 수도 있으리라. 드라마에 흔히 등장하듯 아버지가 힘과 재력을 가진 악한인 경우 약간의 고민이 더해진다. 갈등하면서 악행에 동참하기도 한다. 만약 그 아버지가 20세기 전 세계 역사를 통틀어 가장 잔인한 독재자 1, 2위를 다투는 사람이라면 어떨까? 그 이름이 가진 무게가 너무 커서 비난할 수는 있지만 그 존재를 부정할 순 없는, 그래서 평생을 꼬리표처럼 따라다니는 누구의 딸, 누구의 아들이라는 멍에를 짊어지고 살아야 한다면?

조제프 스탈린Joseph Vissarionovich Stalin, 1879~1953은 20세기 역사상 악당 1위 자리를 놓고 아돌프 히틀러와 순위 다툼하고 있는 사람이었다. 우파에게 그는 악마였으며, 좌파에게는 비판하고 극복해야 하는 걸림돌이었다. 사망한 지 60년이 다 되어가는 시점에서도 그의 이름은 여전히 어둡고 무거운 그림자다. 20세기 사상사와 정치사를 다루는 책에서 반스탈린주의라는 말을 쉽게 찾을 수 있기도 하다.

스탈린에 대한 무수히 많은 다큐멘터리와 영화, 그리고 학술 논문이 생산되었다. 그리고 우리는 그를 '볼셰비키' '레닌의 유언장' '모스크바 공개 재판' '독소불가침 조약' '스탈린그라드 전투' '우상화' '흐루시초프의 격하운동' 등의 굵직한 역사적 사건들의 중심인물로 기억하고 있다. 강철이라는 뜻의 그의 이름이 상징하듯 레닌 사후 권력을 독점하고 소위 '사회주의 조국 방어'라는 이름으로 수많은 숙청, 유형, 처형을 최종 승인했던 사람이다.

그는 그루지야에서 태어났고 젊은 시절 혁명 운동에 뛰어들었으며 차르 러시아 경찰에 쫓기고, 체포되고, 투옥되었으며, 시베리아로 유형 보내졌다. 레닌을 만나 스탈린이라는 이름을 얻었으며 러시아 혁명 과정에서 대표적인 볼셰비키 정치인으로 성장한다. 레닌이 그의 권력욕을 두려워해 제거할 것을 당부하는 유언장을 남겼지만 이를 미리 알아채고 비밀 당대회에서 공개하도록 했다.

그 이후 권력을 집중해 가는 과정에서 볼셰비키 동료였던 지노비예프, 카메네프, 부하린 등을 제국주의 간첩으로 몰아 공개 재판하고 처형한다. 사회주의 조국을 방어한다는 명분 아래 나치 독일과 손을 잡음으로써 서방의 공산주의자들, 특히 독일의 공산주의자들을 곤경에 빠뜨리기도 했다. 영국의 영화감독 켄 로치가 만든 〈랜드 앤 프리덤〉에는 스페인 내전기에 스탈린 노선이 끼친 부정적인 모습이 잘 그려져 있다.

어디 그뿐인가? 독일과의 협조 아래 폴란드를 침공했고 여기서 그치지 않고 핀란드까지 무력 침공한다. 하지만 결국에는 히틀러의 나치 독일에 뒤통수를 맞아 막강한 나치의 최정예 부대의 침공을 받게 된다. 나치 독일을 몰아내지만 그 과정에서 치른 대가는 너무나 컸다. 대량 살상과 인민의 희생이 동반되었기 때문이다.

20대 초반의 스탈린

스탈린의 망령, 살아 있는 혁명가들의 영혼을 질식시키다

스탈린은 1953년 사망했다. 하지만 그의 영향력은 사라지지 않았다. 서방과 제3세계 혁명 운동은 스탈린이 '스탈린주의'라는 이름으로 남겨둔 경직된 마르크스주의적 교조에 의해 질식당했다. 그가 죽은 후 그에 대한 우상 숭배를 비난했던 후루시초프조차 1956년 헝가리를 무력 침공했으며 공산주의 운동의 다양성을 억압했다. 2차 세계대전 중의 반파시스트 투쟁의 경험과 자본주의 극복의 대의에 헌신했던 수많은 지식인들과 투사들은 공산당을 떠났다. 죽은 스탈린의 망령이 살아 있는 '혁명가'들의 영혼을 질식시

60대 초반의 스탈린

킨 것이다.

그의 힘이 강력했던 만큼, 그리고 그가 편집증적으로 권력에 집착했고 처음부터 끝까지 본인의 통제 아래 두려 했던 '일벌레'였던 만큼 그의 주변 인물들은 불행할 수밖에 없었다. 열렬한 나치주의자들이 스스로가 저지른 만행을 독일 민족을 위한 소명으로 생각하고 모든 열정을 바쳤듯이, 스탈린은 레닌이 그에게 물려준 사회주의 조국을 방어하기 위해 정적들을 숙청하는 일을 소명 의식에 따라 거행하였다.

이러한 그의 성격은 개인사에서도 독선적이고 가부장적 모습으로 드러났다. 가장 가까운 가족들이 그가 휘두른 거대한 권력에 의해 고통받았고, 다른 한편으로는 권위주의적인 가부장의 독선에 일그러진 삶을 살아야 했다. 일찍 세상을 뜬 첫 번째 부인은 논외로 친다 해도, 두 번째 부인까지 자살로 삶을 마감해야 했다. 두 아들과 그가 사랑했던 막내딸의 인생도 순탄치 못했다. 순탄하지 못하다는 말을 넘어 비극적이라는 말이 더 어울릴지도 모르겠다.

첫 번째 부인과의 사이에서 태어난 야코프 주가슈빌리Yakov Dzhugashvili, 1904~1943, 스탈린의 원래 성는 아버지의 거대한 그림자 아래서 우울하게 살다가 비참한 최후를 맞았다. 그가 아버지를 부정하고 벗어날 수 있는 방법은 스스로의 목숨을 포로수용소의 전기 철책에 던지는 것 말고는 없었던 것이다.

스탈린의 장남 야코프

막내딸 스베틀라나Svetlana stalina, 1926~2011는 85년이라는 기나긴 삶 동안 오빠보다 훨씬 적극적으로 아버지를 부정하려고 몸부림쳤다. 하지만 그녀는 오빠가 죽음을 통해서야 겨우 벗어났던 아버지의 그늘을 평생 벗어나지 못했다. '나는 더 이상 스탈린의 딸이라는 딱지로부터 자유로워질 수 있다는 즐거운 환상을 가질 수 없다'는 말년의 고백은 그녀의 우여곡절 많은 삶을 잘 대변해 준다.

방치된 아들, 독선적 권력자 아버지에 의해 죽음으로 내몰리다

야코프는 1907년 3월 18일 태어났다. 유년 시절 아버지 스탈린은 차르 체제 하의 반체제 인사였기 때문에 아버지의 애정을 받을 수 있는 상황이 아니었다. 스탈린은 체포와 추방을 반복하고 있었다. 어머니도 그가 태어난 해 12월에 세상을 떠나 부모의 보살핌 없이 유년기를 보낼 수밖에 없었다. 때문에 그는 열네 살까지 아버지의 고향인 그루지야에서 친척들 손에 의해 성장한다. 그는 학업을 위해 모스크바로 보내지기 전까지 러시아어조차 할 줄 몰랐다. 1917년 볼셰비키 혁명 이후에도 일벌레였던 스탈린이 아들에게 애정을 쏟았을 리 만무했다.

야코프의 비극적 죽음에 대한 공식 기록은 그가 전쟁 포로로 잡혀 있던 독일 작센하우젠 나치 수용소에서 경비병에 의해 사살되었다는 것이다. 그는 경비병의 경고를 무시하고 철책에 접근했다가 그 자리에서 사살되었다. 1941년 6월 독소전쟁독일은 소련 침공에 '바바로사'라는 작전명을 붙였다이 발발했을 때 탱크부대에 소속된 초급 장교소위였던 야코프는 전쟁 초기였던 1941년 독일군의 포로가 된다. 전쟁이 발발한 직후 스탈린의 첫 번째 포고가 '항복은 반역으로 간주한다'는 것이었으니 그는 아버지에게, 그리고 조국 소련에게 반역자가 된 것이다.

그의 죽음에 대한 의견은 오랫동안 엇갈려 왔다. 전투 중에 전사했다는 설부터 영국군 장교들과의 다툼 끝에 자살했다는 설까지 확실한 결론이 나지 않았다. 하지만 현재 정설로 된 것은 앞에서 언급했듯이 스스로 수용소 철책에 접근함으로써 자살을 선택했다는 것이다. 그는 전쟁 전에도 자살을 시도했었다. 유대인 약혼녀와의 결혼을 반대한 아버지와의 불화 때문에 권총 자살을 시도한 것이다. 자살이 실패로 돌아간 뒤에도 스탈린은 '총 하나 제대로 쏘지 못한다'며 아들을 힐책했다고 전해진다.

스탈린이 포로가 된 야코프의 구출 작전을 지시하기도 했지만 아들에 대한 그의 태도는 초지일관 냉정한 것이었다. 독일 측에서 스탈린그라드 전투 패배 후 항복한 프리드리히 파울루스와 교환을 제안했을 때 스탈린은 '육군 원수와 일개 병사를 교환하지 않겠다'며 거절했다는 일화는 매우 잘 알려져 있다. 스탈린그라드 전투의 패배를 견디기 힘들었던 히틀러는 4성 장군이었던 파울루스를 원수로 승진시키며 자살을 종용했지만 그는 항복을 선택했다. 히틀러는 야코프와의 교환을 통해 자신의 육군 원수가 스탈린의 포로로 있는 수모를 벗어나려 했을지도 모른다. 나치 독일 당국의 온갖 선전에 제물이 되었던 야코프가 이 사실을 몰랐을 리 없다. 아버지의 사랑을 독차지했던 누이동생과는 달리 철저하게 버려졌다는 절망에 빠졌을 것이다.

나치 독일의 선전용 제물이 된 야코프의 절망

하지만 이 정도로는 그가 겪었던 절망의 일부만을 설명할 수 있을 뿐이다. 그가 자살한 이유로 오랫동안 거론되어 왔던 것은 자살 직전 영국군 장교들과의 충돌이었다. 연합국으로 함께 싸우고 있었지만 소련군과 영국군의 사이가 좋았을 리 없다. 스탈린의 아들에게는 더욱 적대적이었다. 그러나 최근에 그를 자살로 몰아간 결정적 계기 또한 그의 아버지에 의해 제공된 것으로 드러났다.

1939년 8월 23일 모스크바에서 독일 외상과 소련 인민위원회 의장 겸 외무인민위원은 상호불가침조약[독소불가침조약]에 서명했다. 조약 체결 후 독일과 소련은 폴란드를 침공하고 분할 점령했다. 점령 후 소련은 폴란드 장교와 사병 2만 명 그리고 반소련 정서를 가진 지식인들을 색출한 후, 1940년 3월 초 스몰렌스크 근처의 카틴 숲에서 대량 학살하는데, 이때 독일제 권총을 구입해 학살에 사용함으로써 독일의 소행으로 몰아갔다. 독일과 대치하고 있었던 연합국 측에서 소련 편을 들어준 것은 당연한 것이었다. 하지만 포로로 있었던 야코프에게 카틴 학살은 소련, 즉 아버지가 저지른 일로 전해졌다. 여기에 대해 독일인들의 경멸과 조롱이 뒤따랐을 것이다[소련에 의해 자행된 학살이라는 사실은 1993년 러시아 당국에 의해 확인되었다].

아버지에 의해 반역자가 되었고 적의 수중에서 아버지가 저지른 대량 학살을 확인했던 야코프에게 더욱더 잔인한 현실은 수용소에서 그의 가장 가까운 친구이자 함께 탈출을 시도했던 사람이 폴란드인이었다는 것이다.

카틴 학살이 독일 언론에 의해 보도된 후 그가 겪었을 정신적 고통은 미루어 짐작하고도 남음이 있다. 굶주림에 시달릴 수밖에 없는 수용소의 열악한 환경 때문에 생긴 육체적 고통과 그 위에 더해진 훨씬 크고 감당하기 어려웠던 정신적 고통은 그를 극단으로 몰고 갔던 것이다. 포로로 잡힌 반역 행위와 아버지에 대한 두려움만으로도 충분히 괴로웠을 그에게 '스탈린을 위해 피를 흘리지 마라, 그는 이미 사마라[러시아의 도시]로 도망쳤다. 그의 아들도 항복했다. 스탈린의 아들이 스스로의 목숨을 구했다면 당신들이 스스로를 희생할 의무는 없다' 는 선전 문구는 그를 절망하게 만들었다. 결국 1943년 4월 15일 경비병의 경고를 무시한 채 수용소의 전기 철책으로 다가가 '나를 쏴라' 고 외쳤다.

야코프는 철권통치를 휘두른 독재자의 아들이었다. 하지만 그의 아버지 스탈린은 자신의 아들에게 특권을 부여하는 사람이 아니었다. 일반 병사들과 똑같이 전선에 보내졌다. 그는 이것에 대해 원망하지 않았을 것이다. 오히려 그가 스탈린의 아들이 아니었다면 일반 병사들처럼 전선에서 평범하게 전사했을 수도, 포로수용소를 견뎌내고 고향으로 돌아갔을 수도 있다.

병사들 개개인에게 전쟁은 공포이자 고통이며 비극이었겠지만 야코프만큼 비극적이지는 않았을 것이다. 야코프는 다른 독재자의 자식들처럼 아버지의 권력을 향유하지도 못했고 오히려 그 권력 때문에 고통받고 괴로워하다 죽음을 선택할 수밖에 없었으니 말이다. 그는 '혁명가' 스탈린에 의해 방치되었고, 권위적인 아버지에 의해 훈육되었으며, 절대 권력자 아버지에 의해 살해된 것이다.

그는 죽음을 선택함으로써 아버지로부터 벗어나는 비극의 주인공이 되었다. 그의 누이동생이 85년이라는 파란만장한 삶을 통해 이루고자 했던 아버지로부터의 '자유' 를 그는 단 한순간에 성취한 것이다.

스탈린의 '어린 참새', 평생 날고 싶었지만 날지 못했다

스베틀라나는 1926년 2월 28일 태어났다. 평생 사용했던 세 개의 서로 다른 이름이 그녀의 일생을 응축해 보여 준다. 그녀는 아버지가 죽은 후 스탈린이라는 성을 버리고 어머니의 이름을 따른다. 스베틀라나 알리루예바Svetlana Alliluyeva, 그리고 미국인 남편의 성을 따라 라나 피터스Lana Peters라는 이름을 얻는다. 2011년 이 이름으로 생을 마감했다.

그녀는 스탈린의 두 번째 부인 나제즈다 알리루예바 사이에서 둘째로 태어났다. 그의 오빠 바실리는 이 글의 마지막에 간략하게 언급할 것이다. 스탈린은 유일한 딸에게 온갖 애정을 쏟았다. 증언에 따르면 수많은 사람들을 수용소로 보내고 처형 허가서에 서명하는 '격무'에 시달리다가도 집에 돌아오면 '나의 작은 보스는 어디에 있나?' 라고 외쳤다 한다. 그리고 자신의 딸을 '작은 참새' 라고 불렀다. 소련에서 그녀의 인기는 미국 유명 배우 이상이었으며, 스베틀라나라는 이름을 딴 향수까지 만들어질 정도였다. 그리고 당시 당 고위 간부들의 자제들이 그랬던 것처럼 평범한 인민의 아이들이 겪어야 했던 노동과 배고픔으로부터 '격리' 된 채 행복한 유년을 보냈다. 어린 소녀는 고통스러운 일상의 삶으로부터 보호되었으며 사람들을 공포에 떨게 한 권력자의 '의심'과 '변덕'으로부터도 안전한 곳에 있었다.

스탈린의 사랑을 듬뿍 받았던 딸 스베틀라나

그녀는 자신의 아버지가 절대 권력자 주변에서 권력이나 나누어 갖는 일개 간부였다면, 또는 그녀에게 특별한 계기가 없었다면 아버지를 끝까지 존경하고 숭배했을지도 모를 일이다.

우리는 독재자와 학살자의 아들과 딸이 아버지를 옹호하는 모습을 흔하게 볼 수 있다. 하지만 그렇게 가볍게 여기기엔 스탈린은 너무나 거대한 권력을 가지고 있었다. 그 거대한 권력만큼이나 어두운 그림자는 그의 귀여운 어린 참새에게 내려앉을 수밖에 없었다. 그녀는 그것을 감지하지 못할 정도로 바보가 아니었다. 거기다 어린 스베틀라나가 아버지로부터 거리를 두게 되는 결정적 계기가 있었다. 그것은 바로 어머니의 죽음이었다.

어머니의 충격적 자살…… 아버지의 실체와 직면하다

그녀의 어머니는 그녀가 여섯 살 때인 1932년 11월 8일 사망했다. 당시 55세였던 스탈린과 12년 동안 결혼 생활을 했던 나제즈다의 나이는 30세였다. 증언에 따르면 부인을 대하는 스탈린의 태도는 매우 강압적이고 폭력적이었다 한다. 자살이 아니라 스탈린에 의해 살해되었다는 소문이 돌 정도였다. 딸에게 자상한 아버지였던 것과는 너무나 다른 모습이었다. 스탈린은 딸에게 어머니의 죽음에 관한 진실을 숨겼다. 장례식장에서 관 속에 누운 엄마를 보며 단순 복막염으로 사망한 것으로 알고 있었다. 어머니의 죽음과 함께 평소 가깝게 지내던 이모와 사촌들과도 격리되었다. 그리고 아버지도 전과 같지 않았다. 아들과 딸을 경호원들이 돌보게 했다.

돌도 되기 전에 어머니를 여의고 아버지의 관심을 받지 못했던 야코프와는 달리 아버지의 사랑을 듬뿍 받고 자란 스베틀라나는 아버지에 대한 두려움이 없었다. 아버지를 닮아 고집도 셌으며 사춘기를 거치면서 아버지와 잦은 마찰을 일으켰다. 그러나 아직 아버지를 부정하는 결정적인 선을 넘지는 않았다. 그 결정적인 순간은 열여섯 살 때 찾아온다. 평소 가족처럼 지내던 스탈린의 측근 집에서 우연히 어머니의 자살을 보도하고 있는 런던발 뉴스를 보게 된 것이다. 복막염으로 죽은 줄 알았던 어머니가 실은 권총으로 자살했다는 사실을 확인하는 순간이었다. 그 순간 아버지에 대해 환멸을 느끼기 시작했다. 그녀는 '내 안의 무엇인가가 파괴되었다. 더 이상 아버지의 말과 뜻에 복종할 수 없었다' 고 술회했다. 그 순간 정말로 그렇게 느꼈는지, 아니면 이후에 지속되는 아버지와의 불화와 그가 저지른 거대한 '죄악' 을 알게 되면서 그때의 느낌을 과장되게 '기억' 하게 되었는지는 분명치 않다. 어차피 기억이란 끝없이 경험하는 '현재' 에 의해 갱신되고 가공되는 것이니까 말이다. 어쨌든 거대한 권력을 가진 아버지, 그 아버지에게서 받은 절대적인 사랑, 어머니의 충격적 자살, 그리고 그것을 숨기려 했던 아버지 등…… 어린 소녀가 감당하기엔 벅찬 일이었을 것이다. 특히 본인만 몰랐을 뿐 이미 외신에 보도된 공공연한 사실이었다는 것에 더 충격을 받았을지도 모른다. 이 모든 것이 아버지에 대한 증오와 불신의 싹을 틔웠다.

아버지의 뜻을 거스르는 연애 사건과 서방으로의 도피

권력의 울타리 안에서 보호받고 있었던 소녀가 아버지에게 저항할 방법은 많지 않았다. 권력에 도전하는 정치적 행동은 처음부터 생각할 수 없는 선택지였다. 십대인 그녀가 아버지에게 저항하는 방법으로 선택한 것은 아버지의 뜻을 거스르는 연애 사건이었다. 어머니 죽음의 진실을 알게 된 직후 어린 그녀는 이미 결혼한 지

22년이나 된 나이 든 유대인 영화감독 알렉세이 카플러Alexei Kapler와 사랑에 빠진다. 사랑에 빠진 것인지 아니면 아버지에 대한 반항이었는지는 명확지 않다. 어쨌든 스탈린이 노발대발했음은 자명한 사실이다. 결국 이 연애 사건은 카플러의 체포와 투옥으로 귀결된다. 아버지를 미워할 또 하나의 이유가 추가된 것이다. 그녀의 반항은 여기서 그치지 않았다. 이번에도 유대인 남성을 파트너로 고른다. 모스크바대학의 동료 학생 그리고리 모로조프Grigori Morozov와 결혼을 선언한 것이다. 이번에 스탈린은 마지못해 용인했지만 그의 얼굴조차 보지 않았다. 결국 이 결혼도 오래가지 못하고 1947년에 이혼한다.

딸이 자신이 신임하는 사람과 결혼하기를 원했던 스탈린은 1949년, 자신의 측근 안드레이 즈다노프의 아들이자 촉망받는 당 관료 유리 즈다노프Yuri Zhdanov와 결혼시켰으나 이 또한 파경에 이른다. 그녀는 두 번의 결혼에서 두 명의 자녀를 두었는데 후에 서방으로 망명할 때 이 두 자녀를 버려두고 떠난다. 어머니로서의 의무보다는 아버지의 나라로부터 벗어나야겠다는 열망이 더 컸는지도 모른다.

1953년, 절대 권력자였던 스탈린이 사망하자 그녀는 바로 아버지의 성을 버리고 어머니 성을 따른다. 소극적 저항 내지 스탈린의 딸이라는 자기 존재에 대한 부정이었을 것이다. 그러나 결코 스탈린의 그늘에서 벗어나진 못했다.

불행한 그녀의 인생에 진실된 사랑이 끼어들 자리는 없었다. 1963년 모스크바에 체류 중인 인도 공산주의자 브라제시 싱Brajesh Singh을 만나게 된다. 둘은 공식적 결혼은 하지 않았지만 4년 동안 동거했다. 하지만 싱은 병약했고, 오래 살지 못했다. 그녀는 싱의 유골을 인도에 있는 가족에게 전해 준다는 명목으로 소련 당국의 허가를 받은 후, 여행 도중 미국대사관에 정치적 망명을 신청한다. 1967년의 일이었다.

그렇게 서방 세계로 간 그녀는 아버지를 부정하며 두 권의 자서전 《한 친구에게 보내는 20통의 편지》1967와 《바로 그해》1969를 출간한다. 냉전이라는 조건은 소련의 절대 권력자 스탈린의 딸이라는 좋은 먹잇감을 그대로 놔두지 않았다.

망명으로도 벗지 못한 스탈린 딸이라는 굴레

스탈린의 아들 야코프는 강제적으로 선전에 이용되었고 딸 스베틀라나는 아버지의 기억을 지우기 위해 망명했던 서방 세계에서 소련을 비난하는 선전 도구로 이용되었다. 유명세를 타고 돈도 벌었다. 하지만 행복하지 않았다. 그녀가 원했던 것은 그런 것이 아니었다. 아버지의 그늘에서 벗어나기 위해 선택한 망명이었지만 스탈린의 딸이라는 굴레는 그녀를 더욱 옥죄었다. 평탄하고 안정적인 삶은 그녀의 운명이 아니었다.

이런 심리 상태는 두 가지 '증상'으로 나타났다. 첫 번째는 종교에의 귀의였다. 종교에의 귀의를 굳이 증상이라고 표현한 이유는 그녀가 하나의 종교적 믿음에 머물지 못했기 때문이다. 처음에는 그리스 정교, 그 다음에는 로마 가톨릭과 힌두교까지, 그리고 한때 수녀가 될 생각까지 하게 된다. 세속에선 도저히 얻을 수 없는 마음의 평안을 영적 삶을 통해 얻으려 했던 것이다. 하지만 종교조차 그녀의 상처받은 영혼을 치유하진 못했다. 평안을 찾지 못한 스베틀라나의 정신은 편집증에 시달리게 된다.

두 번째 '증상'은 한 곳에 정착하지 못하고 대륙과 대륙을 옮겨 다니며 방랑한 것이었다. 1967년 미국으로 망명한 후 미국인 건축가 윌리엄 웨슬리 피터스와 결혼한다. 1970년의 일이었다. 그때 세 번째 이름인 라나 피터스를 갖게 되고, 늦은 나이인 46세에 딸 올가를 낳는다. 그녀의 영혼은 여기에서도 안정을 얻지 못한다. 4년 후 또다시 이혼하고 영국으로 이주한다.

그녀의 여정은 여기가 끝이 아니었다. 자신이 스탈린의 딸이라는 자각을 더욱 강하게 만들었던 서방 생활을 청산하고 1984년 소련으로 되돌아간다. 소련 당국은 서방 사회에 대한 환멸을 담은 《아득한 음악The Faraway Music》 출간을 계기로 그녀와 화해한다. 하지만 그녀는 그 어느 곳에도 정착할 수 없었다. 이미 서방을 경험한 그녀에게 소련은 견디기 어려웠고, 또다시 미국행을 감행한다. 그게

1987년이다. 그리고 일 년 후 다시 영국으로 향했고, 1990년 감정 조절에 심각한 문제를 지닌 사람들을 돌보는 요양 시설에 거주하고 있다는 소식이 전해지기도 했다. 그 후로 죽음에 이를 때까지 외롭게 사람들의 뇌리에서 잊혀져 갔다. 냉전이 끝나자 더 이상 그녀를 정치적으로 이용할 필요가 없었기에 세상은 그녀의 삶을 궁금해 하지 않았다. 그녀에게 쏟아진 냉전시대의 관심은 그녀의 영혼을 피폐하게 만들었고, 관심이 사그라들어 조용한 삶을 누리게 되었을 때는 그것을 향유할 마음의 여유가 없었다.

스베틀라나 스탈린으로 태어나 스베틀라나 알리루에바를 거쳐 라나 피터스라는 인생을 산 그녀는 2011년 11월 22일 미국 땅에서 고단한 삶의 여정을 끝마친다. 그녀는 '당신은 당신의 운명을 후회하지 않을지 모르지만 나는 나의 어머니가 목수와 결혼하지 않은 것을 후회한다'고 했다. 평범한 목수의 딸이었다면 오히려 행복했을지 모른다. 그랬다면 그토록 고단한 삶의 여정은 겪지 않았을 것이다.

바실리, 순탄했으나 젊은 나이로 세상을 뜨다

스베틀라나의 다섯 살 연상 오빠 바실리 스탈린Vasily Stalin의 삶은 이복형과 여동생에 비해 그나마 순탄한 편이었다. 1921년 3월 21일

출생한 바실리는 일찍부터 군에 들어가 공군 장교로 빠르게 승진했다. 1941년 12월 스무 살의 나이에 이미 소령이었고 몇 달 후에는 대령으로 진급했다. 2차 대전 중 공군 조종사로 공훈을 세우기도 했다. 전쟁 후 소장으로 진급했을 때의 나이가 스물다섯이었다. 그리고 다음 해에 중장이 되었다. 하지만 1952년 군사 퍼레이드 도중 발생한 사고의 책임을 지고 해임된다. 그리고 아버지가 죽은 후 1953년 4월 28일 외교관들과의 만찬 도중 기밀을 누설한 죄로 체포되어 8년 동안 복역한 후 1960년에 풀려난다. 그리고 두 해 뒤에 마흔한 살의 젊은 나이로 세상을 뜬다.

바실리의 삶도 행복하지 않았다. 하지만 그의 형과 누이동생에 비하면 평범해 보일 정도다. 스탈린의 입장에선 가장 마음에 드는 아들이었을 것이다. 스탈린 사후 위험인물로 간주되어 투옥되기는 했지만 형이 느꼈던 아버지에 대한 두려움과 아버지의 과오에 의해 겪어야 했던 극심한 정신적 고통은 겪지 않았다. 그는 누이동생이 유럽과 미국, 그리고 소련을 오가며 겪어야 했던 정신적 혼란, 벗어나려 했지만 도저히 벗어날 수 없었던 아버지라는 망령과의 힘겨운 싸움은 하지 않았을 것이다.

하지만 스탈린의 아들이라는 굴레로부터 완전히 자유롭진 못했다. 비록 1999년 그에게 씌어졌던 반소비에트 선전이라는 죄명이 벗겨져, 2002년 모스크바 국립묘지에 이장되긴 했으나 짧은 생의 마지막은 다른 형제와 다를 바 없이 불행했다.

아버지를 부정해야만 했던 상처 입은 영혼들

야코프와 스베틀라나는 서로 다른 방식으로 아버지를 부정했다. 야코프는 정면으로 맞서진 못했지만 매우 극단적이며 직접적인 방식으로 부정했다. 스스로 목숨을 던진 것이다. 그에 비해 스베틀라나는 정면으로 아버지와 맞섰다. 스탈린 사후에는 서방 세계로 건너가 소비에트 체제에 대한 비판을 했다. 하지만 둘은 이미 상처받은 영혼이었다. 심지어 바실리까지도.

우리는 스탈린의 '아이들'에게, 그리고 아버지를 부정하려 했던 절대 권력자의 자식들에게 연민의 정을 느낀다. 아버지에 의해 짓눌리고 파괴된 영혼 때문만이 아니라 그것으로부터 벗어나려 했던 그들의 발버둥 때문이다.

혹은, 너무도 뻔뻔스럽게 절대 권력자였던 아버지를 변호하고 미화하며, 심지어는 권력의 끄트머리를 붙잡고 인권 탄압과 학살에 앞장섰던 사람들을 너무 많이 보아 왔기 때문에 야코프와 스베틀라나를 동정하게 됐는지도 모르겠다.

쿠바

'아버지의 왕국을 떠나 미국의 확성기가 되다'

_ 피델 카스트로의 딸 알리나 페르난데즈

김성경 | 성공회대 동아시아연구소 연구교수

쿠바의 제1대 국가평의회 의장
피델 카스트로

알리나 페르난데즈 딸

피델 카스트로Fidel Alejandro Castro Ruz, 1926~는 미국을 위시한 서구 세계에서는 가장 악독하고 포악한 독재자지만 제3세계에서는 미완의 혁명을 이끈 지도자로 평가되는 인물이다. 그의 삶은 극단을 오갔고, 그의 인생은 역사적 시각에 따라 전혀 다르게 해석되곤 한다.

제3 세계의 혁명가인가, 가장 오랜 독재자인가

한 미국 언론인은 미국 현대사에 있어 눈엣가시였던 피델 카스트로의 별난 칭호들을 모아 소개한 바 있는데, 그 면면을 살펴보면 카스트로 삶의 다면적 성격이 잘 드러난다. '제3세계의 나폴레옹, 사상 최초의 파시즘적 좌익 정부 수반, 정신병 걸린 총통 또는 사회주의 총통, 지상의 예수 크리스트, 늙어가는 포주, 사회주의 선동꾼, 전 세계 독재자, 뜻을 펴지 못한 민주주의자, 공산주의자, 갈리시아 추장, 마키아벨리 황태자, 프랑코의 골수 게릴라 투사, 가혹한 종교 재판장, 최후의 공산주의자' 까지 한 인간이 이토록 엇갈린 평가와 이름으로 불릴 수 있는지 감탄스럽기까지 하다.

그렇다면 정작 본인은 자신을 어떻게 평가할까. 피델과의 인터뷰를 바탕으로 한 올리버 스톤 감독의 2003년 작 다큐멘터리 〈피델을 찾아서looking for Fidel〉에서 '당신은 군사 독재자가 아니냐' 는 감독의 질문에 피델은 '나는 쿠바의 정신적 지도자spiritual leader' 라고 답한다. 서방 측으로부터 군사 독재라고 비판받는 쿠바 정권이, 적어도 피델 자신에게 있어서는 아직까지도 진행 중인 사회주의와 반미주의 혁명의 과정이고, 자신은 그 혁명을 이끌어가는 도덕적·정신적 영도자라는 것이다.

그렇다면 제3세계의 혁명가이자 세계에서 가장 오랫동안 권좌를 지킨 독재자를 아버지로 둔 사람의 마음은 어떨까. 여기 숨겨진 그의 딸이 있다. 그 딸은 자신의 아버지를 '쿠바 인민을 억압하는 잔혹한 독재자' 라고 비판한다. 아버지가 평생 동안 싸워온 '적국' 미국에서 아버지를 반대하는 투쟁을 전개하고 있는 딸에게 아버지란 극복의 대상인가, 아니면 자신의 정체성의 일부인가.

인구 1,100만 명의 조그마한 섬나라를 세계 현대사의 가장 중요한 지점으로 만들어 낸 피델 카스트로와 그의 숨겨진 딸 알리나 페르난데즈Alina Fernandez의 삶의 궤적을 따라가 보기로 한다. 이 두 사람의 삶을 추적하는 과정 속에, 지난 50여 년 동안 세계 현대사의 큰 흐름이었던 슈퍼 파워 미국과 미국의 영향력을 제국주의로 규정하고 저항해 온 반제국주의의 움직임이 고스란히 드러난다. 또 가부장적이면서 폭압적인 아버지로부터 소외된 딸의 자아 찾기 과정을 훔쳐보는 기회이기도 하다.

피델 카스트로…… 독재에 항거해 혁명의 전선에 서다

카스트로는 1926년 8월 13일에 쿠바 동부의 아름다운 황야의 조그만 마을 농원에서 태어났다. 아버지인 앙헬 카스트로는 첫 번째 부인과의 사이에 페드로 에밀리오와 리디아를 낳았다. 그는 첫 부인과의 결혼생활 중에 부엌에서 일을 도왔던 카스트로의 어머니 리나 루스와 연인이 되었고, 이 사이에서 일곱 명의 아이가 태어났다(남동생인 라울 카스트로는 피델의 평생 투쟁 동지가 되었고, 2008년 2월부터는 피델의 뒤를 이어 국가평의회 의장직을 수행하게 된다). 앙헬 카스트로는 첫 번째 부인과 이혼하고 피델 카스트로가 태어난 직후 피델의 어머니와 재혼한다. 피델의 아버지는 스페인이 쿠바에서 물러나고 미국이 그 자리를 꿰찼을 즈음의 사회적 상황을 잘 이용하여 부를 축적한 신흥 부자였다. 1901년 이후 미국은 '플랫 수정 조항'을 통해 쿠바의 주권을 제한하고 군사적 개입을 하였고, 미국의 자본은 쿠바의 농지를 빠른 속도로 잠식하기 시작했다. 이런 상황을 간파한 앙헬은 미국 기업 유나이트푸르츠컴퍼니에서 일하며 토지 매입을 시작했고, 1950년대 중반에 이르러서는 약 5만 달러에 이르는 재산을 축적한 것으로 알려졌다. 유복한 부모는 자녀 교육에 적극적이었고, 피델은 가톨릭계 학교와 예수회 학교에서 교육을 받았는데, 뛰어난 암기 실력을 바탕으로 단숨에 책을 외웠고 운동에 몰두하곤 했다. 운동을 좋아하고 리더십이 강했던 피델은 1945년에는 아바나대학의 법학과에 진학하게 된다.

피델이 대학에 진학할 즈음 쿠바는 '플랫주의공화국' 으로 불리면서 미국의 끊임없는 내정 간섭을 받고 있었다. 특히 미국을 등에 업은 바티스타는 1934년 이후 약 25년 동안 꼭두각시 대통령을 앞세우거나 본인이 직접 대통령으로 일하면서 독재를 계속했다. 이 시기 동안 쿠바 사회는 혼란에 휩싸였고, 수도 아바나는 미국의 마피아들로 북적거렸다. 이 같은 상황이다 보니 카스트로가 급진적인 민족주의자로 변모한 것은 어쩌면 당연한 일인지 모른다.

그는 라틴아메리카를 순회하면서 미국의 직·간접적인 지배와 독재에 허덕이는 상황을 접하게 되고, 점차적으로 사회주의적 시각을 갖추기 시작한다. 이 무렵 도미니카의 트루히요 독재 체제와 싸우고, 호르헤 엘리에세르 가이탄이 콜롬비아에서 암살된 '보고타소' 사건에 참여한 것으로 알려져 있다.

‘역사가 나를 무죄로 하리라’

1953년 몬카다 병영 습격 실패 후 체포된 카스트로[중앙]

1953년에 그는 동료들과 함께 쿠바의 산티아고에 있는 몬카다 병영을 습격하지만 실패해 수감된다. 재판에서 한 최종 진술 ‘역사가 나를 무죄로 하리라La historia me absolverá’는 문장은 지금까지도 회자되는데, 판사 앞에서 무려 2시간에 걸쳐 계속 진술한 것으로 유명하다(피델은 격정적이면서도 장문의 연설을 하기로 유명한데, 1960년 UN 총회에서는 무려 4시간 29분에 걸쳐 연설했다).

> 내가 당신들에게 경고하겠다. 나를 체포한 것은 시작일 뿐이다. 너희들이 내 심장에 총구멍을 낸다 하더라도 조국, 정의로움, 인류에 대한 나의 사랑은 끝나지 않을 것이다. 잘 들어라, 너희들은 진실을 가리기 위해 온갖 더러운 수단을 쓸 것이지만, 나는 꼭 너희들의 더러운 역사를 낱낱이 파헤쳐 세상에 알릴 것이다. 너희들이 날 방해하고 이 비좁은 공간에 가둬 둘수록 내 혁명적 마음은 더 살아날 것이며, 너희들이 나를 침묵시키려 노력할수록 쿠바 인민들의 혁명적 동기는 더욱더 불타오를 것이다. 또한 너희들이 수작을 걸어 나와 전 대원들의 숭고한

정신을 왜곡시켜 내가 당장은 비난의 대상이 된다 하더라도 그것은 중요한 것이 아니며 역사가 나를 무죄로 하리라.

이 최종 진술문은 그가 얼마나 역사적 사명감을 안고 몬카다 병영을 습격했는지를 잘 보여 준다. 목적을 위해서 폭력을 사용한 것 또한 혁명이며, 사명을 위해서는 필수 불가결한 것이라 주장하고 있는데, 이와 같은 신념은 후에 체 게바라Che Guevara 1928~1967와 함께한 무장 쿠바 혁명의 중요한 자원이 된다.

2년 정도의 수감 생활 끝에 그와 동료 18명은 1955년에 대통령 사면을 받고 감옥에서 풀려난다. 이후 멕시코에 간 피델은 체 게바라와 처음 만나고 함께 투쟁할 것을 다짐하게 된다. 그와 체 게바라는 1956년 다른 원정 대원 79명과 함께 멕시코를 떠나 쿠바에 도착한다. 이후 2년 남짓한 기간 동안 계속된 전투 끝에 1959년 1월 1일, 독재자 바티스타를 쿠바에서 도망치게 하고 혁명군이 정권을 잡게 된다. 이것이 바로 친미적 독재자를 몰아내고 제3세계에서 사회주의 정권을 세운 역사적인 쿠바 혁명이다. 피델은 1961년이 되어서야 쿠바 혁명이 사회주의 혁명이라고 선언하는데, 평소 존경해 온 링컨의 말을 인용하면서 쿠바 혁명은 '가난한 사람들의, 가난한 사람들에 의한, 가난한 사람들을 위한 사회주의적이고 민주주의적인 혁명' 이라고 정의했다.

1959년 1월 혁명군과 아바나에 도착한 그는 모여든 대중 앞에서 연설을 한다. 우연인지 연출인지 확실치는 않지만 연설 중 피델의 어깨 위에 흰 비둘기가 앉는 사건으로 인해 전통적으로 종교적인 쿠바 인민들에게 피델은 단순한 혁명가에 머물지 않고 하나님의 계시를 전하는 지도자로 받아들여졌다. 이렇게 쿠바 내에서 신적 존재로 군림하게 되었고, 이를 바탕으로 1960년대에는 토지와 민간 시설의 국유화를 빠르게 진행시켰다.

블라디미르 푸틴[좌] 러시아 대통령과 함께한 카스트로

특히 친미 독재 정권에서 재산을 축적한 쿠바 중산층과 미국 시민권자들은 국유화 과정에서 대부분의 재산을 빼앗겼고 이들이 미국으로 망명하여 반카스트로 운동을 전개하게 된다. 이후 쿠바와 카스트로 정권은 냉전시대에 미국과 경쟁 관계에 있는 소련과의 급격한 관계 개선을 통해 정권을 유지하면서, 사회 정의 실현이라는 기치 아래 문맹 퇴치와 무상 의료 선진화 등의 사업을 중점적으로 추진하였다. 이 덕분에 미국 수준에 전혀 떨어지지 않는 의료 기술과 인적 자원을 확보하였고, 국민총생산의 10%에 달하는 무상 교육 또한 상당한 수준에 이른 것으로 알려져 있다.

혁명 정신 잃고 독재와 억압의 통치 시작

하지만 미국과의 오랜 대치와 미국 및 서방 세계의 경제 봉쇄 탓에 경제적 어려움은 점점 더 심해졌고, 독재 정권의 억압적인 통치 방식에 반대하는 쿠바 인민들은 1994년에 급기야 소요 사태를 일으키기도 했다.

아바나에서 발생한 소요 사태에 충격을 받은 카스트로는 정면 돌파를 모색하는데, 그것이 바로 쿠바의 '이주 위기'이다. 미국이 비자를 한정적으로 발행해 미국으로의 여행이나 이주가 자유롭지 않았고, 카스트로 정권의 자유와 인권 억압이 심해지자 많은 수의 쿠바인들이 미국으로의 불법 망명을 계속 시도하고 있었던 1994년 8월 11일, 카스트로는 쿠바를 떠나려는 쿠바인들의 출국을 막지 않겠다고 선언한다. 이에 약 3만여 명에 가까운 쿠바인이 직접 만든 뗏목을 타고 쿠바를 탈출하기에 이른다쿠바에서 미국 마이애미까지는 뱃길로 고작 80마일에 불과하다. 카스트로에게는 혁명을 함께 수행했던 인민이 자신에게 등을 돌리는 것을 지켜봐야만 했던 고통스러운 순간이기도 했다. 그를 독재자로 비난하면서 미국으로 건너간 수많은 쿠바인들 중에는 그의 숨겨진 딸 페르난데즈도 있었다.

피델의 버려진 사랑과 숨겨진 딸…… 비극을 잉태하다

1948년 카스트로는 영향력 있는 집안의 딸 미르타와 결혼한다. 하지만 혁명의 열기에 들뜬 젊은 변호사였던 그는 가족을 돌보는 살가운 가장과는 거리가 멀었고 1953년 몬카다 병영을 습격한 사건으로 수감되었다. 그의 부인은 정신적·경제적으로도 힘겨운 시간을 보내게 되는데 그녀를 괴롭힌 또 다른 사건은 남편 카스트로와 그의 절친한 친구 부인인 나탈리아 레부엘타의 부적절한 관계였다. 중산층 여성이었던 나탈리아는 카스트로와 그의 동료들의 혁명을 지지했는데, 카스트로가 수감 생활을 하게 되자 본격적으로 편지를 주고받으며 사랑을 키워 가게 된다. 둘의 사랑은 수많은 편지로 점점 달아오르게 되는데, 그는 1954년 1월 31일자 편지에 이렇게 적었다.

> 결코 질리지 않는 꿀이 있는데, 그것은 바로 당신의 편지라오. 나는 당신이 한동안 타자기 사용을 그만두고 손으로 편지를 썼으면 합니다. 당신의 그 섬세하고, 여성적이며, 명확한 글씨체를 매우 좋아합니다.

또 다른 편지에는 '내 가슴은 불타고 있습니다. 당신의 편지 없이는 살 수 없으니 나에게 편지를 보내 주시오. 당신을 사랑합니다' 라고 고백하기도 한다. 하지만 우연인지 아니면 교도소 측의 농간이었는지 그가 나탈리아에게 보내는 연애편지와 자신의 부인에게 보내는 편지가 서로 뒤바뀌면서 나탈리아와의 관계가 들통 나게 된다. 이후 부인과 이혼하고 멕시코로 떠나기 전, 약 두어 달 동안 나탈리아와 연인 관계를 유지한다. 이때 그녀는 카스트로의 딸 알리나 페르난데즈를 임신하게 된다.

그런데 문제는 그녀가 아직 카스트로의 친구와 결혼한 상태였다는 것이다. 나탈리아의 남편은 1959년 알리나가 태어난 이후, 카스트로가 늦은 밤 자신의 집을 몰래 찾아오는 것을 알고 의심하게 된다. 결국 친구와 부인의 관계를 눈치채고는 혼자 미국으로 망명한다. 남겨진 나탈리아는 어린 딸을 데리고 카스트로와 가정을 꾸리는 것을 꿈꿨지만 이제 막 쿠바 혁명을 마치고 본격적인 정치 활동을 시작한 그에게 가족이란 그리 중요한 문제가 아니었다. 게다가 권력을 얻은 젊은 카스트로의 주변에는 수많은 여성들이 있었다. 두 모녀는 점차 외톨이가 되어 갔다.

알리나가 자신의 아버지가 쿠바의 영웅적 지도자인 것을 알게 된 것은 열 살 무렵이었다. 가끔씩 밤에 집을 방문했던 군인이 자신의 아버지라는 것은 그리 놀라운 일이 아니었다. 하지만 텔레비전에서 매일 보는 그 혁명군의 우두머리인 카스트로가 자신의 집을 방문했던 바로 그 군인이라는 것을 확인했을 때의 놀라움은 상상 이상이었을 것이다. 이는 그녀가 각종 강연이나 인터뷰에서 여러 번

언급한 사실이다.

처음엔 혁명의 지도자와 자신의 아버지가 동일인이라는 사실을 쉽게 받아들이지 못했던 것으로 보인다. 그녀는 한 인터뷰에서 '한밤중에 어머니가 깨워서 거실에 나가 보니 그날 저녁 뉴스에서 본 그 군인이 서 있었다. 그 혁명군이 바로 나의 아버지라는 사실을 알았을 때 나는 마치 그가 텔레비전에서 튀어나온 것 같은 착각이 들었다'라고 했다.

쿠바 혁명이 지나고 카스트로는 쿠바 인민에게는 혁명 지도자였다. 어린 딸도 학교와 미디어를 통해서 혁명의 지도자에 대해 잘 알고 있던 터였다. 이 때문에 갑자기 나타난 자신의 아버지라는 존재에 놀랐다기보다는 자신의 아버지가 쿠바 혁명의 지도자이자 쿠바 사회주의 정권의 권력자라는 사실에 더 혼란스러웠다. 하지만 혼란도 잠시 어린 소녀가 그토록 그리던 아버지가 혁명의 영웅이라는 것을 알았을 때 분명 남모르는 뿌듯함과 자랑스러움도 있었을 것이다. 소녀는 한꺼번에 세상을 다 가진 것 같은 기분이 들었다. 그러나 그 기쁨은 곧 더 큰 실망으로 바뀌었다.

아버지를 그리워한 어린 알리나

그는 결코 좋은 아버지가 아니었다. 간헐적으로 두 모녀를 보러

왔던 그의 발길이 점차 뜸해졌다. 급기야 두 모녀가 그를 볼 수 있는 유일한 길은 텔레비전을 통해서였다. 청소년기의 그녀는 여러 번 아버지와의 만남을 시도했다. 특히 자신의 아버지가 쿠바의 지도자라는 것을 알고 난 이후부터 그에게 수차례에 걸쳐 편지를 보냈다고 술회했다.

> 나는 그에게 우리가 지금 부족한 모든 것들에 대한 해답을 구했습니다. 우리의 배급책에 지금 부족한 음식이며 옷 등이 포함될 방법을 찾기를요. 그리고 나는 그에게 예전의 크리스마스를 되돌려 주기를 바랐고 나와 엄마와 함께 살자고 했어요. 그가 우리에게 얼마나 필요한지를 알리기 위해서 애를 썼습니다.

알리나는 그만큼 아버지의 존재를 그리워했다. 하지만 손을 뻗으면 닿을 것 같은 아버지는 결코 그녀의 바람을 들어주지 않았다.

정식 결혼을 통해 얻은 그의 다른 자녀들은 테러와 정적들로부터 안전을 유지하는 것이 가장 중요했기 때문에 쿠바 인민과의 교류나 현실 사회의 변화와는 유리된 채 성장했다면, 숨겨진 자녀로 살아온 알리나는 상대적으로 많은 자유를 보장받았다.

그러던 그녀가 자신이 그리워하는 아버지가 결코 완벽한 혁명가는 아니었음을 어렴풋이 알게 된 것은 주변 사람들이 아버지에게 보내는 편지를 자신에게 전해 주기 시작하면서부터였다. 정권에 의해 숙청당한 사람들이 억울함을 호소하는 편지를 그녀를 통해 카스트로에게 전달하고자 했고, 이들의 고통을 전해 들은 알리나는 아버지의 정권에 상당한 문제가 있음을 감지하기 시작한다. 이 과정에서 어린 소녀는 자신이 보낸 숱한 편지에 답변이 없었던 아버지에 대한 원망과 주변 쿠바인들의 고통이 함께 뒤섞여 그를 증오하기까지 이른다.

알리나, 미국으로 건너가 반카스트로 운동 벌이다

자신에게 관심을 주지 않았던 아버지라는 존재는 결코 쿠바 인민들에게도 좋은 지도자는 아니었다고 생각했다. 즉 그녀의 세계에서는 아버지와 쿠바 지도자는 같은 사람이고, 좋은 아버지가 아니므로 좋은 지도자일 수도 없었던 것이다. 결국 방황을 거듭하던 알리나는 더 이상 아버지의 나라에서 살아야 할 이유를 찾지 못하고 여러 번의 시도 끝에 1993년, 가발을 착용한 채 위조 여권을 들고 스페인 관광객으로 위장하여 망명한다.

스페인으로 망명한 알리나는 대다수의 쿠바 망명인들이 모여 사는 미국 마이애미로 다시 이주한다. 이곳에서 자신의 아버지를 비판하는 라디오 프로그램을 진행하며 현재까지 반카스트로 운동의 주요 활동가로 활약하고 있다. 게다가 최근에는 미국 CNN 방송의 쿠바 전문 논설위원으로 활동하고 있기도 하다.

그녀는 자신이 하고 있는 일은 아버지를 비판하는 것이 아니라 쿠바인의 한 사람으로서 독재 정권을 비판하는 일이라고 주장한다. 그녀는 아버지의 무관심에 상처받아 떠난 딸이기보다는 독재 정권의 억압을 견디지 못한 쿠바인으로서 조국을 떠난 것이라고 말한다. 자신의 아버지가 쿠바인들에게 행한 억압으로 인해 지금까지 약 300만여 명에 이르는 쿠바인들이 조국을 떠날 수밖에 없었다고 강조하면서, 이러한 역사적 사실 때문에 반카스트로 운동을 전개하는 것이고, 이는 쿠바에서 독재가 사라질 때까지 계속될 것이라고 다짐한다.

미국의 확성기가 되어 아버지의 혹독한 비판자로 남다

알리나의 삶에서 아버지 피델 카스트로를 빼고 나면 무엇이 남을까. 그녀의 유년기는 아버지라는 존재를 찾아가는 과정이었고, 유년기를 지나 아버지가 조국의 최고 권력자라는 것을 알고 난 이후에는 자신을 방치한 '아버지'를 원망했다. 쿠바인들의 삶을 억압하는 '독재자'로서의 아버지를 비판하는 것으로서 그녀의 정체성이 형성되었다. 그녀는 아버지 혹은 독재자를 피해 미국으로 망명했고, 미국에서도 여전히 아버지의 그늘 혹은 독재자의 폭압에 맞서 싸우는 데 그녀의 모든 인생을 걸었다. 하지만 흥미롭게도 그녀가 그토록 증오했던 아버지로 인해, 즉 지난 50여 년 동안 미국을 곤혹스럽게 했던 카스트로에 의해 그녀는 미국에 쉽게 뿌리내렸다.

아버지의 기억을 담은 그녀의 전기는 1997년에 스페인어로 발간되었고, 2003년에는 《카스트로의 딸Castro's daughter》이라는 제목의 영문판으로도 출간되었다. 그녀의 파란만장한 삶은 할리우드에서 영화로 제작되어 2013년에 개봉할 예정이라 한다. 그녀는 현재 미국 전역을 도는 강연을 통해 1970~1980년대의 쿠바 상황을 알리고 있고, 그녀가 방송하는 라디오 프로그램은 마이애미의 쿠바 커뮤니티뿐만 아니라 미국의 대쿠바 선전용으로서의 역할을 톡톡히 하고 있다. 그만큼 미국과 미국인들은 그녀의 기억과 입을 통해 전달되는 카스트로의 얘기에 큰 관심을 갖고 있다.

그러나 알리나 페르난데즈라는 개인으로서는 단 한 번도 타인에게 인정받지 못했다. 그녀의 인터뷰나 연설을 찾아보면 자신의 이름을 밝힌 후에 꼭 '저는 피델 카스트로의 딸입니다' 라고 소개한다. 이는 그녀가 카스트로의 딸일 때만이 자신의 존재 이유와 정체성을 확인할 수 있다는 역설적 상황에 놓여 있음을 보여 준다.

대부분의 독재자 자식들은 아버지의 그늘에 갇혀 자신들의 삶을 제대로 살아가지 못하기 일쑤이다. 혹자는 아버지를 부정하면서, 또 다른 이들은 아버지의 길에 순응하면서 독립된 인간으로 살아가기보다는 누구의 자식으로 남은 채 유아적 삶에 머물기 쉽다.

알리나가 아버지이자 독재자인 카스트로를 부정하고 맞서는 데 평생을 보내 온 것은 사실이다. 그러나 그녀의 이러한 비판이 실제 사료와 이에 대한 철저한 검증을 근거로 독재자를 객관적으로 비판하고 쿠바의 진정한 변화와 해결을 추구하고 있는지는 의문이다. 게다가 그녀의 아버지에 대한 비판은 대부분 미국의 이해관계와 맞물려 그들의 선전 도구로 이용되고 있다.

그녀의 쿠바에서의 삶과 아버지에 대한 이야기는 미국인들이 얼마나 '최고의 삶이 보장되는 아름다운 나라'에 살고 있는지를 확인시켜 주는 데 선전된다. 최근 미국의 한 아침 방송에 출연한 알리나는 '당신들은[미국인] 얼마나 많은 것을 누리고 있는지 모를 겁니다. 당신들은 쿠바인들이 그토록 원하는 것들을 당연한 것으로 치부하는 경향이 있습니다. 미국은 내가 아는 한 최고의 나라입니다'라고까지 했다.

더욱이 그녀의 비판 활동은 전형적인 미국적 관점에서 쿠바의 경제와 인권적 상황을 단순화하여 설명하거나, 아버지가 가정에서도 독재적 모습을 보였음을 강조하는 것에 머물러 있다. 예컨대 알리나의 대학 강연의 주된 주제는 쿠바 혁명 이후 자유를 억압당한 수많은 쿠바인들의 고통과 미국에 오고 싶어 했던 쿠바인들이 카스트로에 의해 저지당한 사건에 국한돼 있다.

또한 쿠바인들 사이에 신성화된 자신의 아버지가 실제로는 가정이 있는 자신의 어머니와 사랑에 빠진 부도덕한 사람이자, 자신과 어머니를 버린 무책임한 가장이었음을 강조하는 것에 치우쳐 있다. 이 때문에 그녀의 활동이 쿠바의 민주화를 열망하거나 쿠바 독재자를 향한 항거로 느껴지기보다는 아버지에 대해 서운했던 개인적 감정에 갇혀 유아적 감상에 젖어 있는 것으로 보이는 것은 필자만의 느낌일까?

분명 피델 카스트로는 좋은 아버지도 자상한 남편도 아니었다. 혁명가라는 이미지에 가려 그의 사생활에 대해선 많이 알려져 있지 않지만, 세 번의 결혼과 수차례의 혼외정사를 통해 낳은 여덟 명의 자녀와 여덟 명의 손자가 있는 것으로 알려져 있다.

최근의 인터뷰에서 자신은 젊을 때부터 혁명가였기 때문에 가정을 유지하기에는 좋은 상황이 아니었다고 말한다. 그러면서 자신은 정치와 가정의 문제를 뒤섞는 것을 반대하고, 자신은 정치를 행할 때 가정을 고려하지 않는다고 말한다. 이 때문에 세계의 다른 어떤 정치인과도 다르게 자신은 가정의 문제로부터 완벽한 자유를 갖고 있다고 주장한다.

가정으로부터의 자유를 바탕으로 혁명의 완수에 모든 것을 걸었다는 피델 카스트로. 그 이면에는 자유로운 아버지와 남편에게 상처 받은 수십 명의 가족이 있었다. 그리고 그 가족 중에서 아버지의 무관심을 견디지 못한 딸 알리나 페르난데즈는 결국 가정과 정치의 문제를 한꺼번에 엮어, 그의 인생이 끝날 때까지 가장 혹독한 비판자로 남아 그의 곁을 맴돌 것이다.

이탈리아

‘나는 당신의 딸이 아니다’

_ 베니토 무솔리니의 맏딸 에다 치아노

이형석 | 〈헤럴드경제〉 문화부 기자

"하나뿐인 내 사랑, 나의 공산주의자여! 당신을 너무 사랑합니다 Mio caro e unico comunista, vi amo assai."

1945년, 공산주의 전사와 사랑에 빠진 '파시즘의 공주'는 비밀 연인에게 열렬한 애정 고백을 담은 편지를 썼다. 아버지가 공산주의자들로부터 사살당한 지 몇 개월 지나지 않은 때였다. 당시 지병인 폐병까지 겹쳐 창백한 얼굴에 병색이 완연했던 에다 치아노Edda Ciano, 1910~1995는 스스로를 '날개 찢긴 제비'라고 표현했다. 그만큼 절망적인 시기를 보내고 있었다. 남편에 이어 아버지까지, 가장 사랑했던 사람들의 가장 비극적인 죽음을 연이어 목격해야 했던 '상처 입은 새' 에다 치아노. 그녀를 절망과 죽음으로부터 구해 준 것은 아버지 베니토 무솔리니Benito Amilcare Andrea Mussolini, 1883~1945를 쓰러뜨린 이탈리아 공산당의 유력 인물이었다.

그는 바로 스파르타 왕을 연상시키는 이름을 가진 열성 공산당원 레오니다 본조르노다. 스파르타 왕 레오니다스가 거대한 아테네의 병력과 맞서 싸웠던 것처럼, 본조르노는 거센 파시즘의 물결과 맞서 싸운 리파리섬의 공산당 책임자였다. 로미오와 줄리엣의 무대인 이탈리아, 그중 아름다운 지중해 섬 리파리에서 1945년 9월부터 1947년 4월까지 약 2년간 계속됐던 파시즘의 공주와 공산주의 전사의 사랑은 짧지만 강렬했으며 결국 이루어지지 못했다.

이탈리아 언론인 출신 마르첼로 소르기가 두 남녀 간의 연애편지를 발굴해 책《에다 치아노와 공산주의자, 무솔리니 딸의 알려지지 않은 열정》을 펴냄으로써 지난 2009년에야 세상에 알려진 이 희대의 러브 스토리는, 에다 치아노에겐 파란만장했던 삶의 극히 일부에 불과했다.

에다 치아노는 아버지 무솔리니가 자신의 남편을 총살시키는 것을 목격해야 했다. 딸은 아버지를 향해 편지를 썼다.

"저는 수령Il Duce, 일 두체의 딸보다는 파시즘이 희생시킨 남자의 아내로 남을 것입니다. 당신은 이제 더 이상 저의 아버지가 아닙니다. 저는 당신이 물려준 성姓, '무솔리니'를 버리겠습니다."

그리고 남편 갈레아초 치아노Galeazzo Ciano, 1903~1944가 죽은 지 1년 3개월여 후, 아버지 역시 총격에 쓰러진다. 공산주의 빨치산의 작전이었다. 조국을 등지고 스위스로 피신해 있던 딸은 아버지의 부음을 듣고 거리로 뛰쳐나왔다. 역사학자들은 당시 에다 치아노의 모습을 이렇게 전했다.

"그녀는 마치 경사를 맞은 듯 새빨간 드레스를 입고 광장에 나와 풀어헤쳐진 모습으로 기쁨에 겨워했다."

정말 그녀의 가슴엔 기쁨뿐이었을까?

아돌프 히틀러에 앞서 파시즘을 창안했던 이탈리아 베니토 무솔리니의 맏딸 에다는 다섯 명의 남매 중 아버지가 가장 사랑하는 자식이었다. 두둑한 뱃심을 가졌고 가장 야심만만했으며 똑똑했다. 파시즘의 가부장적인 규율에도 불구하고 그녀는 이탈리아의 선구적인 여성이기도 했다. 처음으로 비키니 수영복을 입고 사진을 찍었으며 치마 대신 바지를 착용했고 이탈리아 여성으로서는 처음 차를 운전했다. 정치에 관여한 적이 없다고 스스로는 줄기차게 부인했음에도 1930~1940년대 유럽을 휩쓴 파시즘의 막후 실력자로서 주목받았다.

파시즘의 막후 실력자로 떠오른 '축의 여인'

1939년 7월 〈타임〉지는 에다 치아노의 사진을 커버로 장식하며 '축의 여인Lady of the Axis' 이라고 명명했다. 로마와 베를린을 잇는 군사적 동맹, 히틀러의 독일과 무솔리니의 이탈리아가 양대 축으로 자리 잡은 유럽 파시즘의 핵심적인 배후 인물이라는 뜻이었다.

파시즘의 공주답게 에다는 남편을 아버지의 오른팔이자 유력한 왕위 계승자로 만들었다. 하지만 역사의 아이러니는 장인의 손으로 사위를 죽게 했다. 운명의 장난은 계속됐다. 아버지마저 공산주의자들에 의해 처형된 직후, 딸은 아버지의 원수와 사랑에 빠졌다.

무솔리니[좌]와 히틀러[우]

연설 중인 무솔리니

공산당원과 열병 같은 연애로 격정의 반평생을 끝낸 공주는 왕가의 몰락과 함께 사람들의 시선으로부터 몸을 숨겼다. 태풍 후의 긴 정적처럼 그녀의 여생은 침묵뿐이었다. 전후 무솔리니 일가와 평생 인연을 끊고 한 권의 회고록과 한 번의 인터뷰를 제외하고는 세상에 모습을 드러내지 않았다.

그녀의 생은 1995년 이탈리아의 언론을 제외한 세계 각국 신문에 '무솔리니의 딸 죽다' 라는 짧은 부고 기사로 막을 내렸지만, 에다의 인생은 정치적 모순과 운명적 아이러니로 가득 찬, 20세기 역사의 숨겨진 드라마였으며 가장 셰익스피어적인 인물이었다.

에다 치아노, 무솔리니가 가장 사랑했던 딸

에다 치아노는 1910년 9월 1일 이탈리아에서 베니토 무솔리니의 맏딸로 태어났다. 당시 동거녀였다가 훗날1915년 결혼식을 올린 라첼레 구이디Rachele Mussolini, 1890~1979가 어머니였다. 라첼레는 원래 무솔리니의 아버지가 운영하던 술집의 종업원이었다. 1908년 25세였던 무솔리니는 아버지의 술집에서 아름답고 육감적인 16세 소녀를 만나 결혼까지 이르게 됐지만, 한 번도 배우자에게 지적, 정서적 존경심을 품은 적이 없었다. 사춘기부터 왕성한 성욕과 남성적인 과시욕을 드러내던 무솔리니는 평생 수많은 여성과 관계를 맺었으며 사회주의자였던 1910년 전후에는 지적이며 강인한 여성 활동가들에게 마음을 뺏기고 있었다.

그래서 에다의 어머니는 예쁜 시골 아가씨에 불과했던 라첼레가 아니라 당시 무솔리니가 사랑했던 러시아 사회주의 여성 혁명가 중 한 명이라는 설도 끊임없이 회자돼 왔다.

무솔리니는 에다Edda의 이름을 《인형의 집》으로 유명한 노르웨이의 극작가 헨리크 입센의 또 다른 작품 《헤다 가블러Hedda Gabler》에서 따왔다. 입센이 1890년 출간한 희곡으로 '헤다'의 이탈리아식 표기가 '에다'였다. 작품 속 '헤다'는 귀족 장성의 딸로서 지루한 인생으로부터 벗어나기 위해 별로 특출나지는 않았지만 젊고 야심만만한 학자와 결혼한다. 그녀는 남편의 성공을 위해 경쟁자를 모략에 빠뜨리려다 결국 자살 사건에 연루되어 비극적 최후를 맞게 된다. 연극계에선 '헤다'를 '여성판 햄릿'이자 사회와 싸우는 페미니스트의 원형, 환경에 의한 희생양, 교활한 악한 등 다양하게 해석해 왔다.

젊은 사회주의자로 야망이 컸던 무솔리니가 무슨 생각으로 맏딸의 이름을 입센의 비극으로부터 가져왔는지는 명확하지 않다. 아마도 당시 정치적 친분을 쌓았을 뿐 아니라 육체적 관계까지 서슴없이 맺었던 사회주의 여성 활동가들의 페미니스트적 기질로부터 영감을 받았기 때문일 가능성이 크다. 운명의 마법이었을까? 에다는 이 대단한 이름의 대가를 혹독하게 치러야 했다. 그녀의 운명 또한 희극 속 헤다 이상으로 파란만장했으며, 시대를 앞서간 여성주의자로서의 면모도 뚜렷했다.

에다의 출생과 성장기는 아버지 무솔리니가 극좌에서 극우로, 열정적인 사회주의 저널리스트에서 폭압적인 파시스트 정치가로 극적인 변모를 해갔던 시기다. 무솔리니는 병역 기피를 위해 19세였던 1902년 스위스로 이민을 갔으며 이곳에서 프리드리히 니체, 조르주 소렐, 빌프레도 파레토 등의 사상을 접하며 크게 영향을 받았다. 사회주의 운동가들과 친분을 쌓으며 마르크스주의에도 경도됐다. 어느 정도의 깊이로 사회주의 사상을 받아들였는지에 대해선 많은 학자들이 의문과 회의를 표한다.

극좌에서 극우로 전향한 무솔리니, 파시즘이라는 괴물을 낳다

무솔리니는 어린 시절부터 거칠고 폭력적이었으며 강인하고 권위적인 남성상을 동경하고 과시했다. 성적도 우수해서 단연 두각을 나타내는 학생이었다. 지배욕이 강하고 똑똑했으며 야심만만했던 청년 무솔리니에게 총파업과 사회 전복, 폭력 혁명 등의 사회주의 이론은 매우 매력적으로 다가왔다. 그는 사회주의 신문 〈노동자의 미래〉에 글을 쓰고 노조의 간부로 활동하며 연설과 집회를 주도했다. 정력적인 활동을 통해 스위스 로잔을 근거지로 했던 이탈리아 사회주의자들에게 급속도로 영향력을 발휘했다. 로잔에서 열린 파리코뮌 33주년 행사에 블라디미르 일리치 레닌과 함께 모습을 드러낼 정도였다.

1903년 일련의 반체제 활동으로 스위스 경찰들에 의해 2주간 투옥됐던 무솔리니는 이듬해 다시 한 번 체포되고 이탈리아로 추방된다. 이탈리아 정부는 무솔리니가 군 입대를 자원하는 조건으로 병역 기피에 대한 처벌을 면제해 줬다. 그는 1906년까지 군복무를 하게 된다.

제대 후 무솔리니는 이탈리아 북부 도시 트렌토에서 노동당 서기를 맡는 한편으로 사회주의 저널리스트로서 전면에 나선다. 1912년 무렵엔 이탈리아 사회당 기관지 〈전진![아반티!]〉의 편집장을 맡아 2만 명에 불과했던 독자를 10만 명으로 늘렸다. 무솔리니의 대중적 영향력과 탁월한 선동력을 보여 주는 대목이다.

에다가 어느 정도 크기 전까지 무솔리니는 자타가 공인한 과격한 사회주의 혁명가였다. 그녀가 두 살 되던 1911년, 이탈리아가 당시의 오스만투르크[터키]로부터 리비아를 빼앗기 위해 트리폴리를 점령하자 그는 이를 '제국주의 전쟁'이라고 비난하며 반대 투쟁에 나섰다. 이탈리아 사회주의의 '간판' 격인 기관지 편집장을 맡게 된 것도 그의 강경한 반전 노선이 지지를 얻은 때문이었다.

하지만 제1차 세계대전이 발발하고 1914년 이탈리아가 오스트리아, 영국, 프랑스, 독일, 러시아 등과 함께 연합군의 일원으로 전쟁에 참여하자 그의 입장은 돌연 선회되었다. 참전을 독려하고 나선 것이다.

무솔리니의 '전향'에 대해선 갖가지 추측들이 많다. 그는 원래 사회주의와 파시즘뿐만 아니라 평생 사상적 일관성을 지킨 적이 없었다. 성장기와 청년기에는 견결한 무신론자로서 세례도 받지 않았으며 당시 종교적 의례로 치러지던 관습적인 결혼식까지 마다했다. 하지만 나중엔 정치적 목적을 위해 교황이 수장인 가톨릭교회나 이탈리아의 왕정을 인정하는 등 이율배반적인 행동을 스스럼없이 했다. 이 때문에 일부에선 무솔리니가 오로지 권력 장악을 위해 갖가지 사상을 이용했을 뿐이라고 주장하기도 한다.

무솔리니가 정통 사회주의 이론이나 마르크스주의보다는 니체의 철학과 플라톤의 정치사상에 더 영향을 받았다는 이념적 분석도 있다. 무솔리니 개인의 권력욕 및 이탈리아의 민족주의와 결합된 초인 사상, 반평등주의, 엘리트 지배 이론 등이 파시즘이라는 괴물을 낳았다는 것이다.

1917년 군복무 시절의 무솔리니

1914년 이탈리아의 참전을 주장한 무솔리니는 사회당에서 출당 조치되고, 과거의 동료들과 적대적인 관계가 된다. 그는 공공연히 계급투쟁 이론을 부정하고 사회주의 이론을 비난했으며 계급을 초월한 전체주의, 혁명적 국가주의를 주창했다. 당시 '국제주의 행동 혁명단Fasci Rivoluzionary d'Azione Internazionalista' 이라고 이름 붙인 운동을 제시하며 그 활동가들을 '파시스트Fascisti' 라고 명명했다.

결국 1915년 징집돼 참전했던 무솔리니는 1917년 제대한 이후 드디어 파시스트 단체를 공식 창설한다.

1919년 무솔리니가 밀라노에서 200명으로 구성한 '이탈리아 전투단Fasci Italiani di Combattimento' 이 바로 그것이다. 파시fasci는 이탈리아어로 '단체, 조직' 등을 의미하는 말이다. '파시즘' 이 20세기 역사의 전면에 나서는 순간이었다. 이때 그녀의 나이는 아홉 살이었다.

자식도 없고 여자관계가 복잡하지 않았던 히틀러와 달리 무솔리니는 여성들 사이에서 인기가 좋았고, 밤마다 침대 파트너를 바꾸는 것을 즐겼다. 한편으론 이탈리아 전통 아버지로서의 자상한 모습도 있었다. 그는 특히 맏딸을 갓난아이 때부터 끔찍이 아꼈다. 아이가 잠들지 못할 때는 직접 바이올린을 연주하며 자장가를 들려줬다. 바이올린을 즐겼던 음악 애호가로서 무솔리니의 면모는 에다뿐 아니라 이후에 태어난 다른 두 아들, 비토리오Vittorio Mussolini, 1916~1997와 로마노Romano Mussolini, 1927~2006에게도 큰 영향을 미친다.

에다가 서너 살 될 무렵까지 무솔리니는 그저 가난한 사회주의 혁명가였다. 그래도 그녀는 아버지의 사랑을 듬뿍 받으며 선머슴같이 짓궂고 고집 세지만 대범한 소녀로 커갔다. 무솔리니는 딸을 자신이 일하는 신문사로 데려가 구경시켜 주거나 당의 회합에 손을 잡고 가기도 했다.

1914년 제1차 대전이 발발하고, 이탈리아의 참전을 강력히 주장했던 무솔리니는 1915년 징집돼 종군한다. 전쟁 중에도 무솔리니의 여성 편력은 여전했다. 그중 한 명이 이다 달세라는 여인이었다. 그녀 또한 무솔리니의 또 다른 아들 베니토 알비노를 낳는다.

에다가 십대에 접어들 무렵 조국 이탈리아는 전쟁을 거듭하면서 혼란 속으로 빠져들었고, 무솔리니의 파시즘은 군부와 자본가, 로마 제국의 부활을 꿈꾸는 우익들의 강력한 지지를 얻어 갔다.

파시스트이자 무솔리니의 측근이었던 디노 그란디Dino Grandi, 1895~1988는 전후 퇴역 병사들을 중심으로 '검은셔츠단'을 만들어 테러와 린치를 감행하며 사회주의자를 비롯한 정치적 반대파들을 공격했다.

이를 발판으로 1921년 무솔리니는 '이탈리아 전투단'을 재편해 '국가 파시스트당'을 창당했다. 그해 총선에서 사회주의 정당은 138석을 얻었으며 국가 파시스트당은 35석을 차지했다. 무솔리니도 국회에 입성했다. 준군사 조직인 '검은셔츠단'의 테러는 거리를 장악했고 그의 국가 파시스트당은 정적인 사회주의 세력의 분열 속에 의회에서 정치적 주도권을 잡아갔다. 그리고 1922년 10월 27일에서 29일까지 역사적인 '로마 진군'이 이뤄졌다.

공산주의에 대한 두려움과 파시스트의 발호 사이에 갈피를 못 잡고 허둥대던 이탈리아 국왕 비토리아 에마누엘레 3세는 국가 파시스트당이 로마를 점령하자 무솔리니에게 수상직을 제의한다. 5만 파시스트의 로마 진군을 밀라노에서 지켜보던 무솔리니는 슬리퍼를 신은 채 침대차를 타고 와 이탈리아의 내각을 간단히 접수한다. 세계 최초 파시즘 정권의 탄생이었다. 그렇게 무솔리니는 이탈리아의 27대 수상이 됐다. 3년 후인 1925년엔 법률 개정권을 포함해 입법 · 사법 · 행정 · 군사권을 모두 잡은 '일 두체Il Duce, 최고지도자 · 수령'가 된다. 1936년부터 실각할 때까지 그의 공식 명칭은 '정부의 수반이시며 파시즘의 수령이시고, 제국의 설립자이신 베니토 무솔리니각하' 였다. 이로 인해 가난한 혁명가의 맏딸로 태어난 에다 또한 열두 살이던 1922년, 하루아침에 '파시즘의 공주' 가 된다.

결혼, 비극의 시작

십대의 에다는 예쁘지는 않았지만 개성 강했고 항상 자신만만했으며 매력적이었다. 당시의 전통적인 여성상을 벗어난 그녀는 많은 남자들의 이목과 호감을 끌어내기에 충분했다. 끓는 혈기의 말괄량이 하이틴 소녀의 관심이 연애와 데이트로 향한 것은 당연했다. 하지만 도처에 아버지의 눈이 있었다. 무솔리니는 경찰을 붙여 딸을 감시했고, 혹여 부적절한 남자를 만나기라도 하면 당장에 그만두도록 했다.

동서고금을 막론하고 자식 이기는 부모는 없다고 에다는 아버지의 감시를 피해 남자들과 어울려 노는 것을 즐겼다. 열여덟 살이 돼 성인 자격을 얻자 바깥세상과 본격적으로 접촉했다. 그 첫 무대는 125명의 이탈리아 해병들과 함께 인도와 실론으로 반半공식 유람 여행을 다닌 것이었다.

아버지의 권력이 절정을 향해 감에 따라 그녀 또한 '파시즘의 공주' 로서 누릴 수 있는 권력의 맛을 자각하기 시작했다. 어디를 가나 극진한 환대를 받았고, 자신이 원하는 것은 거리낌 없이 즐길 수 있었다.

하지만 자유분방하게 자란 그녀는 전통적인 여성관을 고집하는 파시스트에겐 명성을 위협하는 잠재적인 요소였다. 문제를 해결할 유일한 방법이자 모두를 만족시킬 대책은 하나였다. 에다의 결혼이었다. 아버지에겐 불안의 싹을 자르고, 딸은 감시의 족쇄로부터 벗어날 수 있는 길이었다.

1930년 초, 에다는 친구의 소개로 한 남자를 파티에서 만났다. 연애는 순조로웠고, 무솔리니도 적극 찬성했다. 두 남녀는 만난 지 3개월도 안 돼 결혼한다. 1930년 4월, 에다가 스무 살이 되던 해였다. 15년 전 가난한 부부에 불과했던 무솔리니와 라첼레와는 달리 이탈리아 최고 권력자 딸의 결혼식은 성대했다. 4,000명의 하객이 모였다. 그러나 이 결혼은 입센의 희곡 속 '헤다'의 운명처럼 비극을 잉태하고 있었다.

백작 부인이 되어 정치적 영향력을 과시하다

파시즘의 공주를 얻으면서 최고 지도자의 사위가 된 갈레아초는 제1차 세계대전 중 이름을 떨친 콘스탄초 치아노의 아들이었다. 콘스탄초는 전쟁 중 적의 항구를 빼앗고 6척의 오스트리아 신박을 침몰시킨 전과를 올리며 해군 제독이 됐고 백작 작위를 받았다. 에다와 갈레아초가 결혼할 무렵 콘스탄초 집안은 이탈리아의 손꼽히는 거부 중 하나였다. 무솔리니는 딸의 결혼을 반길 수밖에 없었다.

로마대학교 법학과를 졸업한 갈레아초는 입센의 희곡에서 '헤다'의 남편이 그랬듯 결혼 전만 해도 특출난 청년이 아니었다. 오히려 평범하고 놀기 좋아하는 부잣집 도련님에 가까웠다. 저널리스트로서 이곳저곳을 기웃거렸지만 별 볼일 없는 신문이나 잡지에 연극이나 문학 비평을 쓰곤 했던, 세상 물정 모르며 버릇없는 청년에 불과했다.

아버지를 따라 백작 칭호를 받은 갈레아초의 인생을 180도 바꾼 것은 결혼이었다. 백작 부부는 결혼 직후 중국으로 건너갔다. 갈레아초의 직위는 상하이 총영사였다. 그 다음에는 중국 공사로 승진했으며 1933년 이탈리아로 귀국해 외교부 차관직을 거쳐 선전부 장관으로 승진했다. 아버지의 총애를 받고 있는 에다에게 불가능은 없어 보였다. 그녀가 원하기만 하면 남편은 어느 자리까지라도 오를 수 있어 보였다. 그녀가 자신의 남편을 무솔리니의 후계자로 만들려 한다는 것은 이탈리아 정가의 공공연한 비밀이었다.

1935년, 갈레아초에게도 부인의 후광에서 벗어나 자신의 능력을 입증할 기회가 찾아왔다. 이탈리아가 에티오피아를 침공하자, 당시 선전부 장관이던 그가 전투기를 몰고 폭격기 비행대대의 대대장으로 전선에 자원해 들어간 것이다. 에티오피아전에서의 활약으로 그는 두 개의 은훈장을 받고, 일약 파시즘의 중심인물로 급부상했다. 무솔리니는 딸이 평소에 얘기하던 대로 사위가 자신의 후계자가 될 자격이 있다고 확신하기 시작했다. 갈레아초는 장인의 몸짓과 말투를 흉내내는 것으로 무솔리니의 기대에 화답했다.

무솔리니의 사위이자 에다의 남편 갈레아초 치아노

전선에서 이탈리아로 귀환한 1936년, 그를 기다리고 있던 것은 외무부 장관직이었다. '검은셔츠단'의 디노 그란디의 후임이었다. 그의 나이 서른셋, 에다가 스물여섯이었다.

에다는 날개를 찢을 수는 있어도 새장 속에는 가둘 수 없는 새였다. 자신의 후광을 입어 남편이 승승장구하던 무렵에도 그녀를 묶어 놓을 수 있는 것은 아무것도 없었다. 격식과 규율에 아랑곳하지 않는 태도는 결혼 후 20~30대에도 여전했다. 젊은 남자들과 어울려 무도회장에서 춤을 즐겼고 돈내기 카드놀이에 빠졌다. 정치적으로는 남편의 가장 강력한 후원자였지만 다정한 부부로서 함께 지내는 시간은 그리 많지 않았다. 남편 말고도 그녀의 주위엔 매력적이고 활기 넘치며 잘생긴 젊은 사내들이 많았다.

그녀는 화려한 깃털을 자랑하는 공작새이기도 했다. 최고 권력층의 여인으로서 사치스럽고 과감한 차림새를 즐겼다. 겨울이면 밍

1931년 중국 여행 중의 에다 치아노(중앙) 백작 부인

크코트 속에 묻혀 있었고, 프랑스산 향수 냄새를 풍겼다.

그녀는 남편을 아버지의 후계자로 미는 한편, 유럽 외교계의 배후에서도 점점 중요한 역할을 수행하기 시작했다. 특히 로마와 베를린을 잇는 파시즘의 축을 만드는 데 핵심적 역할을 했다. 1936년 6월, 그녀는 200여 명의 수행단을 이끌고 독일을 1개월간 방문한다. 표면적으론 친선 및 자선 활동 명분이었지만 실제로는 정치적 목적이 컸다. 거기서 독일 나치당의 거물급 인사들을 만났다. 여기에는 헤르만 괴링 독일군 사령관과 괴벨스 선전부 장관, 리벤트로프 외무부 장관 등이 포함돼 있었다. 물론 히틀러 총통과도 회동했다. 히틀러는 에다를 위해 화려한 환영 만찬을 열어 줬다. 히틀러의 최측근이자 2인자였던 헤르만 괴링 부부와는 각별한 관계가 됐다. 괴링 부부는 자신의 딸들에게 에다라는 이름을 붙여 주기도 했다.

히틀러와 괴링에 이은 권력자인 루돌프 헤스는 그녀와 만나 독일과 이탈리아 양국 간 현안에 대해 깊은 논의를 가졌다. 이는 이탈리아 파시즘과 독일 나치즘, 무솔리니와 히틀러, 로마와 베를린 간의 동맹이 굳어지는 계기가 되었다. 그녀는 유럽 정치계에서 로마-베를린 간 동맹의 '어머니' 로, 루돌프 헤스는 '아버지' 로 꼽혔다.

에다의 독일 방문 직후, 이탈리아와 독일 간에는 일명 '강철조약 Axis Treaty' 이 맺어졌다.

하지만 양국 간 동맹이 이탈리아에서 전적으로 환영받은 것은 아니었다. 나치 독일의 비밀경찰 게슈타포와 독일 병정, 독일 관광객들이 이탈리아에 공공연하게 모습을 드러내는 것은 애국적인 이탈리아인들에겐 반갑지 않았다. 동맹이 강화될수록 자국 내 무솔리니의 인기와 영향력은 떨어져 갔다. 이탈리아 파시스트 내에서도 내분이 생겼다. 갈레아초 백작 부부 사이에서도 견해차가 컸다. 부인 에다가 나치 독일에 절대적인 친화력을 가진 것과는 달리 남편은 동맹에 소극적이었다. 그는 동맹에 대해 '이탈리아는 아직 군사적 준비가 되어 있지 않다' 며 장인과도 대립각을 세웠다.

1939년 제2차 세계대전의 발발과 독일의 폴란드 침공은 이탈리아 파시즘 내의 분열과 무솔리니의 추락을 가져온 결정적인 계기가 되었다. 에다와 갈레아초 사이의 정치적 입장 차이도 한층 명백해졌다. 2차 대전 발발 직후 군사적으로 열세였던 이탈리아는 즉각적인 참전을 거부하면서 중립을 선언했다. 하지만 무솔리니와 에다는 전쟁을 원했다. 결국 외무부 장관 갈레아초의 반대에도 불구하고 무솔리니는 1940년 6월 10일 독일편에 가담해 연합국을 상대로 전쟁을 선포한다. 전황이 독일에 유리하게 돌아가고 있었고 곧 독일의 승리로 종전되리라는 것이 그의 판단이었다. 부녀의 눈에는 독일의 승전이 명약관화했으나 결국 오판으로 드러났다.

이 와중에도 어디로 날아갈지 모르는 새였던 에다의 충동적이고 감정적인 성격은 사라지지 않았다. 이탈리아의 참전 후에도 그녀는 여전히 화려한 생활을 즐기고 있었다. 참전한 남동생 브루노의 전사 소식도 그녀를 막을 순 없었다. 그러다 돌연 적십자 간호사로 등록해 아무도 모르게 종군한다. 처음엔 프랑스로 향했다가 이후 그리스-알바니아 전선으로 이동했다. 그녀의 에너지는 전장에서도 식을 줄 몰랐다. 하루 12~14시간씩 일했으며 의사와 환자들 사이에서 인기가 넘쳤다.

전장의 경험은 그녀 인생에 큰 변화를 가져왔다. 그녀가 본 전장은 끔찍했다. 며칠씩 굶주린 이들이 넘쳐났으며 야전병원엔 피투성이 부상병들로 가득 찼다. 에다는 그들에게 돈과 담배, 비누, 옷가지 등을 나눠 줬다. 그녀는 파시즘 외의 사상은 알 수 없었지만 태생적으로 연민과 동정의 마음을 가진 여인이었다.

전쟁 중인 1942년 다시 한 번 독일을 방문한다. 하지만 몇 년 전의 즐거운 기억은 다시 찾을 수 없었다. 절망만이 몰려 왔다. 이곳에서 그녀는 조국의 병사들이 독일군들에 의해 개나 노예처럼 다뤄지는 것을 목격하게 된다.

이때부터 에다는 아버지와 어긋나기 시작한다. 이탈리아 병사들을 지나치게 혹독하게 다룬다며 아버지를 비난했다. 부녀의 갈등엔 또 다른 중요한 이유도 있었다. 무솔리니의 새로운 정부情夫인 여배우 출신 클라라 페타치의 존재 때문이었다. 후일 페타치는 무솔리니와 최후를 함께한 여인이 됐지만, 에다는 그녀와 그녀의 가족들을 증오했다. 아버지를 이용해 권력을 남용하고 돈을 챙긴다는 이유였다. 페타치는 실제로 무솔리니의 정치에 막강한 영향력을 끼치고 있었으며 주요 관직 인선까지 개입했다. 에다로선 달가울리 없는 존재였다.

아버지, 남편, 그리고 독일. 에다가 자신과 가깝다고 믿었던 모든 것들이 멀어지기 시작했다. 동시에 패색이 짙어지는 조국과 함께 무솔리니의 최후도 가까워지고 있었다. 에다의 운명도 시시각각 비극을 향해 달려갔다. 부녀의 앞엔 최후의 총성만 남겨져 있었다.

파시즘의 공주, 마침내 날개를 잃다

2차 대전의 전세는 갈수록 이탈리아와 독일에 불리해졌다. 1942년 이미 이탈리아는 연합군에 밀려 각 전선에서 후퇴했다. 1943년이 되자 이탈리아 내에서 무솔리니의 권력도 급속하게 쇠퇴했다. 무솔리니의 화려한 쇼맨십과 선전선동도 더 이상 먹히지 않았다. 독일과의 동맹은 거센 반대 여론에 부딪혔고, 노동사들의 파업도 이어졌다. 경쟁과 모방, 협력이 반복됐던 무솔리니와 히틀러의 동맹도 틀어졌다.

결국 이탈리아의 파시스트 일부가 공개적으로 무솔리니에게 반기를 들었다. 그 가운데엔 검은셔츠단을 이끌었던 디노 그란디와 사위 갈레아초도 있었다. 파시스트 대의회는 무솔리니를 소환하고 불신임안을 의결했다. 디노 그란디와 갈레아초 역시 불신임안을 지지했다. 국왕 비토리오 에마누엘레 3세는 무솔리니를 즉각 해임하고 바돌리오 원수를 총리에 앉혔다. 무솔리니의 완전한 패배였다. 근위대에 체포된 무솔리니는 이탈리아의 산악지대로 격리, 구금됐다. 이탈리아 파시스트당은 해산되고 새로운 바돌리오 내각은 연합국과 휴전했다.

무솔리니에 반기 들고 로마로 진출하는 '검은셔츠단'

벼랑 끝에 몰린 무솔리니를 구한 것은 히틀러였다. 무솔리니는 히틀러의 지원 아래 1943년 살로에서 이탈리아 사회주의 공화국 수립을 선포하고 망명 정부의 수반이 된다. 사실상 히틀러가 주인인 괴뢰 정부였다.

바돌리오 정부가 들어서자 신변의 위협을 느낀 에다와 갈레아초 부부도 살길을 모색했다. 스페인과 바티칸으로의 망명을 시도했지만 모두 거부당한다. 에다는 다시 한 번 나치 독일에 손을 내밀었다. 이들 가족은 히틀러가 보내 준 비행기를 탔다. 그러나 이탈리아가 연합국과 휴전했다는 소식이 알려지자 나치 독일은 이들을 감금해 버린다. 특히 외무부 장관 시절부터 나치 독일에 반대한 갈레아초는 히틀러에게 눈엣가시였다.

로마로 진출하는 '검은셔츠단'

무솔리니는 새로운 정부를 수립하고 권력에 복귀하기 위해서는 정치적 반대파를 제거해야 한다는 히틀러의 '지시'를 받게 된다. 갈레아초 역시 숙청 대상이었다. 딸은 남편을 살리기 위해 아버지에게 눈물 반, 협박 반으로 간청했다.

"아버지는 미쳤어요. 전쟁은 이미 졌어요. 이 상황에서 제 남편을 죽인다고 무엇이 달라지겠어요? 제가 얼마나 승전을, 아버지의 개선과 히틀러 총통의 승리를 원했는지 아시잖아요? 하지만 아무것도 이루지 못했죠. 그런데 이제 와서 패전이 제 남편 탓이라고 몰아세우시는 건가요?"

딸의 말대로 아버지는 이미 미쳐 있었다. 권력에 미쳐 있었다. 무솔리니가 사위를 살린다면 그나마 히틀러가 내준 한 줌의 권력마저 포기한다는 것을 의미했다. 그래도 무솔리니는 사위를 의자에 묶기 전 마지막으로 자신에게 맡겨진 악역을 피하려고 했다. 사위

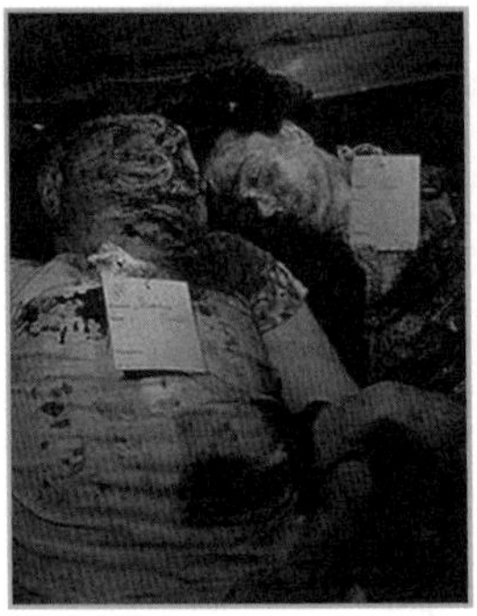
무솔리니와 페타치의 시체

의 처형일 새벽, 독일 친위대장에게 전화를 걸었다. 만약 갈레아초를 처형시키지 않는다면 히틀러와의 신뢰가 깨질 것인가를 물었다. 수화기 너머의 대답은 단호했다.

"절대적으로 그렇습니다."

권력의 화신인 무솔리니와 나치 독일 모두 갈레아초의 목을 바라고 있었다. 1944년 1월 11일 아침 갈레아초는 의자에 묶인 채 등 뒤에서 총탄을 받았다. 그리고 1년 3개월여 후인 1945년 4월 28일 무솔리니 또한 정부 페타치와 함께 매체그라에서 공산주의 빨치산에게 총살당했다.

아버지를 죽인 공산당원 레오니다와의 비극적 사랑

에다가 연금지인 리파리섬에서 자신을 감시하던 공산당원 레오니다 본조르노를 만나 사랑에 빠진 것은 그 몇 개월 후였다. 이탈리아 정부의 사면으로 리파리섬에서 풀려나 자식들을 보기 위해 로마로 돌아온 에다는 연인에게 편지를 썼다. 로마로 와서 함께 지낼 것을 간청하는 내용이었다. 하지만 레오니다에겐 이미 미래의 아내가 될 안젤라가 옆에 있었다. 그녀는 그를 다시 만나지 못했다. 1년여의 짧고 비극적인 사랑은 그렇게 끝났다.

리파리섬에서의 연금이 끝난 후 로마로 되돌아가 평생 은둔 생활을 한 에다 치아노는, 1975년 2차 세계대전을 회고한《나의 증언》이라는 책을 출간했다. 1989년엔 아버지와의 기억을 포함해 자신의 삶을 고백한 일련의 인터뷰를 하기도 했다. 그 이외의 행적은 세상에 드러나지 않았다.

에다는 1995년 4월 8일 로마에서 곡절 많은 인생을 마쳤으며 남편이었던 갈레아초 옆에 안장됐다. 부녀의 연을 끊었던 에다는 죽기 3년 전인 1992년에 와서야 무솔리니 기념 집회에 모습을 드러냄으로서 죽은 아버지와 화해했다.

음악으로 아버지의 망령을 벗어난 막내아들 로마노

무솔리니의 자식 1녀 4남 중 첫딸 에다와 달리 막내아들 로마노 무솔리니Romano Mussolini, 1927~2006의 일생은 비교적 평탄했다.

"계속 연주해라."

17세 소년 로마노 무솔리니에게 아버지가 마지막으로 남긴 말이었다. 턱을 쳐들고 주먹을 허리 뒤에 대면 아버지와 착각할 정도로 무솔리니와 가장 닮았던 막내아들 로마노는 아버지의 유언이 마법의 주문이라도 된 양 평생에 걸쳐 피아노를 연주했다. 재즈 뮤지션으로 성공적인 삶이었다. 사춘기에 아버지의 비극적인 죽음을 목격했던 막내아들의 삶을 폭력과 전쟁의 한가운데에서 구해 낸 것은 음악, 그것도 재즈였다.

로마노는 한번도 정치에 관여한 적이 없으며, 평생에 걸쳐 파시스트로서의 아버지에 대해 이렇다 저렇다 평가한 적도 없다. 그는 어린 시절을 떠올릴 때면 늘 엄격함 뒤에 자애롭고 유쾌했던 아버지만을 기억했다.

그는 무솔리니가 이탈리아의 최고 권력자인 '일 두체'가 된 2년 후에 태어났다. 무소불위의 권력자의 집은 호화롭기 그지없었다. 넓은 저택엔 희귀 동물들로 가득했다. 이탈리아 전역에선 파시스트들이 일으킨 피바람이 몰아쳤지만 로마노는 재규어와 사자, 원숭이, 앵무새, 조랑말, 거북이 등에 둘러싸여 행복한 어린 시절을 보냈다.

그가 재즈를 처음 듣게 된 것은 열한 살 위인 형이자 5남매 중 둘째인 비토리오Vittorio Mussolini, 1916~1997에게서였다. 아버지는 바이올린을 몇 시간이나 앉아서 연주할 정도로 음악을 좋아했지만 재즈만은 엄금했다. 파시스트들은 재즈를 퇴폐적인 음악으로 간주했고 흑인들의 것이라는 이유로 금기시했다. 하지만 형 비토리오는 어디서 음반을 구했는지 전설적인 흑인 재즈 피아니스트 듀크 앨링턴의 곡 〈블랙 뷰티〉를 네 살배기 로마노에게 들려줬다. 어린 로마노의 귀는 거장의 피아노와 빅밴드의 흥겨운 선율에 매료됐다. 그는 재즈라면 뭐든 찾아 들었다. 비토리오는 외국 여행만 다녀오면 재즈 음반을 구해 동생에게 선물했다. 루이 암스트롱, 베니 굿맨, 카운트 배시 등 재즈 뮤지션들의 신작 음반이 그에게 쥐어졌다.

로마노는 처음에는 아코디온으로 시작했지만 곧 독학으로 피아노를 연주했다. 전후인 1947년 무솔리니의 유가족이 이탈리아 정부로부터 사면된 뒤 그는 어머니인 라첼레를 비롯해 다른 형제들과 함께 이스치아로 이사했고, 재즈 쿼텟의 멤버로 나이트클럽이나 식당에서 연주 활동을 시작했다.

로마노는 1956년 '제1회 산 레모 재즈 페스티벌'에서 피아니스트로 두각을 나타내며 유럽과 미국 음악계에서 명성을 얻어 갔다. 처음에는 무솔리니라는 성을 숨겼다. 정치적 논란에 엮이거나 오해를 불러일으키지 않기 위해서였다. 첫 음반을 '로마노 풀Full'이라는 이름으로 냈다. 그러나 모두가 그의 배경에 관심을 나타냈고, 자신이 무솔리니가의 일원이라는 사실이 명성뿐 아니라 상업적으로도 도움이 된다는 사실을 깨달았다.

그는 이탈리아의 유명한 클럽에서 연주 활동을 계속해 갔으며 엘라 피츠제럴드나 더 플래터스 같은 유명 가수와도 협연했다. 미국 순회공연에서도 전설적인 재즈 뮤지션들과의 협연이 이뤄졌다. 루이 암스트롱과 쳇 베이커, 디지 길레스피, 라이오넬 햄프턴 등과도 한 무대에서 화음을 맞췄다. 1963년엔 이탈리아 비평가 선정 '올해

로마노가 출간한 책
《일 두체, 나의 아버지》

의 최우수 음반상' 까지 받았다. 로마노 무솔리니는 탁월한 피아니스트일 뿐 아니라 이탈리아 재즈계의 거목이자 선구자로 꼽힌다.

또 음악뿐 아니라 결혼으로도 대단한 이목을 끌었다. 1962년 로마노는 자신의 밴드에서 노래를 불렀던 마리아 치콜로네와 약혼을 발표했다. 마리아는 이탈리아의 대스타이자 여배우인 소피아 로렌의 여동생이었다. 무솔리니의 아들과 소피아 로렌의 여동생이었으니 이탈리아 전체가 떠들썩한 것은 당연했다.

갖가지 화제를 낳으며 결혼한 두 사람은 두 딸을 낳았으나 결혼 10년 만에 결별했고 1976년 이혼 도장을 찍었다. 이후 로마노는 여배우 카를라 푸치니와 재혼했다.

로마노는 사망 2년 전인 2004년《일 두체, 나의 아버지》라는 책을 출간했고, 이듬해 또 다른 저서《마지막 장: 일 두체의 최후에 관한 숨겨진 진실》을 세상에 내놓았다. 두 권의 회고록에서 그는 무솔리니를 정치가로서가 아닌 자애로운 아버지로 떠올렸다. 로마노는 평생 정치적 견해를 공개적으로 밝힌 적이 없고 늘 음악에 대해서만 말했다. 그렇다고 파시즘적인 세계관을 부정한 적도 없다. 대체적으로 아들의 정치사상 또한 외모만큼이나 아버지와 닮았을 것이라는 게 역사가들의 한결같은 추측이다.

그럼에도 정치에 대한 의도적 침묵과 음악에 대한 열광이 아버지의 망령과 파시즘의 덫으로부터 그를 구해 냈다.

무솔리니의 DNA, 손녀에 의해 대물림되다

하지만 그의 핏속에 잠재됐던 정치적 DNA, 무솔리니의 망령은 다음 세대에서 부활한다. 로마노가 1962년 첫 부인에게서 얻은 딸 알렉산드라 무솔리니Alessandra Mussolini, 1962~는 이모 소피아 로렌으로부터 끼를 물려받았으며 할아버지로부터는 정치적 유전자를 내림했다. 배우이자 모델로 〈플레이보이〉 표지 모델로 등장하기도 했던 알렉산드라는 1992년 나폴리에서 극우 정당인 '국민동맹' 후보로 의회에 진출하면서 본격적인 정치 경력을 시작했다. 이어 파시스트 정당인 '사회행동당'을 창당해 당수를 역임했으며, 2004년부터 2008년까지 유럽의회 의원을 역임했다.

무솔리니의 손녀이자 로마노의 딸 알렉산드라

현재는 베를루스코니 전 총리를 배출했던 '자유국민당' 의 하원의원으로 있다.

알렉산드라의 아버지 로마노는 정치를 회피했던 평생의 철칙을 딱 한 번 깬 일이 있다. 딸을 위해서였다. 딸이 창당한 '사회행동당' 의 공식 당가 〈이탈리아인의 긍지〉를 작곡한 일이다. '다함께 미래로/ 이탈리아인의 긍지로/ 우리를 단합케 하는 이상이 우리의 진실' 이라는 가사의 노래에는 파시즘적 그림자가 짙게 드리워져 있다. 로마노는 무솔리니의 유족으로는 가장 마지막인 2006년에 78세의 나이로 세상을 떠났다.

한편, 그에게 재즈를 전해 줬던 형이자 무솔리니의 장남 비토리오 역시 대중 예술계에 평생 몸담음으로써 아버지의 비극적인 유산으로부터 벗어났다. 그는 이탈리아 공군 중위로 복무하면서 에티오피아 침공과 스페인 내전, 2차 세계대전에 참전했으나 전후엔 영화업에만 전념했다. 페데리코 펠리니, 로베르토 로셀리니, 미켈란젤로 안토니오니 등 이탈리아의 거장 감독들과 다양한 작업을 했으나 영화 제작자나 시나리오 작가로서 큰 성공을 거두진 못했다. 그 역시 아버지의 시대를 회고한 저서를 남겼는데, 1973년 펴낸《무솔리니의 비극적 여인들》이 그것이다. 아버지가 평생 만났던 여인들의 비극적 삶을 담고 있다.

비토리오에 이어 무솔리니의 5남매 중 셋째로 태어난 브루노Bruno

Mussolini 1918~1941는 공군 조종사로 복무 중이던 스물세 살 때 전투기 사고로 사망했다.

평생 파시즘의 족쇄와 싸운 무솔리니의 자식들

맏딸 에다 치아노부터 비토리오, 브루노, 로마노 등 무솔리니의 자식들은 평생 파시즘의 족쇄와 아버지의 망령과 싸우면서도 권력의 달콤한 호사를 누릴 대로 누렸다. 단 한 명만 예외였다. 그가 바로 무솔리니가 이다 달세와의 사이에서 낳은 배 다른 아들 베니토 알비노 무솔리니Benito Albino Mussolini, 1915~1942였다. 그의 친모 이다 달세는 무솔리니 정권에 의해 정신 병원에 수감됐으며 1937년 뇌출혈로 죽었다.

'아버지를 아버지라고 부를 수 없는' 베니토 알비노의 인생도 짧고 불행했다. 어머니가 정신 병원에 수감되자 알비노는 열다섯 살에 파시스트의 전직 경찰 간부에게 입양된다. 그는 대학 졸업 후 해군에 입대했으며 역시 끊임없는 감시를 받아야 했다. 그러던 어느 날 갑자기 밀라노의 몸벨로 수용소로 끌려가 독극물 주사에 의해 살해됐다. 스물여섯이라는 꽃다운 나이에 운명하는 비극적 종말을 맞았다.

루마니아

흡혈의 DNA를 거부한 드라큘라의 자식

_ 차우셰스쿠의 아들

김재민 | 사회학자 · 경기대 강사

루마니아의 7대 대통령
차우셰스쿠

니쿠 막내아들

인류 역사에 기록된 폭압적이고 강압적인 독재자의 성장 과정은 대개 순탄치 않았다. 불우한 가정에서 태어나 모진 고초를 이겨내고 권력의 중심에 서고 나면 내면에 숨겨진 폭력성을 여과 없이 드러내곤 했다. 니콜라에 차우셰스쿠Nicolae Ceauçescu, 1918~1989는 스스로를 우상화하는 작업을 통해 불우한 어린 시절의 성장 과정을 강조했다. 선택받은 인간이 고난을 겪고 이겨낼 때 비로소 범인을 넘어선 위인이 될 수 있음을 보여 주고 싶었을 것이다.

독재자들이 갖는 또 다른 공통점이 있다면, 모두 공포를 동원해 자신의 지위를 유지했다는 점이다. 인민들이 갖지 못하고 유일하게 본인에게만 부여된 권위를 행사하고, 자신의 지위를 숭배의 대상으로 전환시키기 위해 선택하는 것이 공포 정치다. '공포'를 통해 생겨나는 두려움이 폭력을 행사하는 권력자의 눈에는 '경외'로 보이기 때문이다.

이렇듯 복종을 강요하고 인간 내면의 파괴를 즐기는 정신착란증에 사로잡혀 있거나, 몽상적인 열정으로 인민의 삶을 착취하는 독재자들로 인해 세계 곳곳의 민중들은 고통받아 왔다. 그리고 그 독재자의 목록 중에서 우리는 루마니아의 차우셰스쿠란 이름을 발견하게 된다.

'루마니아의 스탈린' 꿈꾼 독재자 차우셰스쿠 등장

차우셰스쿠는 1차 세계대전의 종전이 선포된 다음 해인 1918년 1월 26일, 독일이 점령하고 있던 루마니아에서 작은 마을 농부였던 안드루차 차우셰스쿠의 셋째 아들로 태어났다. 그의 아버지는 농사일보다 술과 여자에 더 많은 관심을 가졌던 인물로, 그 집안의 가난은 시대 상황 때문에 비참하거나 열악해졌다기보다 아버지의 고약한 술버릇으로 인해 더욱 빈궁해졌다. 아버지는 집안에 있는 돈을 모조리 들고 나가 만취 상태에서 사창가를 누비고 다녔다. 어머니는 술주정과 폭력에 끊임없이 시달렸지만 자식들을 위해 인내하며 삶을 이어 갔다.

니콜라에 차우셰스쿠의 공식적인 교육은 초등학교에 그쳤고 열한 살이 되던 해에 다른 형제들과 함께 아버지의 주정을 피해, 그리고 고향에서보다는 더 나은 미래를 찾을 수 있을 것이라는 막연한 기대를 가지고 수도 부쿠레슈티로 떠난다. 그곳에서 구두 수선공이었던 매형의 견습공으로 들어가 일을 배운다. 하지만 구두 수

선엔 별 관심이 없었던 차우셰스쿠는 '루마니아의 스탈린이 되고 싶다'는 야망을 품게 된다. 이 시기 그는 폭력적인 집단행동에 적극적으로 참여하고 이로 인해 체포·구금을 빈번하게 당한다.

차우셰스쿠는 체포와 구금을 자랑스럽게 여겼던 것으로 보이는데, 후에 논평가들은 이러한 집단행동에 적극적으로 참여한 이유를 그의 권력욕에서 찾곤 했다. 이념이나 노선과는 무관하게 폭력적인 행동엔 무조건 참여했던 그의 모습을 보면 그럴 가능성도 완전히 배제할 순 없다.

젊은 차우셰스쿠가 영웅으로 추앙했던 두 사람을 보면 그가 어떤 생각을 가졌는지 짐작할 수 있다. 한 명은 게오르기우 데지Gheorghe Gheorghiu-Dej이고 다른 한 명은 스탈린이었다. 게오르기우 데지는 그의 전임 권력자이자 차우셰스쿠에게 루마니아 공산당 내의 치열한 권력 투쟁에서 살아남는 방법을 알려준 사람이었다. 그리고 스탈린은 그의 맹목적 숭배 대상이었다. 후에 권력을 장악한 이후 러시아와의 단절을 통해 자주 노선을 취한 것처럼 보이지만 그가 스탈린에 대해 가졌던 '숭배'는 결코 바뀌지 않았다.

누구라도 스탈린을 비판하면 분을 참지 못해 말을 더듬었으며, 폭력을 휘두르기까지 했다. 도덕적인 옳고 그름과는 상관없이 스탈린에 대해 가졌던 맹목적 숭배는 독재자 차우셰스쿠가 무엇을 원했는지를 단적으로 보여 주는 대목이다. 그가 원했던 스탈린식 권력 모형과 자신을 감정적으로 통제하는 데 어려움을 겪었던 개인적인 성격이 결합되었을 때 나타난 결과는 재난에 가까웠다.

차우셰스쿠와 게오르기우 데지의 만남은 같은 감옥에서 수감 생활을 하면서부터였다. 수감 생활을 통해 데지와 같은 루마니아 공산당 고위 간부들과 친밀하게 지낼 수 있는 기회를 가졌는데, 당시 감옥은 '공산주의자 대학'이라 불릴 만큼 이데올로기의 산교육장이 되었다.

열악한 성장 배경과 교육 부진으로 합리적 사고 결여

차우셰스쿠는 열악한 성장 배경과 정상적인 교육을 받지 못한 탓에 합리적인 사고 능력이 상당히 결여되었지만, 수감 생활에서 접한 마르크스 이론만큼은 매우 적극적으로 수용했다. 마치 새로운 삶의 근거를 발견한 것처럼 통째로 흡수하며 심취했다. 그가 심취한 마르크스주의가 어떤 것이었는지는 명확지 않지만, 아마도 스탈린에 의해 교조적으로 해석된 마르크스주의였을 가능성이 높아 보인다. 그는 항상 관심의 중심에 있길 원했고, 자신의 위치를 확장시키기 위해 적극적인 자세를 취했다. 이를 위해 우선 공산당 지도자들의 충복이 되려고 인정 투쟁에 운명을 걸었고, 목적을 달성하기 위해 공산주의 이론을 맹목적으로 추종하게 된 것이다.

데지가 1965년 암으로 사망한 다음 공산당 내부의 권력 투쟁이 전개된다. 이 권력 투쟁의 최후 승자는 차우셰스쿠였다. 데지는 조금 우둔해 보여도 충성심이 강했던 그를 자신의 심복으로 생각하고 매우 빠른 속도로 당내 서열을 높여 주었다. 덕분에 짧은 시간 안에 공산당 내 입지를 강화할 수 있었다. 차우셰스쿠 같은 인물들은 자신에게 돌아온 기회를 통해 권력을 극대화하는 방법을 아는 사람들이다. 그는 권력의 중심에 가기 위해 자신의 야욕을 감춤은 물론, 사전 정지 작업을 하며 결정적 순간을 기다리고 있었다. 그 기회는 데지의 죽음을 통해 찾아왔다.

데지가 죽은 후 공산당의 권력 승계 과정은 극비리에 진행되었다. 루마니아 공산당의 지도부들은 중앙위원 중 가장 젊지만 열성적인 사람이 제1서기에 임명되어야 한다고 제안했고, 여기에 걸맞은 차우셰스쿠가 후계자로 선택되었다. 이들이 평소 차우셰스쿠를 철저하게 무시했다는 점에선 매우 놀라운 일이었지만 한편으론 당연한 수순이었다.

차우셰스쿠, 권력 장악의 교과서적 본보기

그들은 피비린내 나는 권력 투쟁을 피하기 위한 임시방편으로 그를 선출하자고 제안한 것이고, 속내는 철저히 차우셰스쿠를 뒤에서 조종할 수 있을 것이라 판단했기 때문이다. 그러나 차우셰스쿠

1969년 미국 닉슨 대통령(우) 내외와 함께

는 뛰어난 전략과 꼼꼼한 계획을 통해 공산당을 장악해 나가기 시작했다. 초기에 당내 막강한 세력을 가지고 있던 경쟁자들의 시선을 인지하면서 신중한 태도를 견지했다. 그의 행동은 권력 장악의 교과서적 본보기로 간주될 만큼 치밀했다.

차우셰스쿠는 당내 권력 장악 과정과 더불어 사회 정책에서도 변화를 꾀했다. 루마니아 국민이 과거보다 훨씬 자유로운 분위기를 누릴 수 있도록 했고, 과학자와 작가, 예술가들에게 사고의 개방과 표현의 자유를 약속하는 등 획기적인 변화를 시도했다. 그리고 사회주의 헌법 정신을 약속함으로써 인권을 존중하는 듯한 태도를 견지했다. 이러한 그의 계획은 그동안 권위적으로 비쳐졌던 공산당 내부를 변화시켜 국민의 동의를 끌어내기 위한 움직임이었다.

집권 초기의 이런 행동은 서구에서조차 그를 높이 평가하는 계기로 작용했다. 서구는 그를 호의적으로 바라보았고 조금은 색다른 공산주의 지도자로 인식했다. 루마니아 내에서도 지식인과 중산층들이 차우셰스쿠가 가져온 변화를 신선한 충격으로 받아들이면서 '개방의 시대'가 열렸다고 생각하게 되었다. 이 과정에서 그는 스스로를 지도자로 훈련하였고 대중 연설을 통해 말을 더듬던 버릇까지 고칠 수 있었다. 하지만 표면적인 개혁과 호의적인 평가에 힘입어 점점 자신감을 얻게 된 차우셰스쿠는 드디어 본색을 드러내기 시작한다. 돌이켜보면 '자유'를 향한 조치는 정적을 제거하기 위한 편리한 수단이었으며 루마니아인들이 누렸던 잠깐 동안의 행복감은 그의 권력 장악 과정에서 주어진 신기루에 불과한 것이었다.

방송을 통해 신년 연설 중인 차우셰스쿠

루마니아 천년 역사에 우뚝 선 차우셰스쿠, 개인 숭배의 아이러니

차우셰스쿠 정권이 점차 본색을 드러내면서 권력 독점을 향한 노정은 더욱 치밀하게 진행되었다. 차우셰스쿠 개인에 대한 우상화 작업도 본격화되었다. 이러한 권력 집중과 우상화 과정에서 효과적으로 사용된 것이 '민족주의'였다. 그는 민족주의 색채를 강화하고 자신을 루마니아의 번영을 위해 하늘이 선택한 위대한 인물로 형상화했다. 강대국의 잦은 침략에도 불구하고 찬란한 문화를 꽃피운 루마니아의 독특한 역사를 강조하는 민족주의적 이데올로기 강화는 루마니아의 선택된 지도자로서의 면모를 강조하기 위한 수단이었다. 실제로 루마니아 국가 형성의 특수한 배경에는 강한 민족주의적 전통이 있었고, 이러한 조건에 편승해 자신을 공산주의 지도자보다 '우리들의 빛의 원천'으로서 민족 전통의 계승자이자 민족 영웅이라 칭하며 의미를 부각시켰던 것이다. 《차우셰스쿠 Kiss the hand that You cannot bite》 평전을 쓴 종군 기자 에드워드 베르에 따르면 '루마니아의 역사는 고대 다치아 지역의 중심부에서 이주해 왔던 사람들의 집단적인 행동 양식으로 물질문명을 발전시키고, 정신문화를 꽃 피웠던 데서부터 출발했다'는 차우셰스쿠의 연설 내용은 루마니아 민족주의를 정당화시키고 자신을 다치아족의 전설적인 전사이자 왕의 후계자로 묘사한 전형적인 방법이었다.

루마니아 공산당은 역사를 왜곡하면서까지 혈통의 순수성과 루마니아의 도전 정신을 고취하였다. 독재에는 폭력과 공포가 요새처럼 버티고 있지만 그것을 지탱할 수 있는 이데올로기적 동원력 없이는 쉽게 무너진다. 차우셰스쿠에게 폭력과 공포의 요새를 버티는 기둥은 외부 세력을 적대시하는 원색적인 민족주의였다. 공격적 민족주의의 계승자이며 '지혜의 보고이자 카리스마의 화신'으로 스스로를 의미화함으로써 권력의 핵심을 이루는 추종자와 비밀경찰뿐만 아니라 모든 인민들의 암묵적 동의와 협조를 얻을 수 있었다. 한편으로는 애국심이라는 환상을 이용해서 인민의 눈을 가리고 다른 한편으로 비밀경찰을 중심으로 감시 체제를 강화하는 것을 통해 그의 권력은 유지되었던 것이다.

신神이 되고 싶었던 차우셰스쿠…… 공산주의자의 탈을 쓴 드라큘라

'신기원의 창시자' 인 그의 신격화 작업은 은밀하면서도 조직적으로 이루어졌다. 그러나 그것은 환상에 불과할 뿐 인민의 피를 빨아먹는 드라큘라에 지나지 않았다는 것을 본인은 몰랐다. 독재자들은 본인의 권력이 영원할 것이라는 믿음으로 가득 차 있다. 그렇지만 자연의 순리 또한 너무나 잘 알고 있기 때문에 더 웅장하고 화려한 치적을 남기려고 한다.

루마니아의 영원불멸한 신이 되고자 했던 차우셰스쿠 역시 사후에 대비해서 자신의 흔적을 남기고자 했다. 화려하고 웅장하면 할수록 더욱 의미를 새롭게 할 것이라 생각한 그는 세계에서 가장 거대한 궁전을 건설하고 내부를 화려하게 치장했다.

드라큘라는 인간의 피를 빨아먹고 살아간다. 신이 되고 싶었지만 드라큘라가 되어 버린 차우셰스쿠 역시 인간의 피를 먹으면서 자신의 권력을 구축했다. 자비로움과 관대함의 화신이라는 환상을 가졌던 그는 자신을 인민을 구원해야 하는 존재로 생각하였다. 그러나 반대로 자신이 구원받기 위해 인민의 피를 빨아먹는 아이러니한 상황에 놓이게 된다.

자신의 권력을 극대화하기 위해 민족의 수호신 역할을 자처했고, 이러한 강박은 루마니아의 민족 정체성을 순혈주의로 만들어서 지배와 복종의 관계를 확고히 할 필요가 있었다. 인류 역사의 시련을 딛고 순수 혈통을 지켜 나간 위대한 루마니아 민족을 영속화할 수 있도록 차우셰스쿠를 중심으로 대동단결하는 사회가 구성되어야 한다는 문제의식에서 민족 정체성 확립을 위한 노력에 힘을 쏟았다. 이러한 노력은 루마니아의 정통성을 상당히 왜곡하며 순혈적 민족성을 강조하는 것으로 재탄생했고, 국가 이데올로기 장치로서의 전형적 교육을 통해 인민의 인식 틀을 개조하였다.

조작된 역사와 전기는 한 권력자의 탐욕과 치욕스런 과거를 은폐하기 위한 작업이었다. 차우셰스쿠는 공산주의의 이론에 감명을 받았던 것이 아닌 폭력적인 행동에 관심을 가지면서 권력자로서의 면모를 키워 나갔다.

어린 시절부터 사람들에게 관심 받고 싶어 했고, 권력에 대한 야욕이 많았다는 증언은 일찍이 공산주의자로 전향하여 수감자 생활을 했던 그의 동년배의 발언에서도 잘 묻어난다.

그 동년배는 종군 기자 베르와의 만남을 통해 차우셰스쿠를 중상모략하려는 의도가 아님을 강조하면서 모든 사람들이 싫어했던 차우셰스쿠에 대한 기억을 풀어냈다. 그에 따르면 그 당시 차우셰스쿠는 말참견을 잘하고 언제나 중요한 사람인 것처럼 행동했지만 어떤 관심도 끌지 못하고 항상 구설수에 휘말렸다고 한다. 왜소한

체구에 보잘것없었고 둔하기까지 했던 그는 실실 웃으면서 말을 더듬기까지 해서 사람들이 싫어했는데, 그의 신경질적인 성격은 흥분하면 경련까지 일으켜서 그를 피해 다닐 정도라 한다. 사람들은 그의 돌출 행동을 경멸하고 무시했지만 종잡을 수 없는 분노는 두려움의 대상이 되어 버린 것이다. 이처럼 사람들에게 사랑받고자 했던 욕망이 현실과의 괴리로 인해 뒤틀리게 되면서 한 인간의 내면이 권력의 화신인 드라큘라로 변해 버린 것은 처음부터 배태되어 있었는지 모른다.

가족 사회주의 건설…… 모든 인민의 아버지 차우셰스쿠

모든 루마니아 민족의 아버지로서 인정받고자 했던 차우셰스쿠의 정책은 기형적 형태를 띠고 있다. 그는 루마니아를 강성대국으로 건설하기 위해 가장 필요한 것은 인구 증가라고 생각했고 이를 실현하기 위해 출산 장려 정책을 실시하였다. 그 정책은 각 가정마다 다섯 명의 자녀를 출산하도록 강제했다. 어떤 의미에서 자신이 곧 모든 인민의 아버지였기 때문에 태어난 아이를 모두 보듬어 안을 수 있을 것이란 발상에서 출발한 강제 임신 정책의 결과는 '차우셰스쿠의 아이들'로 대변되는, 도저히 국가가 나서서 해결할 수 없는 심각한 사회문제로까지 되었다.

강력한 중앙 집중적 지배를 실행했던 그는 자신의 권력을 안정적으로 이끌어 가기 위해 2천만 명이 넘는 국민을 도청한다. 자신이 곧 신이었지만 신에 대한 저항을 두려워했던 인간으로서의 면모를 보인 것이다. 자기중심적이며 편집증적인 성격이 동시에 나타난 것이다. 그의 입장에서는 모든 루마니아인을 본인이 직접 살피고 보살펴야 하기 때문에 불가피한 개입이라고 생각했을 수도 있다. 남녀노소를 불문하고 모두가 감싸 안아야 하는 '아이들'이었기 때문이다. 영원한 아버지로서의 지위를 원했던 그의 시대에 다른 아버지는 필요하지 않게 된다. 민족주의적 전통과 가부장적 전통의 결합은 국가를 가족으로 인식하게 했고, 아버지인 차우셰스쿠를 중심으로 국가가 통치되어야 함을 의미했다. 따라서 차우셰스쿠 정권에선 국가와 자신이 동일시되는 이데올로기적 조작이 가능해진다.

모든 인민의 아버지이고자 했던 차우셰스쿠는 자신의 혈연관계에 있던 이들을 권력의 중심에 앉히면서 가족이 지배하는 사회, 즉 가족 사회주의를 건설해 버렸다. 이것은 항상 정적들의 견제에 노출되면서 자신의 안위에 대해 노심초사할 수밖에 없는 상황을 차단하기 위한 방편이었다. 그의 부인인 엘레나는 그보다 더 권력욕을 노골적으로 드러냈다. 그녀는 차우셰스쿠 다음의 실질적 권력자였다. 그의 친척들은 각료와 중앙위원회의 주요 직책에 포진되었다. 엘레나의 오빠 게오르가 페트레스쿠는 부수상이 되었고, 차우셰스쿠의 형 일리에는 국방부 차관, 동생인 니콜라에 안드루차는 내무부의 중책을 맡았다. 막내아들 니쿠는 중앙위원으로 활동하다가 공산당 서열 3위까지 초고속으로 승진한 후 후계자로 지목되었다. 그가 생각했던 가족 사회주의의 건설이 족벌 정치였다는 것이 증명된 셈이다.

차우셰스쿠의 몰락…… 권력의 달콤함과 씁쓸함

루마니아 민중의 아버지로 자신을 규정시키려 했던 차우셰스쿠는 아이러니하게도, 어쩌면 필연적으로 민중에 의해 최후를 맞이한다. 하지만 동유럽의 '민주화'가 대개 그랬듯이 루마니아 또한 '과거'를 완전히 청산하지는 못했다. 24년 강압 정치를 통해 국가를 장악하고 본인이 곧 국가이며 민족임을 자임했던 차우셰스쿠 정권은 붕괴됐지만, 그 체제의 맨 꼭대기에 있었던 '아버지'는 살해되었지만, 그와 권력을 공유했던 지배 집단이 사라진 것은 아니었다.

그와 함께 지배 집단을 형성했던 고위 관료들이 계속해서 권력을 장악하고 있었다는 점은 혁명이 차우셰스쿠 개인의 제거에서 멈춰버렸다는 것을 의미한다. 루마니아의 혁명은 독재 정권의 붕괴로

표상되기는 했지만 독재자 차우셰스쿠 개인에 대한 반대 성격이 강했던 것이다. 때문에 차우셰스쿠의 자녀들에게 권력이 세습될 가능성은 처음부터 존재하지 않았다. 권력 집단이 달라지지 않았지만 차우셰스쿠의 이름은 '불경' 스러운 것이 되어 버린 것이다. 신성한 우상이 되어 누렸던 권력만큼 그의 이름은 철저히 부정되어야 할 대상이 되어 버렸다.

차우셰스쿠의 독재를 몰아낸 민중 혁명은 국경지대의 아름다운 소도시였던 티미쇼아라에서 시작되었다. 그러나 그 파장은 넓고 깊었다. 1989년 12월 16일 이곳에서 소요 사태가 발생한 후 채 열흘이 지나기도 전인 크리스마스에 그는 비참한 종말을 맞이하게 된다. 사실 티미쇼아라 소요는 직접적으로 루마니아 정부와는 관계가 없는 일이었다. 소요의 발단은 티미쇼아라의 헝가리 출신 민족주의자였던 성직자 라슬로 퇴케시의 추방과 관련된 종교 탄압 문제였기 때문이다. 개혁 성향이 강했던 라슬로가 차우셰스쿠의 독재를 비판하자 비밀경찰을 동원해 무자비한 보복을 감행했다. 신도들과 민중들은 촛불 시위를 시작했고 '자유 · 해방 · 독재 타도' 를 외치며 혁명의 불꽃을 밝힌 것이다. 대부분의 혁명이 그렇듯 예측하지 못한 사소한 계기가 거대한 혁명의 촉매제 역할을 한다. 억압되어 있던 민중의 불만은 이렇듯 의도치 않은 곳에서 시작되어 전국으로 확산될 만큼 포화 상태였던 것이다. 루마니아 민중 혁명은 폭압적인 통치는 결국 폭력적인 저항에 직면하여, 폭력으로 사라질 수밖에 없다는 역사의 순환을 고스란히 보여 준 것이다.

1971년 북한을 방문해 김일성을 만난 차우셰스쿠

루마니아의 모든 것을 자신의 것으로 생각했던 '가부장' 차우셰스쿠는 그것을 과시하기 위해 호화로운 생활과 향락을 즐겼다. 하지만 언제나 그렇듯이 독재자의 과도한 향락과 소비는 인민의 피와 땀을 대가로 한다. 인민은 독재자를 아버지로 인정하고 받아들일 땐 그 피와 땀을 인내하지만 그의 기만과 사기 행각을 깨닫게 되는 순간 적으로 돌아설 수밖에 없다. 그동안 누렸던 권력과 사치만큼의 배신감과 분노가 표출되는 것은 당연한 귀결이다. 루마니아의 민주주의 혁명은 이러한 배신감과 분노의 표현이었기 때문에 더 격렬했고 체제보다는 차우셰스쿠라는 이름에 맞추어져 있었는지도 모른다.

차우셰스쿠의 권력 아래 출간된 많은 책과 신문 기사는 그에 대한 극찬으로 도배되어 있었다. 그는 가장 훌륭한 정치인으로서 루마니아라는 국가와 민족, 그리고 인민을 위해 온몸을 다 바쳐 헌신하는 인간으로 그려졌다. 그리고 어느 순간엔가 스스로 정말 그렇다고 착각하게 되었는지도 모른다. 끝없는 통제와 조작을 통해서만 유지될 수 있는 권력이었지만, 신성불가침한 권력을 가지게 되었다고 착각하는 순간 통제와 조작은 느슨해질 수밖에 없다. 권력의 달콤함에 심취한 나머지 그 다음에는 쓴맛이 온다는 것을 완전히 망각했는지도 모른다. 감추어야 할 부패의 실상과 악마의 본성이 가감 없이 드러나는 순간 권력의 유지는 더 이상 불가능해진다.

차우셰스쿠는 통제에 대한 동물적인 감각이 탁월했다. 더욱이 편집증에 가까울 정도의 의심과 경멸로 가득 차 있었다. 또 마지막 순간까지 자기를 지지하는 군중집회를 자기와 인민들 사이의 의사소통으로 이해했으며, 자기에 대한 복종으로 생각한 자기중심적 인물이기도 했다. 그것은 그가 공산당으로부터 배운 유일한 것이었으며 당내 권력 투쟁의 과정에서 보고 배운 전부였기 때문이다. 오늘의 동지가 내일의 적이 되는 권력의 속성을 몸속 깊이 내면화시킨 그는 몰락하기 전까지 권력을 지켜내기 위한 투쟁에 모든 시간을 투자했다고 할 수 있다. 하지만 스스로를 절대 권력자로 착각하는 순간 몰락하게 되는 것이다.

마지막 총살을 당하기 직전 차우셰스쿠가 〈인터내셔널가〉를 불렀다는 사실은 권력을 사적으로 농단했던 그가 최후의 순간까지 스스로의 이미지를 조작하고 통제하려 했다는 것을 보여 준다. 모든 것을 잃어버린 그 순간까지 자신은 개인적 사리사욕을 탐하지 않았고 오직 민중을 생각하고 민중만을 위해 헌신했음을 강변하고 싶었던 것이다. 그러나 탐욕의 노예가 되어 버린 차우셰스쿠는 인민의 아버지라는 가면이 벗겨지면서 인민들로부터 경멸의 대상이 되었을 뿐이다.

차우셰스쿠의 부인 엘레나

축구와 과학이 독재자의 아들을 구하다

차우셰스쿠는 다른 독재자와 달리 오직 엘레나Elena Ceauçescu, 1916~1989만을 사랑했고 다른 여성에게 별다른 관심을 두지 않았던 것으로 보인다. 그토록 사랑했던 그녀와 1946년 결혼하여 세 명의 자녀를 두었다. 큰아들 발렌틴과 딸 조이아, 그리고 막내아들 니쿠가 그들인데, 그 가운데 발렌틴은 그와 엘레나가 그 당시 공산당 권장 사업의 일환으로 입양하게 된 아들이었다.

강압적인 아버지와 아들과의 관계는 적대적일 가능성이 높다. 그 아버지가 신적 존재로 대상화되는 경우에는 문제가 조금 더 복잡해진다. 뭇사람들처럼 아버지를 경외할 수도 있지만, 그렇지 않을 경우 적대감은 더욱 커질 수 있다. 하지만 차우셰스쿠가 인민을 통치하듯 치밀하게 자녀들을 '통제'하지는 않았던 것 같다. 오히려 자녀들은 표독스런 어머니인 엘레나의 영향을 많이 받으면서 성장했다.

앞서도 언급했던 종군 기자 에드워드 베르는 루마니아 혁명 이후 차우셰스쿠 통치 기간에 대해, 루마니아 전역을 돌아다니며 직접 조사한 자료를 근거로 《차우셰스쿠》를 출간했다. 그에 따르면 엄격한 통제와 감시, 그리고 '차우셰스쿠 사상'의 주입에도 불구하고 루마니아 사람들은 '왕의 가족'의 사생활에 관심이 지대했다. 언론 자유나 정보의 소통 부재는 그들의 행태가 부풀려지면서 세간의 화젯거리가 되었다. 그의 자식들은 체제의 수혜자였음에도 불구하고 자유를 누릴 수 없었던 피해자였던 것이다.

큰아들 발렌틴, 정치 관여 않고 물리학자의 길 선택

큰아들 발렌틴 차우셰스쿠는 1948년 2월 17일에 태어났다. 그는 핵물리학 연구소의 물리학자로 연구자의 길을 걸었다. 다른 형제들, 특히 니쿠와는 달리 정치에 전혀 관여하지 않았다. 그는 부쿠레슈티대학에서 물리학을 전공하였고 영국에서 물리학 박사학위를 취득하였다. 1970년에 공산당 지도자의 딸과 결혼했고 아들과 딸을 낳았다. 그러나 차우셰스쿠 부부는 그들을 인정하지 않았기 때문에 특권층의 권리를 인정받지 못한 채 부인과 아이들은 캐나

다로 추방되는 신세가 되었다. 이유는 그녀가 반半유대인이었기 때문이다. 발렌틴은 1980년대에는 프로축구 클럽인 FC 슈테우아 부쿠레슈티 구단의 운영에 참여하기도 했다. 그에게는 정치보다는 학문과 축구가 더 중요했던 것이다.

보헤미안 기질의 딸 조이아, 수학자의 길 걸으며 도피

1949년 2월 28일에 태어난 딸 조이아도 발렌틴과 비슷한 경로를 밟았다. 그녀는 수학을 공부하고 루마니아 아카데미 수학연구소에서 연구원으로서의 삶을 선택했다. 그녀는 정권의 실체에 대해 매우 역겨워했던 것으로 전해진다. 권력자의 딸로 많은 것을 소유하고 있었지만 비밀경찰에 의한 끊임없는 감시는 그녀를 힘들게 했던 것이다. 보헤미안 기질이 있었던 그녀는 비밀경찰의 감시망을 피해 도망치고 싶어 했다. 그녀는 상당한 골초로 알려졌는데, 수학과 담배가 유일한 안락처였는지 모른다. 혁명 이후 자유롭게 연구할 수 있는 기회를 가질 수 있었지만 결국 자신의 휴식처라고 생각했던 담배가 폐암이라는 치명타를 안겼다. 결국 조이아는 폐암으로 인해 독재자의 딸이 짊어져야 했던 힘겨운 삶을 마감하게 된다.

부모의 총애 받던 막내아들 니쿠, 아버지의 야망 답습

차우셰스쿠 부부의 막내로서 가장 총애를 받았던 니쿠는 1951년 9월 1일에 태어났다. 아버지의 모습을 닮고자 했던 그의 인생은 차우셰스쿠만큼 드라마틱하다. 니쿠는 다른 형제들과 달리 아버지의 야망을 동경했고, 자신을 아버지와 동일시하려는 과대망상에 사로잡혀 있었다. 일찍이 차기 후계자로 인정받은 니쿠는 아버지가 그랬던 것처럼 루마니아를 자신의 손아귀에 넣을 수 있다는 환상을 갖게 되었다.

그러나 아버지와 달리 술버릇이 고약했으며 방탕한 여성 관계로 아버지를 뛰어넘는 차기 독재자로서의 면모를 여실히 드러냈다. 결국 그는 혁명 이후 그렇게도 닮고 싶어 했던 아버지처럼 감옥 신세로 전락했으며, 차가운 감옥에서 병을 얻어 비참한 최후를 맞이하게 된다. 젊은 날에 권력의 달콤함을 맘껏 맛보면서 부귀영화를 누렸던 그는 독재자의 말로를 그대로 답습하고 말았다. 그는 권력과 일정한 거리를 두었던 다른 형제들과는 확연히 구별되는 삶을 선택했고, 그 선택이 마치 '아버지는 곧 자신'이라는 망상에 젖어들게 했던 것으로 보인다. 그 망상이 자신에게 남긴 것은 한 평 남짓한 차가운 감방일 거라는 생각은 꿈에도 할 수 없었을 것이다.

차우셰스쿠의 자식들은 1989년 반차우셰스쿠 혁명 직후 모두 체포되었지만, 발렌틴은 9개월 후 무혐의가 인정되어 자유의 몸이 되었다. 조이아 역시 8개월이 지나고 연구소로 돌아가 학문에 정진할 수 있었다. 니쿠만은 건널 수 없는 강을 건너고 말았다. 아버지를 너무나 빼닮았기에 아버지를 따라가는 운명에 처했던 것이다.

차우셰스쿠 사후 당시 부인과 이혼한 상황이었던 발렌틴은, 자진해서 구국 전선에 투항했다. 그는 만약 재판을 받게 된다면 부모의 반대편에 섰다는 사실과 어머니 엘레나를 증오했다는 주장을 내세워 맞설 생각이었다고 한다. 다행히 무혐의를 입증해 주기 위해 그가 몸담았던 '원자핵물리연구소'가 지원하고 나섰다. 발렌틴이 권력 투쟁과 무관한 학자였다는 것을 연구소가 직접 증명해 준 것이다. 절대 권력자의 아들이었지만 정치에 참여하지 않고 연구자의 길과 축구에 대한 관심으로 자신만의 삶을 살았던 발렌틴은 그나마 아버지와 어머니의 몰락을 비껴가며 살아남을 수 있었다. 가족 중 지금까지 생존해 있는 유일한 사람이 발렌틴이다.

평범한 '아버지'를 원했던 발렌틴 차우셰스쿠

아버지 차우셰스쿠보다 더 악명이 높았던 어머니 엘레나에 대한 발렌틴의 증오에서 볼 수 있듯, 부모와의 관계가 동생들보다 좋지 않았던 것은 분명해 보인다. 이것이 발렌틴으로 하여금 정치보다는 학문에 더욱 열성적이게 한 계기가 되었을 수도 있다. 동생이었던 니쿠가 정권의 후계자로 성장했다는 점 역시 그가 정치로부터 발을 뺄 수 있는 기회였다. 그는 통치자의 아들이라는 수혜를 권력에 대한 욕구로 표출하지 않고 오히려 권력과 적절한 거리를 둘 수 있게 하는 안전장치로 사용한 것이다.

독재자가 자신의 지위를 영속화시키기 위해 끊임없이 정적을 제거하면서 권력 투쟁의 늪에서 헤어 나오지 못하는 것처럼 독재자의 자녀들도 그들끼리 후계자의 자리를 놓고 경쟁적 암투를 통해 피의 싸움을 벌일 운명에 처할 가능성이 높다. 차우셰스쿠의 자녀들도 크게 다르지 않았다. 그렇지만 큰아들인 발렌틴은 혈통의 순수성에서 이미 권력 구도에서 밀려날 수밖에 없는 처지였다. 발렌틴은 형식적으로는 차우셰스쿠와 엘레나 사이의 첫째아들이지만, 다른 두 자녀와 달리 입양된 자녀였다. 루마니아의 민족적인 전통을 고려했을 때 차우셰스쿠는 입양된 자녀보다는 혈연관계에 있는 자녀를 권력의 중심에 내세우고 싶었을 것이다. 발렌틴은 더 많은 애정을 받고 자랐던 동생 니쿠가 정치에 적극적으로 참여하면서 루마니아 공산당의 실질적인 지도자 위치에 가까이 다가가 있었다는 것을 분명히 알고 있었다. 이런 조건에서 발렌틴은 '현명하게도' 동생과 권력을 놓고 경쟁하기보다는 후에 독재자의 아들이라는 낙인을 지울 수 있는 자신만의 경로를 선택하게 된다.

발렌틴은 어쩌면 독재자로서의 아버지가 아닌 '평범한' 아버지를 원했던 것으로 보인다. 차우셰스쿠가 처형당한 후, 유일하게 생존한 발렌틴은 '아버지 찾기'를 위해 노력한다. 부모의 유해 신원 확인 요청과 압수된 미술 작품 반환 소송 등은 언뜻 보면 개인의 이익에 눈먼 행동처럼 보인다. 그렇지만, 그는 과거도 자신의 일부이고 자신의 인생이라고 단언하면서 자연인으로서의 차우셰스쿠를 그리워하고 있었던 것이다. 숨 막히는 권력의 암투에 내몰린 아버지가 아닌 사사로운 일을 함께 나눌 수 있는 그런 아버지를 원했던 것이다. 모든 인민의 아버지가 아닌 오직 자신만을 사랑하고 이해해 줄 수 있는 '생물학적' 아버지를 원했던 발렌틴의 희망이 '진정한' 아버지를 되찾기 위한 행동으로 표현된 것은 아닐까?

인류와 루마니아의 구원자로서의 차우셰스쿠를 형상화한 이미지. 자신을 신적 존재로 묘사, 신이 되고 싶었던 그의 욕망이 단적으로 드러나 있다

상반된 길을 걸은 차우셰스쿠의 자식들

차우셰스쿠를 몰아낸 루마니아의 혁명은 새로운 사회를 건설할 기회를 열어 주었다. 그러나 그와 함께 독재 체제를 이끌었던 중심

세력이자, 그 권력을 연장하기 위해 아버지를 '살해' 했던 세력이 권력을 장악함으로써 루마니아의 역사는 또 다른 풍랑을 맞이하게 된다.

인민의 '아버지' 였던 차우셰스쿠는 루마니아 국민 모두를 그의 아들과 딸로 생각했다는 점에서, 그리고 그와 권력을 공유했던 권력 집단은 그를 아버지로 형상화하는 데 앞장섰다는 의미에서 차우셰스쿠 이후 권력을 장악한 세력은 모두 그의 자식들이었다. 그런 점에서, 비록 차우셰스쿠의 생물학적 자식들은 권력에서 밀려나고 아버지와 운명을 같이했지만 '아버지' 의 역사는 계속되었다. 차우셰스쿠는 철저히 부정되었지만 그의 흔적은 루마니아 도처에 남아 있는 역설적인 상황에 직면하게 되는 것이다. 때문에 그의 가족은 '혁명' 의 이름으로 모두 부정되어야 했다.

차우셰스쿠의 자식들은 그를 생물학적 아버지로 두었다는 '죄' 때문에 단죄되었다. 하지만 그들을 단죄한 주체가 차우셰스쿠의 또 다른 자식들이었다는 사실이 우리를 슬프게 한다. 민중이 혁명을 통해 마련해 준 무대 위에서 그들은 '아버지' 를 부정하고 아버지의 권력을 계승한 것이다. 이제는 절대 권력의 이름이 아닌 자본과 탐욕으로 뭉쳐진 권력의 망을 구축하게 된 것이다.

역사의 망각은 독재를 재생산한다

역사의 망각은 독재를 재생산한다.

우리는 언제나 망각의 늪으로 빠져들고 만다는 역사의 굴레를 루마니아의 경험을 통해 다시 한 번 기억할 필요가 있다.

발렌틴은 이러한 '차우셰스쿠 지우기' 과정에서 살아남았다. 니쿠처럼 아버지의 그늘 아래 권력을 탐하지 않았기 때문이었다. 그는 열정과 에너지를 축구와 과학에 쏟아부음으로써 독재자 아버지와의 거리를 유지했다. 니쿠와 달리 후계자가 될 수 없는 상황이 그로 하여금 학문적 열정과 스포츠에 대한 사랑으로 이끌었는지, 아니면 아버지와 거리를 두려는 의도적인 노력으로 그렇게 했는지는 모를 일이다. 이유가 어찌되었든 그는 아버지가 절대 권력자였던 시절과 그 아버지가 철저하게 부정되는 시절 모두를 살아왔다. 우리가 알고 있는, 여기서 다루어지고 있는 독재자의 자식들의 인생 경로와는 사뭇 다른 삶을 살았고, 살아가고 있다고 할 수 있다.

비극의 탄생 | 아버지는 어떻게 벗어날 수 없는 비극이 됐는가?

하루살이 같은 가련한 족속이여, 우연과 고난의 자식들이여, 그대는 왜 듣지 않는 것이 가장 이롭다는 것을 나에게 말하도록 강요하는가? 가장 좋은 것은 그대에게 불가능한 것이다. 그것은 태어나지 않는 것이며 존재하지 않는 것이고, 무로 존재하는 것이다. 그러나 그대에게 차선의 것이 있다면 그것은 일찍 죽는 것이다.

_ 니체, 〈비극의 탄생〉 3절

소련의 독재자 조제프 스탈린은 3남매를 낳았으며 맏딸은 아버지와 의절하고 서방 세계로 망명했다. 장남은 자살했으며 차남은 8년간의 복역 끝에 병을 얻어 젊은 나이에 죽었다.

쿠바의 독재자 피델 카스트로의 딸은 미국으로 망명해 아버지의 왕국을 비난하고 아버지의 적국을 찬양하는 것으로 평생을 보내고 있다.

파시즘을 창안한 이탈리아의 독재자 베니토 무솔리니는 거듭된 여성 편력 끝에 5남매라는 '공식적인' 자식을 뒀다. 그중 맏딸은 남편이 아버지에게 처형되는 것을 목격하며 부녀의 연을 끊었다. 두 명의 아들은 각각 전사와 독살로 요절했으며, 또 다른 두 명의 아들은 각각 영화 제작자와 재즈 음악가로 살았다.

루마니아의 독재자 니콜라에 차우셰스쿠에겐 3남매의 자식이 있었다. 생물학적 피가 섞이지 않고 입양된 장남은 축구와 과학으로 아버지가 가진 드라큘라의 DNA를 피해 갔다. 아버지가 건설한 감시와 폭력의 왕국을 이어 받으려 했던 차남은 술과 여자에 빠진 '방탕한 세자'로서 살았다. 그리고 가문의 몰락과 함께 차가운 감방에서 얻은 병으로 비참한 최후를 맞았다.

한국과 세계 곳곳에서 마주하는 비극의 망령들

탄생의 순간부터 비극은 결국 모두의 비극으로서만 상연된다는 엄연한 사실을 역사는 보여 줬다. 그것은 청중들이 경험하는 비극이며, 등장인물이 창조하는 비극이고, 주인공이 살아가는 비극이다. 비극은 탄생의 순간부터 비극의 기운으로 극장을 지배한다. 이 비극으로부터 자유로울 수 있는 자, 이 비극으로부터 자유로울 수 있는 시공간은 없다. 비극의 막을 걷고, 무대를 뒤엎으며, 등장인물을 바꾸지 않는 한 비극은 영원하며, 극장으로 영원히 회귀한다.

독재는 모든 이에게 비극이었다. 청중은 등장인물에 의해 무대로 불려나와 폭력과 죽임을 당했다. 적대자를 숙청하고 청중까지 제압한 주인공 독재자는 스스로도 처참한 종말을 맞음으로써 비극을 완성했다. 하지만 살아남은 등장인물은 주인공을 대체함으로서 비극의 회귀를 이룬다. 주인공의 영령에 몰입한 일부의 청중이 비극의 무대에 자원함으로써 극장을 또다시 불길한 공포로 채운다. 한국과 세계 곳곳에서 마주하고 있는 것은 회귀하려는 비극의 망령들이다.

누가 역사의 평가에 맡기라고 했는가? 역사는 평가하지도 평가받지도 않는다. 역사는 스스로 베일을 벗고 스스로를 증명할 뿐이다. 우리 앎이 미치는 한, 독재자의 자식들은 하나같이 비극으로부터 자유로울 수도, 벗어날 수도 없었다. 유일하게 가능한 것은 외면과 침묵, 도피뿐이었다.

스탈린, 카스트로, 무솔리니, 차우셰스쿠. 그들의 딸과 아들이 그랬다. 독재자의 자식들은 아버지의 후광 속에 있는 한 비극을 재현했고, 망령을 벗어나려는 순간 침묵과 도피를 강요받았다. 비극이 상연되는 무대에 있는 한 그들은 불행했고, 무대에서 뛰어내리는 순간 그들은 정신의 자살 혹은 육신의 죽음을 맞았다. 역사는 예외를 허용하지 않았다.

누가 아버지를 놓아 달라고 했는가?

누가 아버지를 놓아 달라고 했는가? 영웅이든 망령이든 죽은 독재자의 영혼을 부여잡고 있는 자는 다른 누가 아니라, 바로 그 자신임을 그도 알고 우리도 안다.

국가 사회주의 체제를 이룬 스탈린, 쿠바를 제국주의와 친미 세력으로부터 해방시켰지만 독재 정치로부터 자유로울 수 없었던 카스트로, 파시즘을 창안한 무솔리니와 루마니아에 흡혈의 왕국을 세운 차우셰스쿠. 그들과 그 자식들의 삶은 놀라우리만치, 소름 끼칠 정도로 무섭게 닮았다. 그들이 상연한 비극은 배우만 바뀐 무대였다.

독재자의 자식들은 아버지로부터 탄생한 비극의 고리를 끊어내지 못했다. 아버지의 삶으로부터, 아버지의 정치적 영혼으로부터 단절하지 못했다. 아버지를 극복하지도 못했고, 아버지의 죄를 대속할 수도 없었다. 비극을 거스를 수는 더더욱 없었다. 태내에서부터 주어진 운명이 유일하게 허락한 길은 비극으로부터의 도피, 비극으로부터의 은둔일 뿐이었다. 그들이 무대의 중앙에 다시 서는 한 극장은 다시 죽음의 캐논을 불러내고, 청중을 포함한 모두를 불행으로 빠뜨렸다.

"그들을 다시 무대 위로 불러올린다면?"

향수와 망각에 기반한 가정법이 일부 청중을 매혹시키고 있다. 우리는 섣부르게 추측하지 않기 위해 역사를 돌아보았다.

독재, 아버지라는 비극은 어떻게 탄생했는가?

비극의 기원으로 거슬러 올라가자.

앞에서 조명한 스탈린, 카스트로, 무솔리니, 차우셰스쿠는 하나같이 구원자로서 역사에 등장했다. 스탈린은 권력 투쟁으로 분열된 소비에트 연방 공화국에서 레닌의 후계자가 됐다. 카스트로는 체 게바라와 함께 쿠바를 제국주의와 가진 자들의 부의 사유화 및 권력의 독점으로부터 해방시켰다. 무솔리니는 실업과 인플레이션으로 고통받는 전후 이탈리아에서 한때 노동자들과 사회주의의 희망이었고, 그 다음에는 강력한 제국을 꿈꾸는 군부와 애국주의 세력, 그리고 노동 통제 및 새로운 시장 개척을 열망하는 자본가들의 깃발이 됐다. 이들은 권력을 획득한 후 포퓰리즘에 바탕한 급속한 경제 재건 및 개발에 나섬으로써 자신의 지위를 강화하고 정당성을 입증하려 했다. 그 바탕은 강력한 군사력과 정치적 반대파에 대한 무자비한 숙청이었다. 경제는 권력을 정당화했고, 무자비한 총칼은 살육의 왕국에 부를 가져다주었다. 독재자들은 부의 축적을 위해 폭력을 휘둘렀고, 권력을 위해 부를 쌓았다. 폭력과 부조리를 통해 쌓은 '부'가 과연 누구에 의한, 누구를 위한, 누구의 것인지를 가려내는 일은 후대의 몫으로 남았다.

권력욕, 폭력 성향, 이데올로기의 결합…… 비극의 기원

독재자들은 대부분 역사의 전면에 나서기 이전부터 성장기와 청년기에 이미 남다른 권력욕과 폭력적인 성향을 드러냈다. 그대로였다면 뒷골목의 깡패에 불과했을지도 모르는 일이지만, 그들의 개인사를 역사로 만들어 낸 것은 정치 이념이었다. 권력욕 및 폭력 성향과 이데올로기의 결합이야말로 비극의 기원이었다. 둘의 비틀린 접합으로 사상은 순수성을 잃고 돌연변이가 됐으며, 폭력은 개인적 수준을 넘어서 국가적 차원으로 확대됐다.

카스트로의 경우는 혁명 체제를 보호하기 위해 혁명 정신을 배반한 사례다. 미국과 반혁명에 맞서기 위해 민주주의를 봉쇄하고 독재 체제를 유지했다.

스탈린과 카스트로, 무솔리니와 차우셰스쿠는 모두 청년기에 급진적인 사회주의 이념을 스펀지처럼 흡수했고, 그것으로 조직을 얻었다. 수단과 방법을 가리지 않는 권력의 화신으로서의 면모는 집권 이후 개인숭배와 우상화 작업을 통해 '강력한 왕'으로서의 이미지를 구축하는 것으로 드러났다. 뿐만 아니라 이들은 강력한 아버지나 우월한 남성상을 동경했으며 신념에 가까운 욕망을 분출했다.

급진적인 정치사상과는 다르게 여성에 대해서만큼은 철저하게 가부장적인 태도를 유지했다는 사실도 공통적이다. 우월한 남성으로서의 정체성을 확인하려는 욕망이었는지는 몰라도, 이들은 관습과 도덕을 넘어선 방탕한 여성 관계를 즐겼다.

다소 예외적인 차우셰스쿠의 경우, 남성 대신 아버지로서의 권위에 더 몰두했다. 그는 '인민의 아버지'로서 스스로를 이상화하는 작업에 매달렸다.

독재자들의 자식들은 대개 아버지의 권력이 절정일 때 태어나고 자랐다. 애초부터 아버지가 이룩한 세계, 아버지의 나라를 부정한다는 것이 불가능할 수밖에 없었던 이유다. 아버지의 영광 속에서 태어나고 자라난 그들에겐 성장기 이후의 삶은 가문의 몰락기였을 것이다. 그들은 아버지 권력의 부침에 따라 행복했고 불행했으며, 천국과 지옥의 끊임없는 교차와 분열을 겪었다. 이 모든 것이 비극의 기원이 됐다.

무솔리니의 맏딸 에다 치아노는 아버지의 권력과 함께 성장해 절정일 때는 영광을 나눠 가졌으며 몰락과 함께 파국을 맞았다. 아버지의 후광이 찬란하게 빛날 때 그녀에게 아버지 말고 다른 세계는 없었다. 아버지의 것이 아닌 다른 언어는 알 수도 없었다. 조국의 영광과 제국의 건설. 아버지의 언어가 곧 그녀의 언어였다. 그러나 절정을 지나 권력의 빛이 사라지자 어둠이 드러나기 시작했다. 빛을 잃은 자리는 상처가 됐고, 드러난 어둠은 감당할 수 없는 냉혹한 역사의 진실이 됐다. 아버지의 권력은 그녀에게 달콤한 행복과 끔찍한 불행을 동시에 가져다줬다.

저무는 권력은 기어이 개인사를 파국으로 몰아갔다. 아버지가 남편을 죽였다. 아버지의 나라 말고는 다른 세계를 몰랐던 딸에게 그것은 감당할 수 없는 사건이었다. 에다가 유일하게 선택할 수 있는 길은 자신의 생에서 아버지를 지워내는 것이었다.

"나는 당신의 딸이 아닙니다."

아버지의 딸로서 스스로의 정체성을 부정하고서야 새로운 사랑을 시작할 수 있었다. 하지만 다른 언어를 알지 못했던 그녀에게 새로운 사랑도 불가능했다. 짧은 열애 끝에 긴 침묵.

아버지의 성을 버린 것은 에다뿐이 아니었다. 스탈린의 딸 스베틀라나 역시 마찬가지였다. 불행은 쌍둥이처럼 에다와 스베틀라나의 삶을 똑같은 방식으로 파괴했다. 에다는 아버지로 하여 남편을 잃었지만, 스베틀라나는 아버지로 하여 어머니를 상실했다. 그들은 아버지의 지극한 사랑을 받던 '작은 새' 들이었지만, 아버지 때문에 불행 속에서 살아야 했다. 에다는 사랑을 이루지 못했고, 스베틀라나는 결혼과 이혼을 반복했다. 에다는 침묵함으로써 아버지를 지워내려 했고, 스베틀라나는 아버지의 왕국으로부터 도피함으로써 아버지를 지워내려 했다.

스베틀라나는 소련에서 미국으로, 미국에서 영국으로, 영국에서 다시 소련으로, 소련에서 다시 미국으로 아버지의 망령을 피해 도피의 여정을 다녔다. 그래도 아버지의 망령을 끊어낼 수 없었다. 적대자의 품에선 아버지를 망신시켜야 했고, 다시 돌아온 조국에선 아버지의 적대자를 비난해야 했다. 에다는 '나는 당신의 딸이 아니다' 라고 했고, 스베틀라나는 '나는 더 이상 스탈린의 딸이라는 딱지로부터 벗어날 수 있다는 즐거운 환상을 가질 수 없다' 고 말했다. 에다의 표현이

조금 더 격하고 단호했을 뿐이다.

아버지로부터 도피해 갔던 곳에서 다시 아버지의 망령을 마주치는 아이러니는 피델 카스트로의 딸 알리나 페르난데즈에게도 반복된다. 그녀는 아버지에 대한 환멸과 뼈에 사무친 외로움을 못 이겨 미국으로 건너갔다. 아버지와의 인연을 끊으려 감행한 일이지만, 그녀는 오히려 아버지의 왕국을 떠남으로써 독재자의 딸이라는 자신의 정체성을 확인받았다. 아버지를 비난하는 미국의 확성기가 됨으로써 그녀는 알리나가 아닌 '카스트로의 딸'로 살아야 했다. 역사는 아이러니조차 냉혹하다.

정치를 회피했을 때 자연인으로서의 삶이 허락되다

독재자 일가 중 역사의 풍파로부터 비껴나 비교적 평탄한 삶을 살았던 이들도 있다. 영화 제작자이자 시나리오 작가로 살았던, 무솔리니의 아들 비토리오와 재즈 아티스트로 성공한 로마노가 그들이다. 차우셰스쿠의 입양한 맏아들 발렌틴은 물리학자이자 프로축구클럽 구단주였다. 차우셰스쿠의 딸 조이아 역시 수학자로 살다가 담배가 야기시킨 폐질환으로 죽었다. 아버지의 왕국에 적극적으로 동참하며 권력을 나눠 가졌던 막내 니쿠의 처참한 최후와는 대조적인 삶이었다. 이들은 정치를 철저히 회피함으로써 자연이 허락한 삶을 비교적 온전히 살 수 있었다. 그들에겐 아버지의 언어를 대신한 것이 예술과 학문이었다.

정치라는 아버지의 영토에 들어선 자식들…… 독재의 언어 반복

결국, 정치라는 아버지의 영토에 들어서는 한, 독재자의 자식들은 아버지로부터 배운 유일한 언어를 반복할 수밖에 없는 존재다. 평생을 정치와는 무관하게 살았던 재즈 피아니스트 로마노 무솔리니조차 정치가인 딸 알렉산드라를 위해 자신의 재능을 쓰는 순간 귀에 익은 파시즘의 멜로디를 다시 울리지 않았는가?

2장

부패와 폭력의 승계자들

'아버지의 언어 말고는 알지 못했다'

우리는 아버지의 권력을 분점하고 아버지 나라의 후계자가 된 자식들이 어떻게 모두의 불행과 비극을 가져왔는지를 보게 될 것이다. 괴물이 낳은 괴물들을 말이다. 비극으로 탄생한 '독재자의 자식들'의 제2장은 공포 혹은 잔혹극이 된다.

이라크

괴물이 낳은 괴물

_ 사담 후세인의 두 아들 우다이와 쿠사이

이형석 | 〈헤럴드경제〉 문화부 기자

《성경》에 따르면 여인의 몸을 빌려 태어난 최초의 인간은 살인자였다. 아담과 이브가 낳은 맏아들 카인이다. 하나님이 동생 아벨의 제물만을 받자, 질투와 분노에 휩싸인 형 카인은 아벨을 죽였다. 이라크의 잔학한 독재자 사담 후세인Saddam Hussein, 1937~2006도 살인자를 낳았다. 자신보다 더한 살인귀들이었다. 우다이 후세인Uday Hussein, 1964~2003과 쿠사이 후세인Qusay Hussein, 1966~2003이다. 두 형제는 아버지의 후계자가 되기 위해 충성 경쟁을 하면서 길지 않은 생을 피와 살육의 축제로 보냈다. 두 살 차이인 두 형제는 외양과 성격은 달랐지만 피와 섹스에 굶주린 괴물의 몸뚱이를 공유한 샴쌍둥이였다.

카인이 그랬듯이, 할 수만 있었다면 그들은 기꺼이 서로를 죽였을 것이다. 하지만 한 몸을 이룬 두 적대자가 서로를 죽이기에 앞서 다가온 것은 미국의 총구였다. 사담 후세인을 괴물로 키운 미국은 먼저 괴물의 자식부터 '청소'했고, 3년 후엔 자신의 창조물마저 제거했다. 사담 후세인은 미국이 사람의 형상으로 만든 괴물이었다. 미국이라는 프랑켄슈타인은 자신보다 더한 괴물들을 낳았다.

그리고 미국은 그들에게 불어넣었던 정치적 생명뿐 아니라 육신의 숨결까지 거두어들임으로써 비극의 연쇄를 종결시키고자 했다.

그러나 괴물은 사라졌어도 그들이 저지른 악행의 기록은 새로운 '악마의 씨'로 세상에 남겨졌다. 미국이 전시한 괴물들의 시신은 또 다른 분노와 증오의 다짐을 일으켰다. 정치·종교적 명분과 결합한 일그러진 복수의 격정은 전쟁의 폐허에 새로운 변종 괴물들을 키우고 있다.

서로에 대한 애증 속에 평생 악행을 일삼아온 우다이와 쿠사이는 샴쌍둥이처럼 한날한시, 한 장소에서 죽었다. 2003년 7월 22일 이라크 북부 모술의 한 호화 빌라에 피신 중 미국의 대규모 공습으로 사살된 것이다. 고문과 살인, 강간으로 점철된 악행의 기록과 함께 그들이 죽은 자리에 남아 있던 것은 고급 향수병들과 비아그라, 진통제, 실크 넥타이, 콘돔, 현금 1억 달러, 그리고 쓰레기차에 가득 찬 보석들이었다.

괴물이 된 아버지, 괴물로 태어난 아들

사담은 자신의 신념과 권력을 위해서는 무슨 일이든 하는 인물이었다. 그가 가진 정치적 냉혈한의 DNA는 아들 대에 와서 살인과 강간의 카니발을 즐기는 망나니의 유전자로 변이를 일으켰다. 사담은 생후 6개월 만에 아버지가 실종돼 사생아나 다름없이 컸다. 어머니와 재혼한 계부는 사담을 혹독하게 대했고, 사담은 이를 피해 외숙부 카이랄라 탈파 밑에서 컸다. 탈파는 이슬람 수니파이

사담 후세인의 출생지

자 아랍민족주의의 강력한 지지자였다. 사담 후세인은 외숙부의 영향을 깊이 받았다. 뿐만 아니라 혈기왕성하던 10대~20대, 그리고 청년 무렵이었던 1950~1960년대 중동에는 이집트가 주도하는 범아랍민족주의의 태풍이 몰아치고 있었다.

특히, 나세르 이집트 총리는 1956년 당시 영국-프랑스 공동 소유였던 수에즈 운하의 국유화를 선언하고 서구 열강들과 대립각을 세우며 중동의 젊은이들에게 인기를 얻었다. 사담 역시 당시 나세르의 범아랍주의에 열광해, 스무 살이던 1956년 범아랍주의를 내세운 이라크 바트당에 입당했다. 정식 명칭 '아랍 바트 사회주의당'은 아랍민족주의와 사회주의를 결합시킨 정당으로 1947년 시리아에서 출발했으며 중동의 각지로 세력권을 넓혀 나갔다.

이라크 바트당은 1958년 카심 장군이 파이살 2세를 살해함으로써 친영 왕정을 타도하고 쿠데타에 성공한다. 하지만 정권을 잡은 카심은 나세르의 범아랍공화국 건설에 참여하기를 거부했고, 아랍

민족주의에 반대하는 이라크 공산당과 손을 잡았다. 이에 반발한 바트당 지도자들은 카심의 암살을 시도한다. 그 핵심 인물이 후세인이었다. 하지만 암살은 무위로 돌아가고 후세인은 체포를 피하기 위해 바트당의 본산인 시리아를 거쳐 이집트로 망명한다. 그리고 이라크에서 열린 궐석 재판에서 그는 사형을 언도받는다. 시리아로 간 후세인은 바트당의 창건자인 마셸 아플라크의 총애 속에 완전한 당원 자격을 얻었을 뿐만 아니라 1963년 이라크 바트당의 지도위원이 된다.

암살은 가까스로 면했지만 카심 대통령은 바트당 지지 경향이 강한 군부뿐 아니라 서방 세계로부터도 인정을 받지 못했다. 특히 쿠웨이트를 침공하겠다는 무모한 위협을 한 직후엔 미국의 CIA로부터 독살 시도까지 받았다. 1963년 다시 한 번 쿠데타가 일어나고 미국과 영국의 지원을 등에 업은 압둘 살람 아리프가 대통령이 된다. 3년 후인 1966년 살람 아리프는 비행기 사고로 사망하고, 동생 라만 아리프가 뒤를 이었으나 정권은 여전히 불안정했다.

후세인은 1964년 이집트에서 이라크로 돌아왔으나 그를 맞은 것은 쿠데타로 집권한 아리프 정권의 대대적인 바트당원 검거 열풍이었다. 그 역시 체포돼 다시 한 번 투옥된다. 수감 중 범아랍바트당 지도위원으로 선출된 데 이어 당 사무차장으로 승격된다. 첫아들 우다이를 얻은 것이 이때였다.

탈옥한 후세인은 1968년 7월 17일 이라크 대통령궁으로 진격한 바트당의 혁명군 탱크 맨 선두에 섰다. 무혈 쿠데타로 집권한 바트당은 바르크 장군을 대통령이자 혁명평의회 의장으로 세웠다. 후세인은 표면적으로는 혁명평의회 부의장이자 권력 2인자였지만, 바트당 내부의 갈등과 이라크의 당면 문제를 관통하는 키를 쥐고 있는 인물이었다. 그는 혁명평의회 부의장으로서 바트당의 단합과 이라크의 종교적·정치적 통합을 이뤄 가는 한편, 주요 군사·치안 조직을 장악하며 이미 1970년대 초반부터 사실상 최고 권력을 행사했다.

바트당의 혁명 이전부터 이라크는 다수파인 시아파와 소수파인 수니파 간에 오랜 종교적인 분열을 앓고 있었다. 아랍계와 쿠르드계와의 종족 간 분쟁도 끊이지 않았다. 도시와 농촌 간의 경제적 격차와 대립도 골칫덩이였다. 사우디아라비아에 이어 세계 최대 원유 매장량을 자랑하는 이라크였지만 주요 석유 산업을 서구의 기업들이 차지함으로써 빈곤 문제도 심각했다.

공포 정치에 기반한 급속한 근대화와 경제 개발

후세인은 반혁명 쿠데타 세력의 씨앗을 제거하기 위해 막강한 군사, 경찰력을 동원해 공포 정치를 실시하는 한편, 경제적으로는 근대화 작업에 급속한 박차를 가한다. 열쇠는 석유였다. 1972년 후세인은 외국계 석유 회사가 독점하고 있던 석유 산업의 국유화를 단행한다. 이듬해 유가는 천정부지로 뛰어올랐다. 1973년의 제1차 오일 쇼크였다. 유가의 급등으로 이라크는 막대한 부를 얻었고, 후세인은 전 국민적인 지지 속에 권력을 강화해 가는 한편, 제조업 투자 증대, 주요 기간산업의 국유화, 문맹 퇴치, 의무 무상교육 실시, 의료 제도 개선 등 사회 전 분야에 걸쳐 근대화 작업에 속도를 내기 시작한다. 석유 산업의 국유화와 1차 석유 파동은 중동 지역 내 이라크 및 후세인의 대외적 입지를 한층 굳히는 계기가 되었다. 공포 정치에 기반한 급속한 근대화와 경제 개발은 현대사 속 거의 모든 독재자들에게 공통적으로 나타나는 특징이다. 경제 전문지 〈이코노미스트〉는 당시의 그를 이렇게 평가했다.

> 아돌프 히틀러가 독일의 산업에 활기를 불어넣고, 대규모 실업 사태를 해결했으며, 아우토반을 건설한 것처럼 사담 후세인은 그의 경제적 치적으로 아랍 세계에서 존경을 얻어 갔다. 그는 아랍 세계의 민중들이 무엇을 원하는지 본능적으로 알고 있었다. 마침 제3세계 및 아랍 지역의 맹주로 떠올랐던 이집트는 이스라엘과 벌인 6일 전쟁에서 패배함으로써 지도적 위치에 손상을 입었고, 범아랍 세계의 영웅이었던 가말 압둘 나세르는 1970년에 죽었다. 나세르의 후계자인 안와르 사다트는 이스라엘과 화해를 도모함으로써 아랍의 배신자로 낙인 찍혔다. 사담은 이제 이스라엘에 맞서는 아랍민족주의의 수호자로서 요란하고 노골적인

자기 과시를 할 수 있게 됐다. 이를 발판으로 사담은 비밀경찰을 동원해 아랍의 언론과 예술의 자유를 마음껏 유린할 수 있게 됐다.

후세인은 정부군을 장악한 것뿐 아니라 갖가지 군사, 경찰 조직을 창설, 지휘하면서 시아파 교도와 쿠르드족 등 정치적 반대파에 대한 엄혹한 억압과 숙청을 계속했다. 1974년엔 바트당의 비공식 군사 조직이자 치안 부대인 '국민군'을 창설해 측근이자 쿠르드족 바트당원인 타라 야신 라마단을 앉혔다. 악명 높은 비밀경찰인 '무하바랏'의 수장은 그의 의붓동생인 티크리티였다. 무하바랏은 후세인의 정치적 반대파나 반체제 인사에 대한 끔찍한 고문과 암살을 서슴지 않는 공포의 존재였다.

동생을 질투한 괴물, 우다이 후세인

잔인하고 포악한 고문을 일삼는 사디스트이자 섹스 중독자이고 강간범이며, 살인을 밥 먹듯이 하는 우다이의 어린 시절은 우리에게 잘 알려져 있지 않다. 사이코패스 같은 성향이 어디로부터 연원했는지도 확실치 않다. 다만 아버지인 사담 후세인이 어린 두 아들을 데리고 고문실을 자주 방문했다는 사실 정도만 알려져 있다. 이에 따르면 고문실은 집게 달린 전선과 죄수를 앉히는 철송곳 의자,

후세인의 장남 우다이

손가락을 자를 수 있도록 구멍이 난 절단기 등으로 채워져 있었다. 분명한 것은 정적에 대한 테러와 린치, 암살이 일상적이었던 이라크에서 후세인은 살육과 전쟁의 이미지를 어린 자식들의 눈에 노출시키는 데 어떤 거리낌도 없었다는 것이다. 그런 면에선 후세인의 아이들은 종교 분쟁과 끊임없는 내전 속에 증오를 먼저 배우고, 컴퓨터 마우스보다 총검을 먼저 쥐는 일부 아랍 민병대의 소년들과 다르지 않았다. 단 하나 우다이와 쿠사이는 무소불위의 권력을 가진 아버지를 두고 있었다는 것만 달랐다.

두 형제는 총검과 폭탄을 장난감 삼았고 고문과 살인을 놀이로 즐기며 괴물로 커갔다. 아버지는 고문의 신봉자였고, 죄수의 신체를 학대하다 죽인 후 시신을 유족들에게 보내곤 했다. 우다이와 쿠사이라고 아버지와 달랐을까? 후세인 정권 붕괴 후 공개된 우다이의 개인 고문실엔 '아이언 메이든 안에 못과 송곳이 박힌 여성 모양의 형틀'이나 못이 박히고 철공이 매달린 채찍 등이 발견됐다. 우다이는 이라크 올림픽조직위원회 위원장이자 축구협회장으로서 중요 대회에서 골을 못 넣은 축구 선수와 금메달을 따지 못한 올림픽 출전자들을 그곳에서 고문했다. 고문을 애용한다는 점은 부자가 똑같았지만 아버지는 정치적 목적을 위해서, 아들은 취미이자 유희로 즐겼다는 점에서 달랐다. 우다이는 부하를 시켜 인터넷을 검색케 한 뒤 중세 시대의 새로운 고문 방법을 배웠다. 그리고 그것을 그대로 시험하곤 했다.

공식적인 기록으로 우다이는 뛰어난 학생이었다. 우수한 성적으로 고교를 졸업했고 바그다드대학을 약학 전공으로 입학했다가 공학으로 전과했으며, 76명의 전공 학생 중 1등으로 학업을 마쳤다. 하지만 후세인 정권이 무너진 이후 교수들은 우다이가 대부분의 시험을 간신히 통과한 정도였다고 증언했다. 성적표의 숫자는 아버지의 권력이 매긴 것이지 학업의 성취가 가져온 결과가 아니라는 것이다. 누구도 목숨을 걸고 후세인의 아들에게 낙제점을 줄 수는 없었을 것이다.

공포 영화 방불케 하는 엽기적 악행의 기록

외모 및 신체 콤플렉스 그리고 후일 총기 습격으로 입게 된 부상과 장애는 우다이 속의 악마성을 더욱 키웠다. 2m에 가까운 장신이었던 우다이는 앞니가 돌출돼 있었고, 이 때문에 발음이 부정확했다. 다섯 명의 여자와 결혼했지만 자식이 없었다. 출산을 일부러 기피한 것인지 불임 때문인지는 알려지지 않았다. 만일 의도한 것이 아니라면 남성으로서 그의 콤플렉스를 더욱 자극했을 가능성이 크다.

고급 패션지를 탐독하며 고가의 명품 의상으로 치장하고 유럽산 최고급 스포츠카에 병적으로 집착했던 면모는 외모 콤플렉스 소유자의 전형적인 특징을 보여 준다. 남성으로서의 콤플렉스는 섹스 중독과 변태적인 성욕을 낳았다. 뿐만 아니라 불임은 동생에 대한 열등감을 부채질했다.

동생 쿠사이는 사담 후세인을 꼭 빼닮았을 뿐 아니라 아버지에 대한 무한한 존경심을 보여 줬고, 결정적으로 네 명의 자식이 있었다. 동생에 대한 성적 열등감은 기이한 행태로 나타났다. 쿠사이가 관계를 맺었던 여성과 동침하는가 하면, 그중 일부의 몸엔 말편자로 자신의 이니셜인 U자 모양의 낙인을 찍기도 했다.

우다이는 서른 살이던 1996년 12월, 포르셰 자동차를 타고 가던 중 암살을 목적으로 습격한 괴한들에게 여덟 발의 총탄을 맞았다. 그가 고문하고 살해했던 수많은 피해자와 희생자들이 알면 코웃음을 칠 수준이었지만 거의 죽음 직전까지 간 이 사건으로 그는 회복할 수 없는 상해를 입었다. 우다이의 장애와 부상 정도는 당시 비밀에 부쳐졌지만 훗날 〈타임〉지가 입수한 진료 기록에 따르면 왼발가락 부상으로 보행이 어려웠으며 왼발의 신경과 근육 손상도 커 통증과 경련, 발작으로 고통받았다. 이 때문에 그의 집엔 늘 휠체어가 준비돼 있었고, 침실엔 요강이 있었다. 또 물리치료를 위해 병원용 철제 트윈 베드도 상비돼 있었다. 혼자 양말을 신기 어려워

아침마다 집사들이 신겨 줘야 했으며 그때마다 고통스러워했다. 왼쪽 허리와 다리 부상 말고도 뇌 손상이 있다고 보고되었다.

또 암살을 당하지 않기 위해 사생활 정보는 일체 차단하는 한편, 부상에서 회복하기 위한 자가 치료 노력도 끊임없이 병행했던 것으로 알려졌다. 그가 죽은 뒤 그가 살던 곳에선 살균한 침다발 수천 묶음과 중국 한약재, 비타민정과 수면제 등이 발견됐다. 우다이답게 엽기적인 치료도 시도했다. 2002년 겨울 그는 부하들에게 갓 출산한 젊은 여성을 데려오도록 한 뒤 젖을 빨았다. 모유에 비타민이 풍부하다는 이유였다.

공포 영화를 방불케 하는 우다이의 악행 기록은 일일이 열거하기 어려울 정도다. 기사와 증언만으로도 끔찍하기 이를 데 없다. 그에게 여자들은 1회용 먹잇감이었다. 끊임없이 여성 사냥을 했고, 데려다가 범한 뒤 버렸다. 여자가 미성년이든 아니든, 상대의 아버지가 누구든, 남편이 있든 없든 상관없었다. 거리에서, 파티에서 닥치는 대로 사냥했고, 때로는 사람들이 지켜보는 앞에서 성폭행하는 일도 있었다.

암살 미수 사건에서 간신히 살아난 뒤 병원에 드러누워 그가 부하들에게 처음 지시한 말도 '가서 여자를 잡아와라' 였다. 2년 뒤 퇴원해 처음 한 일이 호화스런 클럽 방문이었다. 모습을 드러낸 우다이는 내부를 다 볼 수 있는 윗자리에 앉아 부하들에게 한 소녀를 가리켰다. 전 지방 관료의 딸인 열네 살 소녀였다. 그의 부하들은 가족과 다정하게 앉아 있던 소녀에게 다가가 '저기 가서 어른께 회복을 축하한다고 인사만 드려라. 10분이면 된다. 그러면 너는 다이아몬드와 차를 선물 받을 것이다. 너에겐 좋은 기회다' 라며 말을 건넸다. 소녀는 거듭 거절했다. 그러자 부하들은 귀가하던 소녀를 납치해 우다이의 차 뒷좌석에 태웠다. 수건으로 입을 막은 채였다.

소녀가 집으로 돌아온 것은 사흘 뒤였다. 고급 옷과 시계, 커다란 돈다발과 함께였다. 소녀의 아버지는 당장 병원으로 데려갔다. 강간이라는 검진 결과가 나왔다. 불같이 화가 난 소녀의 아버지는 후세인을 만나고 싶다고 요청했지만 받아들여지지 않았고 주위에 공공연하게 불만을 표하고 다녔다. 이를 안 우다이는 보좌관들을 소녀의 아버지에게 보내 당장 입을 다물지 않으면 죽여 버리겠다고 협박했다. 새로운 지시도 함께 전달됐다. 다음 파티에 소녀뿐 아니라 열두 살 된 동생까지 보내라는 것이었다. 소녀의 아버지는 자매를 우다이에게 바쳐야만 했다.

공원에서 여자를 납치해 강간 살해한 일도 있었다. 젊은 남녀가 나란히 길을 걷고 있었고, 이를 본 우다이가 여자를 불렀다. 두 남녀는 못 들은 척 걸음을 재촉했지만, 우다이가 그들을 가만 놔두지 않았다. 그들 앞으로 가 '남자에게 과분하다' 며 여자를 나꿔챘다. 여자는 '결혼식을 올린 지 하루밖에 되지 않았다' 며 눈물로 호소했지만, 보좌관들은 여자를 그의 호텔 룸으로 데려갔다. 우다이는 경호원들이 보는 앞에서 여자를 강간했다. 이후 여자는 호텔 문 앞에

벗겨진 채 시신으로 발견됐다. 그의 호텔 룸은 6층이었다. 죽은 여인의 남편은 우다이를 맹비난했지만, 결국 '대통령 모독죄'로 처형됐다.

결혼식 파티장에서 신부를 겁탈하기도 했다. 1990년대에 한 고급 클럽에서 열린 피로연이었다. 우다이와 함께 결혼식의 주인공인 신부가 홀에서 사라졌다. 유명 가문의 아름다운 신부였다. 우다이의 경호원들은 파티장 내 모든 문을 걸어 잠그고 어떤 하객도 바깥으로 나가지 못하게 했다. 바깥으로 얘기가 나가지 못하도록 한 조치였다. 그가 남의 신부를 데려다가 어디서 무슨 일을 하고 있는지는 뻔했다. 신부를 빼앗긴 신랑은 권총으로 자신의 머리를 쐈다. 우다이의 안가에서 청소를 하던 하녀의 목격담도 있다. 경호원이 열여덟 살의 신부를 납치해 우다이의 안가로 데려왔다. 경호원은 신부의 웨딩드레스를 벗기고 울부짖는 여자를 욕실에 가뒀다. 잠시 후 우다이가 안가에 도착했고, 여인의 비명 소리가 잇따랐다. 이후 하녀는 방을 청소하라는 명령을 받았다. 침실에 가서 보니 어린 신부의 시신은 군용 담요에 싸여져 있었으며, 왼쪽 어깨와 얼굴에 불산 화상염산 같은 산성 물질이 일으키는 화학적 화상의 흔적이 역력했다. 그의 침대는 피로 얼룩져 있었고 머리카락 뭉치와 벗겨져 떨어져 나간 살점으로 어지러웠다.

우다이가 즐겼던 기괴하고 끔찍한 광란의 고문 파티

이라크 정권의 붕괴 후 서구 언론에 의해 공개된 사담 일가의 집사, 요리사, 친구, 친척 등의 증언은 우다이가 일주일 중 5일을 수십 명의 여자와 보냈다는 사실이었다. 연일 술과 음악, 춤이 있는 연회를 열었으며 왕비의 간택처럼 수십 명의 여자를 일렬로 세운 채 밤을 같이 보낼 상대를 골랐다. '한 상대와 세 번 이상 자는 법이 없었다'는 게 그를 위해 일했던 집사들의 한결같은 증언이다.

우다이가 즐기던 또 다른 파티는 고문실에서 이뤄졌다. 그는 자신의 악행을 소상히 알고 있던 측근이 이라크를 떠나려 한다는 소식을 들었다. 그러자 생일 파티에 그를 초대했다. 파티장에서 체포돼 수감된 그는 플라이어로 혀를 잡히고 메스로 절단당하는 고문을 당했다. 입을 열지 말라는 메시지였다.

그에게 있어 인터넷은 딱 세 가지 용도로 사용되었다. 여성의 사진 수집, 새로운 고문 방법의 발굴, 그리고 유럽의 희귀 고급 스포츠카에 대한 정보 획득이었다. 그는 죄수를 관에 가두거나 목에 칼을 씌우는 형벌을 즐겼고, 어느 장기 하나를 못 쓰게 될 때까지 무작정 구타하는 고문도 가했다. 가장 자주 쓰던 고문은 막대에 발을 묶고 몽둥이로 때리는 것이었다. 특히 방송사의 스태프나 출연자들이 회의에 늦거나 실수를 했을 땐 여지없이 불러다 채찍질과 몽둥이찜질을 했다. 이라크 국가대표 축구 선수들에겐 아이언 메이든을 사용한 고문을 가했다. 또, 중요 국가대표 게임이 있을 때면 하프 타임에 라커룸으로 전화해 실수한 선수들에게 '다리를 잘라 버리겠다'는 협박도 서슴지 않았다.

기괴하고 끔찍하며 포악했던 후세인의 왕자는 국민들의 생활고에는 아랑곳없이 과시적이고 호화로운 생활을 마음껏 즐겼다. 인터넷과 이탈리아 패션지 남성판 〈보그〉 등을 탐독하며 명품 의상과 구두, 향수 등을 사 모았다.

현대판 왕족의 초호화판 사치 놀음

현대판 왕족으로서 두 형제의 호화 생활은 상상 이상이었다. 둘은 경쟁하듯 여러 채의 대저택을 소유하고 있었다. 우다이의 여러 궁 중 '알 아빗'이라는 곳은 소나무와 유칼립투스 나무로 둘러싸인 아름다운 호수가 있었고 공작새와 가젤이 뛰놀았다. 또 다른 대저택인 카다시야 궁의 안가에는 무려 68명 이상의 스태프가 있었다. 십수 명의 보초들과 경호원, 집사, 요리사, 운전수, 제빵사, 사자 조련사 등이었다. 그 자신은 세금과 공금을 마음대로 횡령하고, 물 쓰듯 돈을 썼지만 하수인들의 지출에는 영수증 한 장마다 서명을 할 정도로 엄격했다. 심지어 몸무게가 늘어난 스태프들에겐 '음식을 훔쳐 먹었다'고 매도해 원래 체중으로 돌아올 때까지 훈련소에 보냈다.

뭐니 뭐니 해도 가장 사치스러운 취미는 자동차 수집이었다. 특히 유럽산 스포츠카에 병적인 집착을 보였다. 그가 모은 차만 해도 수백 대에 이르는 것으로 알려졌으며, 미군의 침공 및 습격으로 피신할 당시에는 지하 주차장에 있던 차를 모두 불태우라고 부하들에게 지시했다.

후세인은 장남에게 이라크 올림픽조직위원회 위원장 및 축구협회장, 혁명지도평의회의 부위원장 등을 맡겼고 신문사 바벨과 이라크 TV 채널 등 언론을 줬지만, 권력의 핵심에선 밀어 냈다. 아무리 아버지라도 술과 여자와 파티에 빠져 살며 툭하면 폭행과 강간, 살인을 일삼는 아들을 좋아할 수는 없었다. 국내외에 떠들썩한 말썽을 끊임없이 일으켜 이라크의 대외적 이미지를 더욱 악화시키는 것도 마음에 들지 않았다. 이슬람 율법상 후세인의 권력 승계자는 당연히 장남인 우다이가 돼야 했지만, 아버지는 둘째 아들을 훨씬 더 신뢰했다. 두 형제의 20대 초반 시절부터 이미 후계 구도는 쿠사이에게 유리하게 돌아가고 있었다. 후세인도, 서방의 언론도 쿠사이를 그의 후계자로 여겼다.

우다이가 아버지의 신임을 잃은 결정적인 사건은 1988년에 일어났다. 후계 권력에 야심을 가진 우다이는 아버지에 대한 아첨을 마다하지 않았지만, 속으로는 그를 증오하고 있었다는 정황이 여러 군데서 발견된다. 아버지에 대한 증오는 결국 아버지가 아끼던 시종을 살해하는 것으로 나타났다. 이집트 무바라크 대통령의 부인 수잔 무바라크를 위해 마련된 연회였다. 이 자리에서 우다이는 아버지 수하의 보좌관 자조를 살해했다. 그 보좌관은 후세인의 안전을 위해 음식을 미리 검사할 뿐 아니라 여성을 조달하는, 일종의 채홍사 역할을 하며 아버지의 신임을 받고 있던 인물이었다. 우다이는 자신의 어머니가 있음에도 불구하고 자조가 아버지에게 자꾸 여자를 엮어 주는 게 못마땅했다. 실제 자조가 다리를 놓은 여성이 아버지의 두 번째 부인이 됐다.

아들의 망동에 화가 난 후세인은 우다이를 40일간 감옥에 가뒀다. 그가 감옥에서도 간수를 공격하는 등 말썽을 일으키자 후세인은 아들에게 태형을 가하기도 했다. 그는 당시 어머니에게 보낸 편지에서 '어머니의 남자가 나를 죽이려 하고 있다'며 '이 고문에서 나를 벗어나도록 해 달라'고 애원했다. '며칠째 물 말고는 아무것도 먹지 못했다'며 '여기서 죽지 않으면 미칠 것'이라고도 했다.

고문으로 수많은 사람들을 희생시킨 살인귀였지만 정작 자신은 매 몇 대에도 벌벌 떨었다. 이를 계기로 후세인의 마음은 장남으로부터 아예 떠나 버렸다.

후세인의 후계자로 인정된 차남 쿠사이

후세인의 충실한 계승자, 쿠사이 후세인

우다이와 쿠사이는 여러모로 대조적인 인물이었다. 〈뉴스위크〉는 사담 일가를 영화 〈대부〉의 마피아에 비유하며 후세인이 '돈 콜레오네'라면 우다이는 무모하고 폭력적이며 성욕 과잉의 장남 '서니'라 할 것이고, 동생 쿠사이는 조용하고 냉정하며 실제로는 더욱 위험한 '마이클'과 같은 인물이라고 평했다.

우다이는 늘 떠들썩한 말썽을 피우고 다니는 다혈질적이고 자기과시적인 인물이었다. 흥청망청 연회를 즐겼고, 호사스러운 생활을 즐겼으며 앞뒤를 가리지 않고 폭행과 살인, 강간을 공공연히 일삼는 망나니였다. 반면 쿠사이는 베일에 싸인 채 어둠 속에서 용의주도하게 악행을 행하는 유형이었다. 우다이는 자신을 즐겨 '아부사르한', 즉 늑대라고 불렀으나 쿠사이의 별칭은 '뱀'이었다. 우다이는 즉흥적이며 자발적이고 가학적인 살인을 즐겼으나, 쿠사이는 철저히 아버지의 권력을 위해 조직적인 학살을 자행했다. 쿠사이는 외모마저 아버지를 닮았으며 기꺼이 그렇게 되고자 노력했다. 똑같은 스타일의 옷을 입었고, 똑같은 모양의 수염을 길렀으며, 심지어는 시가까지 아버지와 똑같은 것을 즐겼다. 아버지가 차남을 더 아끼는 것은 당연했다.

데칼코마니를 펼쳐 놓은 듯 닮은 두 악마

하지만 두 형제는 데칼코마니의 양쪽 그림 같은 존재일 뿐이었다. 똑같은 악마였다. 공공연하게 드러나진 않았지만 쿠사이 역시 여자를 좋아했고, 형 버금가는 사치를 누렸으며, 사람을 밥 먹듯이 죽였다.

그 역시 떠들썩하진 않았지만 수십 명의 무희들이 동원된 호화 연회를 즐겼다. 형과 다른 점이 있다면 아무 곳, 아무 때나 성욕을 분출하지는 않았다는 것이다. 그에겐 결벽증이 있다는 얘기도 있다. 무희들이 자신을 건드리지 못하게 했으며 심지어 자식들조차도 손길이 닿으면 곧바로 닦아내곤 했다고 한다. 그는 완벽주의자로서의 면모도 가지고 있었다. 자신이 주관한 연회에서 형 우다이가 술을 더 권하면 '일하러 가야 한다'며 정해진 술잔 외에는 받지 않았다. 혼외정사를 가진 경우에도 꼭 밤엔 집으로 들어가 잠을 청했으며, 시간이 날 때마다 자식들과 시간을 보내며 이라크의 전통대로 가정적인 가장으로서의 이미지를 구축했다.

쿠사이 역시 대규모 호화 저택을 몇 채 소유하고 있었으며 각종 동물과 과수로 채워진 농장도 갖고 있었다. 또 정기적으로 베이루트나 암만, 파리 등으로 사람을 파견해, 10만 달러[1억여 원] 이상의 상품을 공수하도록 했다. 물론 자신과 가족들을 위한 사사로운 물건 구입이 목적이었다.

냉정하고 용의주도한 암살과 학살의 원흉 쿠사이

쿠사이는 걸프전 직후 시아파에 대한 대규모 처형과 숙청 작업을 이끈 것을 비롯해 이라크에서 자행된 수많은 암살과 학살의 원흉으로도 꼽힌다.

그는 사실상 사담 후세인의 후계자로서 1990년을 전후로 주요 군사·치안 조직을 장악했다. 공화국 수비대와 특수보안대 대장SSO을 맡은 것을 비롯해 사담의 공식, 비공식적인 경호, 군사, 경찰 조직을 이끌었다. 그만큼 아버지의 신임은 컸다. 반면 우다이가 맡은 체육 단체 조직과 언론은 부차적인 것에 불과했다. 우다이가 지휘한 유일한 군사 조직은 죄수 및 전과자들로 구성된 '페다윈 사담'이라는 오합지졸 경호 부대뿐이었다.

우다이와 쿠사이는 권력을 서로 다퉜고, 후세인은 이슬람의 전통인 장자 계승을 거스르고 차남을 후계자로 선택하려 했다. 후세인과 쿠사이는 말썽의 근원이자 국제 사회에서 이라크에 대한 혐오감을 불러일으키는 존재인 장남을 기꺼이 제거할 의지도 있었던 것으로 보인다. 그들의 악행으로 본다면 불가능한 일도 아니었다. 우다이는 동생에 대한 열등감과 분노, 증오심으로 가득 차 있었고, 정치적으로 냉혹했던 쿠사이는 장자인 형의 존재가 늘 눈엣가시였다.

동생에 대한 질투에 사로잡힌 우다이는 자신이 소유한 언론 매체를 통해 쿠사이에 대한 보도가 나가지 못하도록 통제했으며, 어쩔 수 없이 뉴스를 내보내야 할 때는 불같이 화를 냈다. 동생은 동생대로 공공연하게 형의 기행을 비판했다. 형의 존재가 이라크의 기괴하고 공포스러운 이미지를 부추긴다는 생각에선 아버지와 의견이 같았다.

우다이는 아버지와 종종 서신 왕래를 했다. 아버지가 보낸 거의 모든 편지는 아들을 꾸짖는 내용이었던 반면 우다이의 편지는 아버지에 대한 아첨 일색이었다. 바그다드 함락 후 공개된 한 편지에서 우다이는 '아버지는 강대국에 맞서 승리할 수 있는 이라크 내의 유일한 권력자이십니다. 저는 어떤 물질적인 대가도 바라지 않기 때문에 정부에 들어가려 하지 않는 것입니다. 저는 다만 아버지의 다음 대를 준비하려 합니다. 아버지의 사후, 아버지를 향한 사람들의 증오가 퍼지지 않도록 하기 위해서 말입니다' 라고 썼다.

하지만 아버지는 그를 만날 때마다 비난했다. 미국이 이라크를 침공해 후세인과 아들을 모두 죽인 뒤 공개된 녹음테이프에서 그는 '우다이, 네 행동은 최악이다. 도대체 넌 뭐하는 놈인지 모르겠다. 네가 정치가냐, 무역상이냐, 국민 지도자냐 아니면 플레이보이냐? 네가 조국과 국민들을 위해 한 일이 털끝만큼도 없다는 사실을 잘 알아야 한다' 고 말했다.

후세인에겐 악마인 이 두 아들이 생화학 무기 이상의 강력한 통치 도구였지만, 권력을 위해 어느 하나를 희생해야 한다면 기꺼이 총을 들 위인이었다. 실제 그가 친척을 시켜 장남을 살해하려 했다는 설도 있다. 우다이와 쿠사이도 만날 때마다 큰 소리로 싸웠다. 두 형제간의 갈등과 권력 투쟁이 무력 충돌까지 가지 않았던 이유는 단지 외부의 위협, 미국의 침공이 더 큰 폭탄이었기 때문이다.

후세인 천하 괴물의 지옥도 만드는 데 결정적 기여한 미국

미국은 중동을 후세인의 천하, 괴물의 지옥도로 만드는 데 가장 결정적인 역할을 한 존재다. 보수 성향 주간지 〈뉴스위크〉마저 이라크전쟁 직전인 2002년 '사담은 어떻게 발생했는가' 라는 제하의 기사에서 미국의 중동 정책이 어떻게 사담 후세인이라는 괴물을 낳았는지에 대해 자세히 설명했다.

후세인의 독재 체제 구축 과정에서 미국의 역할은 1970년대 말 이란혁명을 계기로 전면화됐다. 그가 대통령에 오른 1979년 이란에선 호메이니가 주도하는 이슬람혁명으로 팔레비 왕조가 끝났다. 후세인은 이슬람혁명의 기운이 이라크 내 다수파인 시아파를 자극할까 두려웠다. 사트 알 아랍 수로를 두고 끊임없었던 양국 간 긴장도 뇌관이었다. 호메이니와 후세인은 시아파와 수니파로 이미 악연을 맺고 있었다. 결국 1980년 이라크가 이란을 침공하며 전쟁이 발발했다. 여기에 미국이 개입했다. 호메이니에 의해 붕괴된 팔레비 왕조는 친미 정권이었다. 미국은 이란에서 생산되는 석유 의존도가 높았다. 이슬람 원리주의에 기반한 호메이니의 득세는 곧 중동 지역에서의 미국 영향력 감퇴와 석유 지배권의 상실을 의미했다. 로널드 레이건 정권은 도널드 럼스펠트를 특사로 보내 후세인을 만나게 했다. 1983년이었다.

미군에 의해 체포된 사담 후세인의 마지막 모습

이듬해 미국과 이라크는 국교를 회복했고, 미국은 위성을 포함한 정보와 대규모 무기 지원을 실시했다. 여기에는 생화학 무기도 포함돼 있었다. 미국은 후세인에 의해 자행된 공공연한 민간인 학살도 묵인했다. 석유 이권과 무기 판매에 눈독을 들인 유럽 각국도 이라크 지원에 나섰다. 전쟁은 1988년 이란이 정전을 수락하며 끝났다.

중동의 수호자이자 맹주를 자처한 이라크의 후세인은 2년 후 다시 전쟁을 시작했다. 1990년 쿠웨이트를 자신의 영토라고 주장하며 침공한 것이다.

이라크는 1932년 영국의 식민 지배로부터 벗어나 독립을 이뤘으나 쿠웨이트 지역은 영국의 보호령 아래 있었으며 1961년에야 완전 독립을 이룬다. 이 때문에 이란은 쿠웨이트에 대한 영유권을 계속 주장해 왔다. 결정적인 계기가 된 것은 이란-이라크 전쟁이 계속되는 동안 쿠웨이트가 이라크 접경지대에 유전을 설치한 것이다. 게다가 쿠웨이트는 석유수출국기구OPEC의 정책에 반해 산유량을 늘리며 유가를 낮췄다. 계속되는 전쟁으로 혼란과 침체가 지속되는 가운데 경제 재건의 유일한 방법으로 고유가 정책에 기댈 수밖에 없었던 후세인에게 쿠웨이트는 최대 걸림돌이었다. 거기다 국경 지대의 쿠웨이트 유전은 이라크 땅 밑의 석유까지 빨아들였다. 이라크는 영토 회복을 주장하며 대대적인 침공을 감행했다.

후세인이라는 괴물을 만들어 낸 더 큰 괴물은 누구?

이번에 미국은 이라크의 반대편에 섰다. 중동 지역 내에서의 패권과 석유 산업에 대한 지배권을 유지하고자 미국은 다국적군 구성을 주도하며 이라크를 상대로 전쟁을 시작했다. 1991년의 걸프전이 그것이다. 8년간의 이란-이라크전과 잇따른 걸프전을 치르는 동안 이라크 내에선 시아파 및 쿠르드족에 대한 대규모 학살 및 정치적 반대파에 대한 숙청이 이뤄져 수십만 명이 목숨을 잃었다. 다국적군의 첨단 무기도 이라크 민중들의 삶을 파괴했다. 후세인 일가가 섹스 파티와 고문 놀이, 살육의 축제, 그리고 전쟁 놀이를 즐기는 동안 이라크의 인민들은 최악의 상태에 빠졌다.

냉전 해체로 '주적'을 잃어버린 미국을 위시한 서방 세계는 후세인 정권을 '악마'의 이미지로 그리기 시작했다. 2001년 9·11 테러 후 조지 W. 부시 정권은 이라크를 이란, 북한과 함께 '악의 축'으로 명명했다. 당시 미국의 국방장관은 십수 년 전 '괴물' 후세인과 은밀한 대화를 나누며 '친구'의 정을 나눴던 도널드 럼스펠트였다.

2002년 9월 8일, 〈뉴욕타임스〉는 '익명의 국방부 관계자의 '증언'을 근거로 이라크가 핵미사일을 포함한 대량살상무기 개발에 나서고 있다'는 의혹을 전격적으로 제기했다. 1면 톱기사였다. 이날 콘돌리자 라이스 백악관 국가안보 보좌관과 콜린 파월 국무장관, 그리고 럼스펠트 국방장관이 신문을 들고 연이어 TV 카메라 앞에 서서 기자 회견을 가졌다. 그리고 1년 후인 2003년 3월 20일 미국은 이라크를 침공했다. 괴물 형제는 한날한시에 사망했고, 후세인은 전범 재판을 거쳐 2006년에 처형됐다.

전쟁 개시 2년 후인 2005년, 〈뉴욕타임스〉는 이라크 대량학살무기 개발 의혹을 제기한 일련의 기사가 근거 없는 오보였다고 해명하는 보도를 실었다. 이른바 여기자 주디스 밀러 오보 사건이었다. 과연 괴물을 만들어 낸 것은 누구였을까? 아니 누가 괴물이었을까? 우다이와 쿠사이는 후세인이 낳았지만, 그 후세인을 창조한 아버지는 과연 누구였을까? 피와 석유를 빨아먹고 사는 그 거대한 몬스터는 말이다.

인도네시아

철권통치가 만든 독재와 부패의 결정판

_ 수하르토의 아들 토미

서영표 | 제주대 사회학과 교수

인도네시아 2대 대통령
수하르토

토미 막내아들

수하르토의
6명의 자녀들

인도네시아의 독재자 수하르토Haji Mohammad Soeharto, 1921~2008와 그가 가장 사랑했다는 막내아들 토미 수하르토Tommy Suharto, 1962~의 이야기 또한 흥미롭다. 독재자들의 자식들은 크게 두 종류로 나뉜다. 아버지를 부정하는 사람들과 아버지의 권력을 향유하고 그것을 지탱하는 데 앞장 선 사람들. 대개의 경우 두 부류 모두 비참한 인생을 살았다. 아버지를 부정하려 했던 자식에게 '독재자'의 망령은 평생 동안 따라붙었으며 아버지의 권력을 향유하고 분점했던 이들은 아버지의 몰락과 함께함으로써 비참한 최후를 마친다.

스스로를 포로수용소 철책에 던져 '자살 아닌' 자살을 해야 했던 스탈린의 큰아들을 생각해 보라. 처참한 주검마저 언론에 공개되는 '수모'를 겪어야 했던 후세인과 카다피의 아들들을 보라. 하지만 항상 예외는 있는 법이다. 그 예외 중 하나가 수하르토의 자식들이다. 이들에게는 타고난 복일지 모르지만 뭇사람들에게는 속이 터질 일이다.

토미 수하르토뿐만 아니라 그의 다섯 형제자매들 모두의 경우 아버지가 권좌에 있는

32년 동안 거대한 수하르토 '경제' 왕국의 주축을 이루었고 온갖 특권을 누렸다. 그리고 아버지가 권력을 잃은 후에도 여전히 그 힘을 잃지 않고 있다. 물론 아버지가 힘을 갖고 있었을 때라면 도저히 있을 수 없었던 경제사범이 되어 실형을 선고받았고, 이것이 사단이 되어 일어난 살인교사죄로 감옥살이를 하는 '약간의 고생'은 했지만, 저지른 범죄가 아니라 만천하에 알려진 범죄에 비하면 경미한 처벌만 받았을 뿐이다.

32년간 권좌에 오른 아버지와 그 특권을 함께 누린 아들

어쩌면 이러한 상황은 동남아시아가 과거를 청산하지 못하고 여전히 전근대시대, 식민지 시대에 걸쳐 형성된 기득권 집단이 정치와 경제를 분점하고 있으며, 독재 시기에 형성된 정치적 분파들을 청산하지 못하고 오히려 권력을 나누어 갖고 있는 소위 '과두제'적 형태의 불완전한 민주화밖에 달성하지 못했기에 나타난 현상인 것 같다. 물론 우리가 필리핀이나 인도네시아의 민주화를 불완전하다고 지적할 만큼 자랑스러운 '민주화'를 성취한 것은 아니지만, 어쨌든 이들 나라의 민주화는 형식적으로 불완전했으며 '민주화'라는 수사rhetoric는 야만적이고 벌거벗은 정치적 폭력이 경제적 지배로 넘어가는 '구실'로 이용되었을 뿐이다. 민주화의 이름으로

온 나라가 송두리째 상품이 되어 거래되고 있는, 인간의 영혼까지 팔아넘길 것 같은 이윤 추구의 정글이 되어 버린 '대한민국'도 여기서 예외는 아닐 것이다.

민주화가 모든 것을 시장의 용광로 속으로 밀어 넣고 있는 현실을 공정한 경쟁과 민주주의 회복이라며 정당화하는 그들의 실체를 깨달을 때, 그리고 이러한 과정 동안 과거 기득권 세력의 힘은 털끝 하나 손상되지 않았다는 것이 확인될 때 사람들은 민주주의에 대해 회의하게 된다. 민주주의는 대중의 삶의 질을 개선해 주기는 커녕 부의 독점을 더욱 강화해 왔으니 그럴 수밖에 없는 일이다. 여기서 이상한 착시 현상이 생겨난다.

민주주의는 빈곤과 끝없는 경쟁, 여기서 오는 고단함만을 주었지만 그래도 수하르토는 경제 성장을 이룩하지 않았는가? 독재자에 대한 향수가 나타나고 민주주의보다는 성장을 우선시하는, 그래서 경제 성장을 위해서라면 민주주의 정도는 포기할 수도 있다는 생각들이 스멀스멀 생겨나기 시작하는 것이다. 우리에게도 익숙한 현상이다. 이런 조건의 한편에서 2008년 이미 사망한 수하르토는 영웅 대접을 받기 시작한다. 그가 20세기 최고로 부패한 정치인이라는 오명을 '뒤집어쓰면서' 구축한 수하르토 왕국은 여전히 건재하며 그의 자식들은 아버지의 이름을 부끄러워하거나 부정하려 하지 않으며, 오히려 그 이름 아래 떵떵거리며 살고 있다. 급기야 그가 가장 사랑했던 막내아들 토미는 2014년 대선에서 그의 영광을 재현하겠다고 정당까지 만들었다.

수하르토의 '아이들'이 여전히 그가 건설한 왕국 속에 살고 있기 때문에 토미의 이야기를 위해서는 그 아버지의 긴 부패와 폭력의 역사에 대해 언급하지 않을 수 없다.

냉전, 군부 독재, 그리고 민주화

인도네시아는 사무엘 헌팅턴이 이야기했던 '민주주의의 제3의 물결' 속에서 민주화 되었다. 그가 말한 민주주의의 첫 번째 물결은 19세기 선거권 확대로 시작되어 1차 세계대전 직후까지 지속되는 시기이며, 두 번째 물결은 2차 세계대전 후 60년대까지의 시기이다. 제3의 물결은 포르투갈의 독재가 무너지는 1974년을 기점으로 라틴아메리카, 아시아의 독재 정권과 동유럽 공산주의 체제의 몰락 시기를 가리킨다. 하지만 인도네시아의 경우 독재 정권 몰락의 결정적 계기는 1997년 외환 위기가 초래한 경제적 위기였다.

동유럽의 공산주의 국가들을 논외로 한다면 아시아와 라틴아메리카의 독재 정권들(대개는 군부에 의한 통치)은 냉전의 산물이었다. '적의 적은 친구가 되는' 냉전 시기, 미국을 중심으로 하는 서방의 자본주의 진영은 공산주의의 확산을 막기 위한 방어막으로 민족주의적 성향의 정권(이들은 대개 비동맹을 표명하고 정치적 독립을 추구했으며 경향적으로 소련과 우호적이거나, 그렇지 않다고 해도 최소한 적대적이지 않았다을 전복하고 극우 반공 세력에 대한 아낌없는 지원을 제공한다.

민주적으로 선출된 이란의 모사데크 정권을 전복하고 전근대적인 팔레비 왕조를 복원한 것팔레비 왕조는 급진 세력을 탄압했고 이것은 후일 이슬람 근본주의 혁명을 낳게 된다, 브라질과 아르헨티나의 군부를 지원한 것이란이 서아시아의 거점이었다면 브라질은 남미 지배의 거점이었다, 칠레에서 아옌데의 민주 정권 전복을 지원하고 피노체트의 철권통치를 전폭적으로 지지해 준 것이 모두 이러한 맥락에서였다영화 〈영혼의 집〉과 〈산티아고에 비는 내리고〉를 통해 당시의 상황을 엿볼 수 있다.

인도차이나 반도가 냉전의 실험대가 되고 있는 조건에서 인도네시아와 필리핀은 태국과 함께 공산주의의 확대를 틀어막을 수 있는 중요한 전략적 요충지였다. 인도네시아의 수하르토 정권과 필리핀의 마르코스 정권이 서방의 강력한 지지를 얻을 수 있었던 이유가 여기에 있는 것이다. 물론 이러한 냉전의 이익을 가장 많이 받은 것은 한국의 박정희 정권과 대만의 국민당 정권이었지만.

기득권 세력을 청산하지 못한 불완전한 민주화

1990년대 냉전이 해체되고 독재에 눌려 있던 민주화의 열망이 터져 나오기 시작한다. 이런 조건에서 미국을 비롯한 서방 국가들이 독재를 지원하는 것은 더 이상 정당성을 확보할 수 없으며, 비용에 비해 얻을 것이 없는 '장사'가 되어 버린다. 이제 독재 아래 자신들의 기득권을 보장받았던 자본가들조차 권력의 독점을 거추장스럽게 생각하게 되는 것이다. 이런 조건은 강하게 분출되는 민주주의에 대한 열망을 중립화시키고 경제적 자유화를 추진하는 방향의 '민주화'(?)로 나가게 된다. 그러나 앞에서도 언급했듯 이런 식의 민주화는 과거 기득권 집단을 청산하지 못했다.

인도네시아의 정치·언론·경제는 이미 낡은 기득권 집단 사이의 과두제적 분점의 손아귀에 있었으며 이들은 민주주의라는 외피를 쓰고도 충분히 자신들의 왕국을 유지할 수 있었다. 수하르토 자신은 IMF의 협상에서 조금도 양보하지 않으려 했고 이러한 고집이 그를 권좌에서 내려앉게 했지만 수하르토 집단이 가진 기득권이 민주화(자유화) 과정에서 심각하게 손상된 것은 아니었다.

농부의 아들, 권력의 중심에 서다

수하르토는 1921년 자바에서 농부의 아들로 태어났다. 네덜란드 식민 통치 시대에 식민 군대의 하사관으로 입대했으며, 일본군 진주 후 일본이 지원하는 군대에서 소대장으로 복무한다(이 시기 서방 국가들의 식민 지배를 받고 있었던 동남아시아의 민족주의자들은 일본군을 적대적으로 생각하지 않았다. 베트남의 호치민도 다르지 않았다. 같은 아시아 국가인 일본을 우방으로 생각했던 것이다. 곧 일본의 본색을 깨닫게 되지만 말이다).

해방 후 인도네시아군의 장교로 복무하게 되는데 이때부터 수하르토의 본격적인 군 경력이 시작된다. 2차 세계대전 직후 네덜란드는 이미 독립을 선포한 인도네시아를 다시 지배하려 했다역시 독립을 선포한 베트남을 다시 지배하기 위해 디엔비엔푸 전투에서 처절한 패배를 당할 때까지 9년 동안 군사적으로 개입했던 프랑스의 그것과 다르지 않았다. 독립전쟁에서 수하르토는 군사적 수완을 발휘하고 상당한 무공을 쌓는다. 1950년대 중부 자바와 욕자카르타의 군대를 책임지는 위치에까지 오른다.

1947년의 수하르토

아직 권력을 얻기 전이었지만 그의 왕국은 이때부터 형성되기 시작한다. 당시 군대의 보급은 형편없었으며 군부대는 스스로의 사업을 통해 보급을 해결해야만 했다. 그는 화교 사업가인 임초량과 봅 하산과 연결되어 수익 사업을 확장한다. 이때 형성된 이해관계가 그의 집권기 내내 지속된다.

권력은 1965년 9월 30일 벌어진 사건을 통해 수하르토의 손에 들어오기 시작한다. 당시 대통령이었던 수카르노Sukarno는 300만 명의 당원을 가지고 있었던 동남아시아 최대의 공산당인 인도네시아 공산당과 가까웠으며 비동맹 외교를 추구하고 있었다. 이런 조건에서 공산당은 장성 여섯 명을 납치하고 살해하는 쿠데타를 시도

한다. 이 쿠데타가 공산당을 고립시키고 대통령 수카르노를 몰아 내려는 군부의 조작이라는 '설'이 끊임없이 제기되기도 했다.

쿠데타 시도를 진압하는 데 결정적 역할을 한 것이 수하르토였는데, 그는 대대적인 숙청 작업을 시작했다. 역사가들은 이 시기에 대략 50~100만 명이 희생된 것으로 추정하고 있다.

수하르토는 이미 1964년 창건한 군부의 정치 조직인 골카르GOLKAR를 중심으로 다양한 조직들과 후원-수혜 관계를 맺어 권력을 강화한다. 1967년 말까지 약 281개 조직이 골카르당에 편입된다. 마치 멕시코의 제도혁명당이 후원-수혜 관계로 권력의 말단까지 끈끈한 이해관계로 연결됐던 것처럼 골카르의 당적 조직은 인도네시아 전역의 위계화된 기득권 망의 중심에 서게 된다. 다음 수순은 직접 권력을 접수하는 일이었다. 그는 1968년 대통령에 당선됨으로써 이 마지막 수순을 밟는다. 드디어 32년의 철권통치 시대가 열리게 되는 것이다.

수하르토, 미국의 지지 업고 부정부패와 집단 학살 자행

당연히 미국은 수하르토를 전폭적으로 지지한다. 그리고 권력의 시작과 함께 그의 범죄 역사도 본격화된다. 그가 저지른 범죄의 목록은 부패와 부정 축재만으로도 넘쳐나지만 여기에 집단 학살이라는 반인륜적 범죄가 추가된다. 1975년, 미국의 묵인 아래 포르투갈로부터 독립을 선언한 동티모르를 침공하게 되는데, 이후 동티모르인 20만 명이 학살된 것으로 추산되고 있다. 아체인도네시아 특별구 지역에 대한 무력 개입도 비슷한 결과를 낳았다.

철권통치를 위해 내세운 '신질서'…… 반공주의

수하르토는 신질서를 내세운다. 전임 수카르노의 구질서와 스스로가 통치하는 인도네시아를 구분하기 위해서다. 신질서의 핵심은 무엇보다도 반공주의였다. 반공주의는 확실한 서방의 지지를 얻어낼 수 있는 고리였으며, 이러한 지지 아래 산업화를 추구할 수 있었다. 산업화는 괄목할 만한 경제 성장을 동반하는 것이었다. 경제 성장을 가능하게 했던 조건은 서방의 전폭적인 지지와 함께 인도네시아에 매장된 석유를 비롯한 풍부한 천연자원 때문이었다. 따라서 석유와 가스 산업은 경제 성장의 핵심이었으며 이 과정에서 서방의 자본은 매우 유리한 조건으로 투자처를 찾을 수 있었다. 소위 버클리 마피아로 불리는 경제 관료들에 의해 주도된 이러한 경제 성장 전략은 연평균 7%의 경제 성장을 가져다준다. 하지만 이것은 자연자원의 대대적인 사유화privatization, 다국적 회사에 유리한 노동관계법 등 세계 은행과 서방 은행들에 유리한 투자 조건을 제

수하르토의 부인과 6명의 자녀들 1967년

공해 주었기 때문에 가능한 일이었다.

이러한 노선에는 희생자가 있기 마련이다. 이익을 얻는 자가 있다면 고통을 당하는 자도 있는 법이다. 그 이익이 불법적으로 취득된 것이라면 그 희생의 정도는 더 커질 수밖에 없다. 그리고 철권통치에 대한 반대자들도 생겨날 수밖에 없었다. 그만큼 강도 높은 감시와 탄압이 동원되어야만 했다. 이미 '9월 30일 사건 이후' 100만 명으로 추정되는 공산주의자들을 학살한 수하르토 정권이 반대 세력들에 대해 무자비한 탄압을 가한 것이다. 그 결과는 그렇지 않아도 약한 인도네시아의 시민사회를 무력화시켰고, 전 사회는 골카르당과 군대를 중심으로 관료화되었다. 권력은 확대된 국가 장치와 정보기관에 의지할 수밖에 없게 된다.

인도네시아 전역을 수하르토 가문의 사업 왕국으로 만들다

수하르토는 이미 1950년대에 사업 파트너들과 함께 개인 축재를 시작했다. 그의 통치 기간 중에는 3남 3녀 모두 거대 기업을 세우고 경영자의 위치에 서게 된다. 직계 가족뿐만 아니라 친척, 그리고 그에게 우호적인 장성들과 기업인들도 이 거대한 왕국의 일부를 형성한다. 1999년 수하르토 퇴진 후 〈타임 아시아〉가 추정한 것에 따르면 수하르토 가족의 재산은 150억 달러16조 원에 달하며 이것은 현금, 주식, 부동산, 보석, 예술품 등을 모두 아우른다. 또한 인도네시아 내 3만 6,000km²의 부동산을 가지고 있고 이중 10만m²은 자카르타의 핵심 사무 지구에 위치하고 있었다.

수하르토 가문은 재단 형태로 가장하여 엄청난 규모의 재산을 은닉하기도 한다. 그와 그의 가족들은 25개의 재단을 운영했는데 이 재단들은 수십 개의 거대 기업과 관계되어 있었다. 그 업종은 제분, 시멘트, 비료, 고속도로 요금 관리, 목재 등 다양한 부문에 걸쳐 있다. 또한 전국적으로 수많은 군대 자선 단체와 협동 조합을 거느리고 있기도 하다. 이는 앞서 언급했듯 1950년대 중반에 군의 자급자족을 위한 수익 사업에서 시작된 것이었다.

그의 가문은 아직도 금융, 숙박, 교통, 미디어 관련 수백 개 기업을 소유하고 있다. 일부만 언급한다면 장녀인 시티 하르디얀티 루크마나Siti Hardiyanti Rukmana는 고속도로 통행료 관장, 차남 밤방 트리하티모조Bambang Trihatimodjo는 코코아, 목재, 호텔, 텔레비전, 자동차, 쇼핑, 보험 등 90개 기업을 거느리고 있다.

쫓겨난 독재자, 하지만 그는 아직도 영웅이었다

권좌에서 물러난 수하르토의 과거 죄상에 대한 처벌은 아직도 제대로 이루어지지 않았다. 그가 자행한 고문과 학살의 정도는 국제사법재판소의 법정에 서야 했던 세르비아의 밀로셰비치의 그것을 뛰어넘는 것이었다. 하지만 그를 사법재판소에 세우자고 한 사람은 아무도 없었다. 하긴 원칙대로 하자면 국제사법재판소에 불려나가 심판받아야 할 미국의 대통령과 국방장관, 국무장관이 한두 명이겠는가? 2000년 인도네시아 검찰은 각종 부정부패 혐의로 수하르토를 기소하기는 했다. 하지만 여전히 경제 권력을 가지고 있는 수하르토 일가와 골카르당을 중심으로 한 그의 추종 세력수하르토 체제 하에서 부와 권력을 누렸던 세력은 그를 철저하게 보호했다. 그리고 결국 2006년 5월 병세 악화로 불기소 처분을 받는다. 여기서 한술 더 떠 골카르당은 그에게 영웅 칭호를 부여해야 한다는 법안을 냈다. 여전히 수하르토가 만들어 놓은 부정부패의 고리는 작동하고 있으며, 그 고리는 경제계와 관료 집단을 강하게 묶어 놓고 있었던 것이다.

천문학적 수치를 자랑하는 부정 축재의 향연

안제이 바이다가 감독한 1982년 작 영화 〈당통〉에서 로베스피에르는 당통을 단두대로 보내면서, 공포 정치를 펼 수밖에 없는 상황에 대해 괴로워한다. 혁명 동지였던 비판자 당통의 목을 자르면 혁명이 파국으로 치달을 수 있다는 것을 알지만 그를 살려 두어도 혁명은 어려움을 겪을 수밖에 없다고 생각한다. 로베스피에르는 공포 정치를 통해 수많은 사람들을 단두대로 보냈지만 역사는 그를 '부패하지 않은' 자로 기록하고 있다. 그가 주도했던 공포 정치의 대의가 시민의 민주주의와 덕[德]의 구현에 있었기 때문이었을 것이다.

하지만 우리의 '독재자' 수하르토는 자신과 가족, 그리고 측근들의 축재를 위해 권력을 휘둘렀다. 한 줌의 부끄럼이나 조금의 연민도 없었다. 혹시 그가 때때로 괴로워했을지도 모른다고? 오히려 그는 부정부패에 대해 보도한 〈타임〉지를 명예훼손으로 고소했으며, 2007년 인도네시아 대법원은 〈타임〉 측에 10억 루피아를 배상하라고 판결한 사실로 미루어 보아, 조금의 부끄러움도 모르는 사람이었다. 2004년 국제투명성기구에 의해 '20세기 가장 부패한 정치인'으로 선정된 그에게 '부패'와 '축재'는 자신이 국가에 '봉사'한 대가로 당연히 누려야 할 권리였는지도 모를 일이다. 그가 국고에서 빼돌린 돈만 150~350억 달러[37조 원]라 하는데, 숫자에 둔감한 보통 사람들에게는 그 액수조차 가늠하기 어려운 엄청난 돈이 아닐 수 없다.

부끄러움을 모르는 독재자가 막내아들 토미를 사랑한 이유는 아마도 자신을 닮아서가 아닐까? 수하르토와 토미의 외향이 얼마나 닮은꼴인지는 알 도리가 없다. 하지만 부끄러움을 모르는 것만은 확실하게 닮았다. 토미는 아버지가 실권한 후에도 여전히 과거의 영화를 누리며 자신에게 도전하는 세력을 용납할 수 없었다. 그리고 아버지가 남겨 놓은, 부정과 부패 위에 쌓아 놓은 거대한 부의 왕국은 그를 여전히 안하무인으로 살 수 있도록 보호해 주고 있다.

토미는 1962년에 태어났다. 아버지 수하르토가 권력을 장악한 것이 1965년, 대통령에 당선된 것이 1968년이니 그의 유년기와 청년기는 아버지의 권력 시대와 겹쳐진다. 그에게는 스탈린의 자식들이 겪어야 했던 '아버지 트라우마'도 없었으며, 위로 다섯의 형과 누나들과 아버지가 구축한 권력과 부의 보호막 아래, 다시 말해 뭇사람들의 고단한 삶과는 단절된 채로 성장했다. 대다수 사람들이 밤낮 없는 고단한 노동으로 성취할까 말까 한 것을 그는 아무 어려움 없이 아버지로부터 물려받았다. 거대한 자본과 권력은 당연히 그의 것이었다.

다른 형제자매들과 마찬가지로 그 또한 수하르토가 실각하는 1998년까지 세계 곳곳에 국제 비즈니스 왕국을 건설한 큰손이었다. 아버지의 비호 아래 항공사, 해운 회사, 발리섬의 호텔 등을 경영하며 각종 이권 사업을 독식했다. 국내외 기업들에게 뇌물을 제공하는 것은 당연한 관행이었다. 권력을 등에 업고 부정과 부패를 아무런 법적 제재 없이 저질렀다. 그의 사업 방식을 보여 주는 단적인 사례 하나를 소개하겠다.

대를 이어 건설하는 토미 수하르토의 비즈니스 왕국

토미는 수하르토 정권 말기 누사 두아와 드림랜드비치 지역 알짜배기 땅을 차지했는데 늘 그랬듯 불법을 동원했다. 그에게는 불법이 아니었겠지만 군대를 동원하여 땅 소유주들이 싼값에 땅을 팔도록 위협했던 것이다. 땅의 매입자는 당연히 그가 소유한 회사였다. 이 땅은 여전히 그의 소유이며 거대한 휴양 산업 자본에 대여하여 막대한 이익을 얻고 있었다.

사치스럽고 방탕한 생활은 자연스런 수순이었다. 경주용 자동차를 수집하는 '고상' 하지만 비용이 많이 드는 취미우리에게는 국내 모 재벌 총수 정도는 돼야 가질 수 있는 호사로 알려져 있다와 수많은 여인들과의 염문까지, 권력자의 사랑하는 아들이 갖추어야 할 요소를 두루 갖추었다. 우리를 화나게 하는 것은 아버지가 권력을 잃은 후에도 계속 그렇게 살고 있다는 것이다. 아마도 토미의 건재는 인도네시아 민주화와 개혁이 형식적으로만 이루어지고 있다는 상징적 징표인지도 모른다.

하지만 그에게 우여곡절이 없었던 것은 아니다.

토미는 그의 사업 파트너와 함께 1997년 자카르타 북부에 위치한 조달청 소유의 토지와 자신들이 보유한 습지를 맞바꾸는 수법으로 부당 이득을 챙겼다. 수하르토의 실각 후 그는 이 때문에 기소를 당한다. 그리고 대법원은 2000년 9월 무죄를 선고한 원심을 파기하고 유죄를 인정하여 1년 6개월형을 선고한다. 절대 권력자의 사랑을 독차지하며 자란 아들은 자신이 법원으로부터 유죄를 선고받은 사실 자체를 인정하기 힘들었고 당연히 분노했다. 이 분노는 유죄를 선고한 판사에게로 향했다. 분노 표출 방식도 철권 통치자의 아들다웠다. 그는 살인 청부업자를 고용해 그 대법원 판사를 살해한다. 2001년 7월의 일이다. 그리고 도피한다. 당시 언론 보도는 '황태자의 몰락' 또는 '아버지와 함께 몰락한 독재자의 아들' 이라는 제목을 달고 있었다.

그는 도피 생활 끝에 2002년 초 살인과 무기 소지 혐의로 재판을 받게 된다. 이미 그의 명령을 수행한 살인 청부업자 둘은 종신형을 선고받은 상태였다. 하지만 재판이 한창 진행 중일 때 전문가들은 인도네시아 법정이 그를 공정하게 재판하지 못할 것이라고 예상했다. 그에게 선고된 형량은 15년의 금고형. 권력의 힘은 그 다음 단계에서 분명히 드러난다. 결국 그는 2006년 10월 가석방된다.

토미는 2008년 2월에도 기소된다. 인도네시아 검찰이 그를 부정부패 혐의로 기소한 것이다. 이번에도 그는 수하르토의 '사랑하는'

아들임을 증명한다. 인도네시아 지방법원은 그에게 무혐의 처분을 내리고 검찰에게는 손해배상을 하라고 판결했다.

권력자의 범죄, 커다란 범죄, 그리고 목록이 긴 범죄는 참 증명하기 어려운 것이다. 학살의 피해자들이 가해자를 찾아 책임을 지우기 어려운 것도 이런 이유 때문일 것이다. 폭력을 행사할 때도, 그것이 부당한 폭력이었다는 것이 밝혀졌을 때도 가해자 집단은 여전히 권력을 쥐고 있는 경우가 대부분이다. 그래서 그들의 죄상을 밝히고 증명하기 어렵다. 그리고 법원은 모든 범죄를 다룰 때 구체적인 가해자와 피해자의 존재를 증명하는 수고스러운 일을 힘없는 피해자에게 요구한다. 수하르토와 그 일가의 죄상도, 모두가 알고 있지만, 법정에서 증명해 내기가 어려웠다. 그의 철권통치 아래 희생당한 사람들의 정당한 명예 회복이 이루어질 수 없는 것은 당연한 것이다. 그리고 부정 축재와 부패에 대해서도 마찬가지였다.

아버지의 '영광'을 재현하려는 아들 토미의 대권 야망

다시 인도네시아에는 경제 위기와 여전히 만연한 부정부패에 편승해서 수하르토에 대한 향수가 생겨나고 있다. 돈만이 유일한 통로가 되어 버린 세상에 좌절하며 스탈린의 초상화를 들고 거리에 나서는 러시아의 연금 생활자, 높은 실업률과 빈곤으로 인해 고통받아 나치의 상징을 몸에 새기는 독일의 극우파 청년들이 생겨나는 것과 크게 다르지 않는 정서가 작동하고 있는 것이다. 토미는 이런 분위기에 한껏 고무 받은 것 같다. 2014년 대통령 선거에서 아버지의 '영광'을 재현하겠다며 정당을 만든 것이다. 2011년 만들어진 이 당의 이름은 '국가공화당'이다. 물론 전문가들의 예상은 '글쎄'이다. 아무리 수하르토에 대한 향수가 다시 생겨난다고 해도 아버지의 보호 아래 자란 세상물정 모르는 망나니 바람둥이를 지지할 사람이 있겠느냐는 것이다.

토미 수하르토 이야기는 황당한 소설처럼 들려야 한다. 하지만 슬픈 일은 이 이야기를 듣는 대부분의 사람들은 사실적인 이야기로 받아들인다는 것이다. 그것도 너무 익숙한 사실 말이다. 비극은 이러한 익숙함으로부터 생겨난다. 분노는 하지만 있을 수 있는 일, 그래서 쉽게 잊힐 수도 있는 일이다.

얼마 전 인기를 모았던 드라마 〈추적자〉에 묘사된 재벌과 권력자들의 모습을 보면서 많은 사람들이 공감했던 이유는 그것이 너무나 현실적이라는 데 있었다. 그래서 분노했다. 여기서 질문 하나! 만약 시청자들이 드라마의 줄거리가 현실보다 더 현실적이어서 공감했다면, 그리고 권력 앞에 딸을 잃고 권력에 의해 철저히 유린당하는 평범한 아버지의 입장에 공감했다면, 지금의 우리 모습은 너무도 이율배반적이지 않은가? 그렇듯 말도 안 되는 부조리가 우리의 현실이라면 우리는 뭔가 행동을 취해야 하지 않는가?

역시 익숙하다는 것이 문제다. 부조리가, 범죄가, 부패가 너무 익숙해서 쉽게 잊혀지고, 쉽게 용서된다는 것이 문제인 것이다. 그래서 독재와 부정부패의 장본인, 그리고 거기에 빌붙어 권력의 끄트머리에서 단맛을 보았던 사람들은 여전히 자신들이 무엇을 잘못했는지 깨닫지 못하고 있다. 깨닫지 못하고 있을 뿐만 아니라 여전히 부와 권력을 쥐고 그것을 휘두르며 사는 것이 당연하다고 생각한다. 평범한 사람들의 피와 땀을 착취하여 얻은 부이므로, 부를 평등하게 분배해야 한다고 말하면 자신들의 권리를 부당하게 침해하는 것이라고 분노한다.

고문하고 학살하는 것도 '노동'이라면, 어떻게 하면 조금 더 착취할까를 고민하는 것도 '일'이라면, 뇌물을 주고받고 부당한 거래를 성사시키는 것도 '기술'이라면, 그리고 빵과 담배라도 이윤이 된다면 놓치지 않아야 한다고 노심초사하는 것도 '사업 계획'이라면, 그들의 부와 권력을 내놓으라는 것이 부당할 수도 있다. 과연 그런가?

토미 수하르토의 이야기는 우리를 비춰 보는 거울과 같다. 그래서 그의 '익숙한' 이야기를 듣는 것은 불편하고 화나게 한다.

불편해하고 분노하면서도 아무것도 하지 못하는 무기력과 행동해 봤자 바뀌는 것은 없다는 허무주의가 우리 가슴속 깊이에서 솟아나는 저항을 누르고 있는 사실을 자각하는 것은 더 괴로운 일이다.

리비아

세기의 죽음으로 막을 내린 '가문의 영광'

_ 카다피의 자식들

정규식 | 성공회대 사회학과 박사 수료

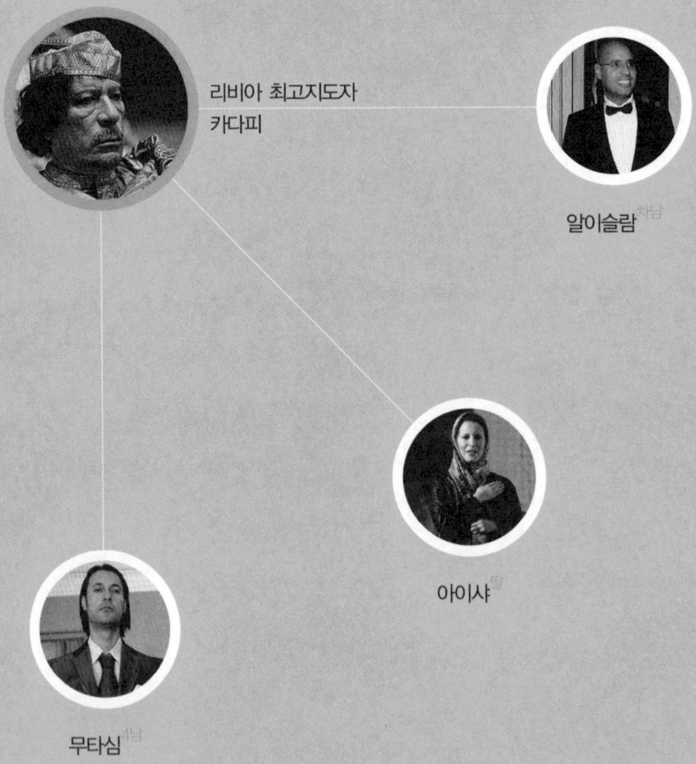

2011년 10월 20일 전 세계는 충격에 휩싸였다. 바로 리비아의 국가원수로서 42년간 리비아를 철권통치한 무아마르 카다피Muammar Gaddafi, 1942~2011가 자신의 고향 시르테 부근에서 그에 반대하여 혁명을 일으킨 반정부군과 나토NATO, 북대서양조약기구군에 의해 체포되는 과정에서 총상을 입고 사망한 것이다.

카다피가의 비참한 최후, 정육점 냉동고의 전시용 시체로 전락

더욱 충격적인 것은 1970~1980년대 반제국주의의 영웅이자 아랍민족주의의 아이콘으로 칭송받던 그의 죽음에 대해 리비아 민중들은 애도는커녕 카다피의 시신을 곧바로 미스라타 지역으로 이송해 퍼레이드를 벌인 것이다.

심지어 한 정육점의 냉동고에 전시하여 일반인에게 공개함으로써 전 세계의 구경거리로 전락시켰다는 사실이다. 이는 통상적인 무슬림 전통에서는 결코 상상할 수 없는 일이다.

무슬림의 전통에 따르면, 이미 죽은 사람에 대한 판단은 신神의 몫이기에 망자亡者의 생전 공과와는 관계없이 시신 모독은 율법을 거스르는 것이 된다. 그럼에도 불구하고 카다피의 죽음 앞에서는 말 그대로 축제가 벌어졌다. 또한 그동안 아버지의 후광과 철저한 족벌 경영 원칙에 따라 각계 요직을 차지함으로써 부와 권력을 누려 왔던 카다피의 자녀들2명의 부인과 7남 1녀, 그리고 1남 1녀 입양도 대부분이 이미 죽었거나 도피 중이고, 사실상 후계자로 알려졌던 차남 사이프 알 이슬람 카다피Saif al-Islam Gaddafi, 1972~ 역시 체포되어 현재 재판을 기다리고 있는 중이다.

카다피 가문의 몰락

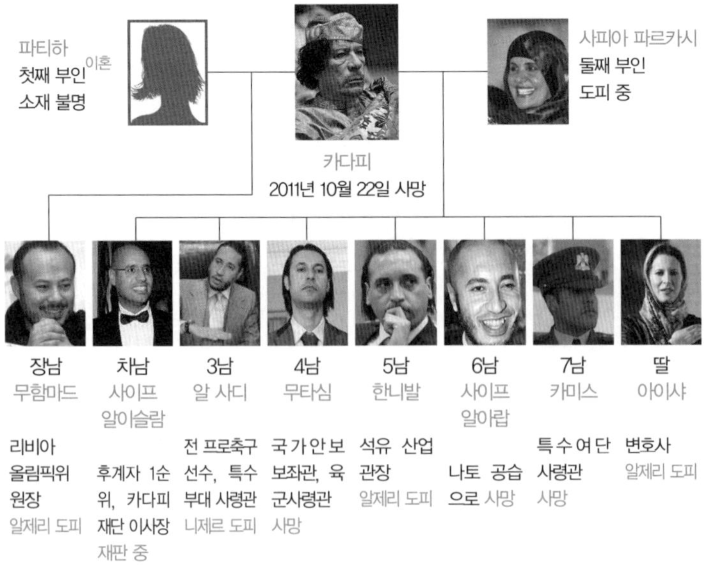

리비아 혁명과 카다피 가문의 몰락

도대체 리비아에서는 무슨 일이 벌어졌던 것일까? 카다피가 누구인가? 아랍 민족의 독립과 해방을 기치로 1969년 27세의 나이에 이드리스 왕조를 무너뜨리고 무혈 쿠데타에 성공한 리비아의 영웅이 아니었던가! 오랫동안 그는 리비아와 아랍을 넘어 반제국주의·민족해방운동의 영웅으로 전 세계 민중의 지지를 받았었다. 특히 1970~1980년대 한국의 반미자주운동 진영에도 그의 삶과 사상은 큰 영향을 미쳤으며, 불과 9년 전인 2003년에는 한국의 대표적인 인권운동 단체로 알려진 '불교인권위원회'에서 그에게 인권상을 수여하기까지 했다는 사실을 상기할 때, 그의 비참한 최후는 더욱 충격적으로 다가온다.

2003년 11월 20일 불교인권위는 카다피 리비아 국가원수를 해외 인사 중 최초로 인권상 수상자로 선정해 시상식을 가졌으며, 수상은 당시 주한 리비아 대사가 대리하였다. 당시 불교인권위는 카다피의 수상자 선정 이유에 대해 '외세에 맞서 자유와 평등, 정의라는 대의를 지키기 위해 수행해 오신 선구자적 역할을 높이 평가'했으며, '세계 각처에서 노동해방을 지원하고 반독재, 민족해방운동을 지원함으로써 민주주의와 자유, 평등을 위해 싸우는 강고한 투쟁가로서의 면모를 보이고' 있다는 사실을 강조했다.

그렇다면 반제국주의의 영웅이자 민족 해방의 선구자로 인식되었던 카다피는 어떤 과정을 통해 끔찍한 독재자로서 최후를 맞이하게 되었으며, 전 세계 특히 미국과 프랑스를 비롯한 서방 강대국들은 왜 그를 '악의 화신' 으로 몰아 갔는가? 그리고 리비아 혁명은 어떻게 카다피 가문의 몰락으로 이어졌는가? 또 서방 세계의 개입, 리비아 혁명 진영 내부의 복합성 등은 향후 리비아 혁명을 어디로 이끌 것인가?

이러한 물음들을 중심으로 '카다피 가문의 몰락' 과 '새로운 리비아 혁명' 에 대한 이야기를 재구성해 보고자 한다. 왜냐하면 리비아 혁명은 카다피라는 독재자의 타도와 그 가문의 몰락으로 끝나 버린 것이 아니라, 그것으로부터 비로소 '시작' 되는 것이기 때문이다. 또한 이러한 물음들을 추적하는 과정에서 독재자 아버지의 영광이 그 가족과 자녀들의 비참한 몰락이라는 비극적 결말을 향해 치달을 수밖에 없었던 역사적 필연성이 생생하게 드러날 것이다.

카다피 가문이 몰락된 지 이제 갓 1년을 지나고 있다. 지금껏 눈과 귀를 닫아야 했고 또 침묵을 강요당했던 리비아 민중들의 이야기가 이제 곧 분수처럼 쏟아져 나올 것이다. 그렇게 되면 우리는 카다피의 폭압적 통치 실상에 대해, 그리고 그의 자녀들이 어째서 그토록 정권을 수호하려고 몸부림쳤는지에 대해 좀 더 분명히 알게 될 것이다. 이 비극적 이야기는 이집트의 권력자 나세르를 무척이나 동경했던 한 아이의 출생으로부터 시작한다.

무혈 쿠데타의 성공과 장기 집권 체제의 구축

카다피는 1942년 리비아 시르테 근처에서 유목인인 베두인족의 가문에서 태어났다. 당시 중동의 젊은이들 대부분이 그랬듯 그도 이집트 대통령 나세르를 동경했으며, 나세르가 표방한 아랍 사회주의 및 민족주의 이념에 고무되었다. 그리고 마침내 1969년 9월 1일 당시 27세였던 카다피 대위는 친親서방 성향의 국왕 이드리스 1세가 신병 치료를 위해 터키에 체류하고 있는 틈을 노려 동료 장교들'자유장교단' 동료과 함께 수도 트리폴리를 공격하면서 기습적으로 쿠데타를 감행한다.

당시 리비아는 오토만 제국에 뒤이어 30년 넘게 이탈리아의 식민 통치를 받았다. 제2차 세계대전 중반부터 9년 동안은 영국과 프랑스 군정의 지배를 받다가 1951년에야 비로소 독립 국가가 되었기에 최빈국 상태에 있었으며, 국왕 이드리스는 영국의 꼭두각시에 불과했다. 특히 이드리스 국왕은 석유를 바탕으로 한 국가 수입의 대부분을 착복해 사치를 누렸고, 일반 대중들은 극심한 빈곤에 시달려야 했다. 바로 이러한 상황 때문에 리비아 대중들은 카다피의 쿠데

어릴 적부터 동경의 대상이었던 나세르 이집트 대통령

1969년 중위 시절의 카다피[좌]와 나세르 이집트 대통령[우]

타를 묵인하고 지지했던 것이다. 이렇게 무혈 쿠데타로 정권을 장악한 그는 쿠데타 직후 최고 기관으로 설립된 혁명사령부위원회[RCC, 카다피와 장교 11명으로 구성]를 구성하고, 나세르의 아랍민족주의를 따라 국내외 정책을 추진하기 시작한다.

먼저 영국군과 미군을 철수시키고, 이탈리아인 3만 명의 자산을 동결하고 추방했다. 그리고 외국계 은행들과 석유 기업의 60%를 국유화했으며, 다국적 석유 기업들의 권한을 축소시켰다. 이를 통해 카다피는 1973~1974년에 유가를 네 배나 끌어올릴 수 있었으며, 이렇게 늘어난 수익으로 사회 발전 계획과 복지 제도를 대대적으로 추진한다. 즉 도로, 학교, 병원 등을 건설하고 주택 보장과 의료 보장 및 사회복지 제도를 확충했다. 이제까지의 역사를 통해 보아왔듯 쿠데타가 혁명으로 둔갑하기 위해서는 민족주의에 대한 강조와 급속한 경제 성장[혹은 근대화], 그리고 일정 정도의 복지 정책 시행이라는 수순을 밟아야 했던 것이다.

한편 카다피는 리비아를 포함한 아랍 세계가 정치와 경제 모든 면에서 현대적인 세속주의 정치 전통을 따르는 것을 배격하면서, 자본주의와 공산주의 모두와는 다른 이슬람주의의 가치에 기초한

'리비아식 사회주의' 노선을 추구한다. 이에 따라 새로 설립된 리비아 공화정은 인민 대중의 국가이며, 인민에 의한 직접 민주주의를 표방하는 '자마히리야' 체제임을 천명한다리비아 사회주의 아랍 인민공화국, The Great Socialist People's Libyan Arab Jamahiriya.

공포 정치와 민족주의 강조한 통치 전략

또한 대부분의 독재자들이 혁명의 정당성과 본인 사상의 독창성을 강조하기 위해 흔히 그랬듯이, 카다피도 1975년부터 1979년에 걸쳐 그의 정치 이론을 집대성한 《그린 북: 리비아 혁명의 정치 철학》이라는 세 권의 책을 출간한다. 이 책은 1985년에 한국어판으로도 출간되어 당시 운동 진영과 지식인들에게 적지 않은 영향을 주었다. 역설적이게도 2011년 리비아 혁명 당시, 카다피가 리비아 국영 방송에 출연해서 이른바 '국민과의 전쟁'을 선포할 때에도 그의 손에는 이 책이 들려져 있었다. 리비아 혁명 진압의 정당성을 강조하기 위해 이 책을 활용한 것이다.

카다피의 저서 《그린 북》1975년

한편 그는 모든 아랍인들이 하나의 국가로 단결해야 한다는 범아랍주의의 기치 아래 단일한 아랍 국가를 건설하려는 계획을 추진한다. 그러나 1970년대를 지나면서 이집트를 비롯한 아랍 정부들 대부분이 제국주의에 대한 적대 정책을 중단하고 실용주의적 외교정책을 추진함으로써 그는 점점 고립되어 갔다.

이처럼 카다피는 반제국주의와 범아랍민족주의, 그리고 인민민주주의를 표방하면서 혁명적 성격의 각종 기구와 정책들을 시행함으로써, 진보적이고 민주적인 지도자인 것처럼 보이려 했지만, 사실 그 기구와 정책들은 정치적 반대파들을 제거하고 자신의 권력을 유지하기 위한 수단에 불과했다. 특히 1973년의 '문화혁명'은 함께 쿠데타를 도모했던 옛 동료들 가운데 배반 세력들을 제거하기 위한 것이었고, 1976년 '인민회의'와 '인민위원회'를 건설한 것도 정치적 반대 세력을 억압하기 위한 전략이었다고 할 수 있다.

일련의 민주적인 정책들을 시행하는 것이 '정치적 적'을 명확히 색출하고 이들을 축출할 수 있는 가장 유용한 미끼임을, 그 이전의 선배 독재자들로부터 확실하게 전수받았던 것일까? 실제로 카다피는 '인민회의'를 통해 대중에게 권력을 이양한다고 해놓고는 그 위에 또 다른 정치권력 기구인 '혁명위원회'를 만들어 그곳에 모든 권력을 집중함으로써 장기 집권의 기틀을 마련해 나갔다. 혁명위원회의 구성원은 대부분 경영자들과 고급 관료들이었고, 이들은 공장, 사무실, 학교, 대학, 군대 등 곳곳에 파견되어 이른바 정치 경찰 역할을 담당했다.

족벌 경영과 우상화로 권력 세습의 토대 구축

그는 또한 철저한 족벌 경영 체제를 실행했는데, 자녀들을 비롯한 친인척들이 정권의 요직과 주요 경제 부문 전반을 경영하도록 함으로써 권력 세습의 토대를 착실하게 구축해 나갔다. 다른 한편 카다피는 자신에 대한 우상화와 권력 독점을 더욱 공고히 하기 위해 계속해서 아랍민족주의라는 이념을 강조했으며, 자신을 아랍민족주의 전통의 계승자이자 '범아랍 민족의 아버지'로 부각시키고자 노력했다. 즉 공포 정치와 함께 민족주의 강조를 통한 이데올로기적 통치 전략이 정권 유지를 위해 동원된 것이다. 그런데 '민족의 아버지'이고자 했던 카다피의 욕망은 전혀 다른 곳에서 분출되었다.

2012년 프랑스 일간지 〈르몽드〉의 애닉 코진 기자는 《희생양들_카다피의 하렘에서》라는 책을 출간했는데, 그 책에는 카다피에 의해 납치되어 감금당한 채 '성노예'로 살아왔던 십대 소녀들의 증언이 고스란히 담겨 있다. 이 책에 의하면 카다피에 의해 선택된 소녀들은 강제로 혈액 검사와 가슴둘레 측정, 탈의와 제모 등을 당하고 온갖 변태적인 성폭행을 수십 년간 당했다고 한다. 그리고 이들의 증언에 의하면 자신을 '파파 무아마르'라고 부르도록 강요했다고 한다. '민족의 아버지'로서 모든 민중들을 보듬어 안고자 한 카다피의 욕망이 이처럼 성적 욕망으로 발산된 것이 아닌가 하는 의구심마저 갖게 한다.

반제국주의의 영웅에서 친親서방 정책으로의 노선 선회

1980년대 중엽 국제 유가의 폭락으로 인해 국가 수입의 80% 이상을 석유에 의존해 왔던 리비아 경제는 큰 타격을 받게 된다. 이와 더불어 1981년 시작된 미국의 대리비아 경제 제재는 경제적 어려움을 더욱 가중시켰다. 그리고 1992년부터는 유엔 제재가 추가됐고, 1996년부터는 이란·리비아제재법으로 석유 개발마저 봉쇄되었다. 특히 레이건 전 미국 대통령은 리비아를 국제적으로 고립시키고 카다피를 권좌에서 축출시키기 위해 1986년 4월 트리폴리와 벵가지에 공습을 감행한다. 이 공습으로 200여 명의 민간인을 비롯해 카다피가 입양한 딸이 사망한 것으로 추정된다. 이 공습 이후 카다피는 겉으로는 계속해서 미국 및 서방 국가들을 비난했지만, 실질적으로는 서방 국가들과의 관계 개선을 지향하는 방향으로 입장이 선회하게 된다.

이에 따라 다음 해인 1987년부터 신자유주의적 정책을 적극 수용한다. 리비아 정부의 기본적인 경제 정책이었던 수입 대체 경제

정책이 폐기되고, 농업과 산업 부문에서 국제통화기금의 매뉴얼에 따른 신자유주의적 경제 개혁이 도입되기 시작한 것이다. 그리고 공기업 특혜 폐지와 기업의 사영화私營化, 외국인 투자 유치 강화를 위한 법 개정, WTO 가입 등을 적극적으로 추진했으며 석유 채굴권 공개 입찰에 다국적 기업들의 참여를 허용했다. 1970년대에는 석유 기업들을 국유화하고 '자립' 경제를 추구했던 카다피가 이제 자국 경제를 해외에 개방함으로써 적극적인 해외 투자 유치에 열을 올리게 된 것이다.

신자유주의자로 변모한 카다피, 범아랍의 적이 되다

또한 1993년 급진적인 이슬람주의자들이 친서방적인 정책을 전면적으로 추진하던 그를 암살하려는 사건이 발생했는데, 이 사건으로 인해 카다피는 북아프리카 지역에서 새롭게 발호하는 알-카에다의 위협 때문에 두려움을 갖기 시작한다. 그리고 바로 이 사건이 지난 2001년 9·11 테러 사태에서 그가 미국을 지지하게 되는 중요한 계기로 작용했다. 이렇게 열렬한 신자유주의자로 변모한 카다피는 무엇이 그토록 두려웠는지 국내에 있을 때는 요새화된 기지에서만 주로 생활하고, 해외여행 시에는 방탄 처리된 베두인족 텐트를 치고 그곳에서 모든 숙박을 해결했다고 한다.

또한 '세계는 격렬하게 변하고 있어 생각과 통치 방식을 바꾸어야 하며, 혁명적이고 진보적인 사람이 되기 위해 나는 세계의 흐름을 따르지 않을 수 없다' 고 말하면서, 미국과의 관계 개선을 위해 1999년 270명이 사망한 미국 팬암기 폭파 사건1988년 미국의 민간 항공기가 스코틀랜드의 록커비 상공에서 폭발된 사건의 용의자로 미국이 지목한 두 명을 넘겨준다.

2003년에는 대량살상무기의 폐기를 공식 선언함으로써 서방과의 본격적인 화해 국면에 들어서게 된다. 이는 그동안 그가 가지고 있었던 반제국주의, 아랍민족주의라는 이미지와는 상반되는 충격적인 행보였다. 어쨌든 이를 계기로 미국, 프랑스, 영국을 비롯한 서방 국가들은 석유 개발의 이권을 선점하기 위해 앞다투어 리비아로 달려갔다. 미국과 유럽 정부의 지도자들은 카다피와 새로이 친분을 쌓기 위해 노력했으며, 중국과 한국을 비롯한 아시아 국가들도 이 행렬에 합류했다.

여기서 또 하나 우리에게 흥미로운 것은 이명박 대통령의 형인 이상득 전 국회부의장도 이 '자원 외교' 의 행렬에서 주연급 배우로 활약했었다는 사실이다. 지난 2010년 9월 이상득 전 국회부의장이 국정원 직원과 교민 억류 및 건설 공사 대금 지불 정지 사태가 발생했을 때, 리비아로 달려가 카다피를 접견하면서 그를 '아프리카와 아랍의 통합을 주도하고 계시는 왕 중의 왕, 존경하는 위대한 지도자 각하' 라고 극찬함으로써 위기를 모면했다는 사실은 유명한 일화이다. 그가 그토록 극찬한 왕 중의 왕, 위대한 지도자가 불과 1년 뒤에 냉동고에서 시체로 발견될 줄 짐작이나 했을까? 권력의 무상함을 몸소 체험한 값진 교훈인 셈이다.

어쨌든 이렇게 친서방 정책으로 돌아선 그와 서방의 새로운 관계 국면에서는 카다피 정권의 억압 통치와 자국 국민에 대한 인권 유린은 아무런 문제가 되지 않았다. 2000년대 내내 리비아와 서방의 우호적인 관계 속에서 세계 굴지의 석유 기업들과 카다피 일가 및 측근들은 말 그대로 황금기를 보냈던 것이다. 석유 산업과 각종 이권에 관여한 그의 일가의 재산은 1,500억 달러약 169조 원에 이르는 것으로 알려져 있다. 또한 해외 부동산과 기업에도 공개적으로 투자하고 있으며, 심지어 한때 식민 모국이었던 이탈리아의 정유 회사와 통신사 등에도 지분을 갖고 있는 것으로 밝혀졌다.

그러나 끝없이 지속될 것처럼 보였던 황금 시절은 그리 오래가지 못했다. 튀니지와 이집트의 반정부 시위를 비롯한 이른바 아랍혁명의 거센 물결 속에서 마침내 리비아도 반정부 혁명의 길로 들어서게 된 것이다.

독재 정권을 무너뜨린 '아랍혁명'의 거센 물결

카다피의 경제 개방 정책 속에서 리비아 민중의 삶은 더욱 황폐해져 갔다. 전체 실업률이 30%에 육박했으며, 특히 청년 실업이 심각한 사회 문제가 되었다. 또한 1990년대부터 신자유주의 정책이 추진되면서 공공 지출이 대폭 삭감되었고, 이에 따라 리비아 민중의 삶은 더욱 악화되어 갔다. 계속되는 억압 통치와 함께 열악한 경제 상황은 리비아 민중으로 하여금 '아랍의 봄'에 동참하도록 했다.

2010년 12월 이래 중동과 북아프리카 국가들에서 일어난 반정부 시위 및 혁명의 물결을 가리켜 '아랍혁명' 혹은 '아랍의 봄'이라 부른다. 알제리, 바레인, 이집트, 이란, 요르단, 모로코, 튀니지, 예멘, 리비아 등 중동과 북아프리카 일부 지역에서 대규모 반정부 시위가 잇따라 일어났으며, 이라크, 쿠웨이트, 모리타니, 오만, 사우디아라비아, 소말리아, 수단, 시리아에서도 크고 작은 반정부 시위가 발생했다. 특히 튀니지[벤 알리 정권]와 이집트[무바라크 정권]에서는 이 시위를 통해 독재 정권을 무너뜨리고 정권 교체를 성공시켰는데, 이중 리비아가 튀니지와 이집트에 이어 세 번째로 독재 정권을 무너뜨린 아랍혁명으로 기록되었다.

리비아 혁명 주요 일지	
2011년 2월 15일	리비아 제2도시 벵가지에서 첫 반정부 시위 발생(총 38명 사망 추정)
2월 17일	'분노의 날' 시위대와 경찰 충돌(총 84명 사망 추정)
2월 26일	유엔 안보리, 리비아 사태 군사 개입 결의
2월 27일	리비아 반정부 세력, 과도국가평의회NTC 구성
3월 17일	유엔, 리비아 영공에 비행금지구역NFZ 설정
3월 19일	나토군, 리비아 영공 공습 시작
4월 30일	국제형사재판소, 카다피와 측근 2명에 대해 체포 영장 발부
7월 15일	미국과 유럽, 반군 과도국가평의회NFC를 유일한 합법 정부로 인정
8월 20일	나토 연합군과 반군, 수도 트리폴리 입성 및 대부분 지역 장악
10월 20일	카다피, 고향 시르테에서 사망

리비아 혁명은 2011년 2월 15일 전통적으로 반카다피 정서가 깊었던 리비아의 제2도시 벵가지에서부터 시작되었으며, 인권변호사 파티 테르빌이 카다피 정권에 의해 체포된 것이 발단이었다. 이날 경찰과의 충돌로 38명이 사망한 것으로 알려졌으며, 이에 분노한 리비아 민중들은 2월 17일을 '분노의 날'로 선포하고 벵가지를 비롯한 5개 도시에서 수천 명 규모의 시위를 주도했다. 그리고 이날 이후 혁명은 전국으로 확산되어 갔고, 마침내 2월 20일 시위대는 벵가지를 장악한다.

특히 민중의 혁명적 분위기에 동조한 정부군의 이탈 세력들이 이 과정에서 큰 힘이 되었다. 압둘 파타 유니스가 이끄는 '벵가지 대대'가 시위에 동참했으며, 시위대에 대한 공습 명령을 거부한 전투

카다피의 퇴진을 촉구하는 반정부 시위

기 조종사 몇 명이 몰타와 이집트로 망명했다. 그리고 카다피 정권에서 법무장관을 지낸 잘릴을 비롯한 정부 각료들과 외교 대사들의 사임이 잇따랐다. 이러한 분위기 속에서 2월 21일에는 수도인 트리폴리까지 시위가 확산되었고, 혁명은 더욱 고조되어 갔다. 특히 저항 세력들이 장악한 도시들에서는 혁명위원회가 건설되었는데, 그 지역의 치안과 복지 등을 대중의 통제 하에 둠으로써 새로운 형태의 민주주의와 혁명을 심화시킬 가능성을 보여 주었다.

2월 22일 이후 카다피는 국영 방송을 통해 다시금 반정부 시위에 대해 강경한 태도를 드러냈고, 용병과 전투기를 동원한 본격적인 탄압을 시작한다. 이러한 카다피 정권의 무리한 강경 진압은 서방 국가의 군사적 개입에 명분을 제공했고, 사태는 새로운 방향으로 전개되기 시작한다. 2월 26일 유엔안전보장이사회는 10시간의 마라톤 회의 끝에 카다피 정권에 대한 제재 결의안을 15개국 만장일치로 통과시켰다. 이에 따라 리비아에 대한 무기 수출 금지, 카다피 정권 핵심 인사의 국외 여행 금지, 국외 자산 동결 등을 단행한다. 그리고 반정부 세력들은 법무장관 잘릴 같은 카다피 정권 이탈파들을 중심으로 과도국가평의회NTC를 구성함으로써, 사실상 혁명은 내전의 양상으로 흘러가게 된다. 처음에는 아래로부터의 민중혁명이라는 성격을 지녔던 리비아 혁명이 이제 서방의 개입과 옛 카다피 정권 이탈자들이 정국을 주도하는 새로운 국면으로 전환된 것이다. 이에 따라 카다피 가문에 대한 비극적 이야기는 더욱 극으로 치닫는다.

서방의 개입과 카다피 정권 이탈파들의 주도권 장악

서방의 군사적 개입은 리비아 혁명을 전혀 다른 방향으로 이끌어 갔다. 3월 17일 유엔은 리비아 영공에 비행금지구역NFZ을 설정하고, 3월 19일 마침내 나토군의 공습이 시작되었다한국도 최영함(艦)을 파견. 한편 이 과정에서 서방을 등에 업은 카다피 정권의 이탈파들이 혁명의 전면에 부상하기 시작한다. 그리고 나토군과 리비아 반군의 합동 군사 작전작전명, '인어의 새벽'으로 마침내 혁명이 시작된 지 6개월 만인 8월 20일 리비아 반군과 나토군이 수도 트리폴리에 입성함으로써, 카다피 42년 철권통치는 끝을 맺게 되었다.

그리고 10월 20일 카다피는 고향 시르테 부근에서 과도국가평의회군에 발각되어 교전 중에 최후를 맞았으며, 이후 그의 가족 대부분이 죽거나 체포됨으로써 '가문의 영광'은 결국 '가문의 몰락'으로 끝을 맺었다.

앞서 다룬 또 다른 독재자 차우셰스쿠가 총살당하기 직전 〈인터내셔널가〉를 불렀다는 사실과는 대조적으로 카다피가 반군에 발각되었을 때, 마지막으로 한 말은 '쏘지 마라, 쏘지 마라' 였다고 한다. 최후의 순간까지 스스로의 이미지를 조작하고 통제하려 한 차우셰스쿠에 비해 카다피의 죽음은 차라리 인간적이었다고 해야 할까?

그러나 '혁명' 이 모두 끝난 것은 아니었다. 리비아에 대한 '인도주의적 개입' 을 명분으로 한 서방 제국주의의 개입과 이들의 후원을 받는 옛 카다피 정권 이탈 세력들의 정국 주도는 반정부 세력 내부에 첨예한 긴장 관계와 모순을 야기하며 분열의 가능성을 내포하고 있었다. 이제 리비아 혁명은 단순한 친서방 국가로의 전환인가, 아니면 새로운 혁명의 시작인가의 기로에 놓이게 된 것이다.

새로운 국면으로 접어든 리비아 혁명

먼저 카다피의 독재와 인권 탄압과는 별개로 과연 서방이 카다피에 대한 군사적 제재를 가할 도덕적·정치적 정당성이 있는가를 생각해 보아야 한다.

카다피가 미국과 화해한 이후에 서방 국가들은 리비아 내에서 그가 자행하고 있던 잔혹한 인권 탄압에 대해 침묵으로 일관했으며,

심지어 각종 무기들과 시위 진압용 물품들을 리비아에 제공하기도 했다. 더구나 그의 아들인 무타심과 카미스는 혁명이 일어나기 불과 얼마 전에도 미국을 방문하여 극진한 대접을 받았으며, 미국 군사 학교를 시찰하기도 했다. 이를 통해 볼 때 서방의 군사적 개입은 정당성이 결여되어 있는 것이며, 단순한 인도주의적 개입이 아닌 또 다른 목적이 숨겨진 정치적 전략이었음을 알 수 있다. 뿐만 아니라 서방의 이른바 '인도주의적 개입'에 의한 무차별 공습으로 인해 무고한 민간인들이 수없이 죽어 나갔다. 리비아 민중은 카다피군과 나토군 양쪽에 의해 학살당했던 것이다.

또한 그의 가혹한 탄압을 빌미로 한 서방의 군사 개입은 같은 시기 혁명에 대한 탄압과 학살이 자행되고 있었던 바레인이나 예멘에 대한 태도와는 확연히 다른 것이었다. 바레인과 예멘에서의 학살과 탄압은 눈감으면서 리비아 사태에 개입한 진정한 이유는 무엇일까?

서방의 군사적 개입의 실제적 목표는 즉각적으로 드러났다.

첫째, 리비아의 석유에 대한 통제권 강화와 이권 개입이다. 미국과 유럽의 지배자들은 리비아 혁명으로 인해 자신들의 이해관계에 반하는 정부가 들어설 것을 우려했으며, 이에 따라 반군 내에서도 옛 카다피 정권 이탈 세력을 지원함으로써 혁명 이후에도 석유를 둘러싼 기존 사업의 계약을 유지하고자 했다.

둘째, 아랍혁명으로 인해 실추된 서방의 영향력을 되찾으려는 것이다. 리비아 혁명은 튀니지와 이집트를 비롯한 다른 아랍혁명 국가들의 반제국주의적 성격을 자극할 우려가 있으므로 서방 국가들은 이 상황을 통제하기 위해 좀 더 적극적으로 리비아에 개입할 필요가 있었던 것이다.

셋째, 카다피와 중국이 맺은 경제적 계약을 무산시켜 이 지역에서 빠르게 세력을 팽창하고 있는 중국을 견제할 필요가 있었다. 중국은 지난 10여 년간 '차이나프리카중국+아프리카' 라는 전략적 구상을 토대로 아프리카 지역의 석유를 비롯한 자원 확보에 막대한 투자를 해왔는데, 이는 미국 및 유럽에 상당한 압박으로 작용해 왔다. 결국 서방 국가들은 혁명의 열기가 거세지고 있는 리비아의 반카다피 진영 내에 자신들의 입지를 구축함으로써 혁명 후 구성될 정치체제에서도 여전히 자신들에게 이해관계가 유리하게 반영되도록 할 필요가 있었고, 또한 리비아 혁명이 다른 아랍혁명 국가들의 반제국주의적 성격을 자극하지 않도록 통제할 필요가 있었던 것이다.

마지막으로 이번 리비아 사태에 가장 적극적이고 민첩하게 개입했던 국가가 프랑스와 영국, 그리고 이탈리아였다는 사실에 주목할 필요가 있다. 총선을 앞두고 인기가 바닥을 치고 있던 사르코지 프랑스 전 대통령은 리비아 사태를 선거의 반전 계기로 삼고자 했으며, 재정 위기와 성추문으로 실각의 위기에 처해 있던 이탈리아의 베를루스코니 총리 역시 이 사태를 자신의 정치적 위기를 타개할 절호의 기회로 삼았던 것이다.

정권 수호를 위한 카다피 아들들의 부질없는 몸부림

'카다피 가문 이야기'의 또 다른 주인공들인 그의 자식들은 리비아 혁명에 대한 폭력적 진압을 통해 역사의 무대에 화려하게 등장한다. 앞서 살폈듯 카다피는 철저한 족벌 경영 체제를 통해 권력 세습의 토대를 착실하게 구축해 놓았었다. 이는 한낱 이미지에 불과했을지언정 반제국주의의 선봉 역할을 자임해 온 카다피가 그의 자녀들 대부분을 서방 세계에 유학시켰다는 사실에서도 단적으로 드러난다. 5남 한니발은 덴마크 코펜하겐 비즈니스스쿨에서 2007년에 경영학 석사 과정을 마쳤고, 6남 사이프 알아랍은 독일 뮌헨의 공대에서 공부한 것으로 알려져 있다. 그리고 막내아들 카미스Khamis al Gaddafi, 1983~2011는 2010년 스페인 마드리드의 IE 비즈니스스쿨에서 경영학 석사 과정을 밟고 있었으며, 이 기간 중에 미국 국가 기간산업에 속하는 에이콤AECOM사의 인턴 프로그램에도 참여했었다.

특히 카다피의 가장 유력한 후계자로 인정받았던 차남 사이프 알이슬람은 런던 정경대LSE에서 박사학위를 받았는데, 그가 1997년 창설한 카다피국제재단을 통해 이 학교에 거액의 기부금을 전달한 사실은 이미 널리 알려져 있다. 이처럼 서구식 교육과 국가 경영, 그리고 국가 통치에 대한 수업을 어릴 때부터 착실히 받아온 카다피의 아들들은 아버지의 권력과 부를 토대로 정부의 주요 요직을 차지함으로써, 가문의 권력 유지와 권력 승계를 용의주도하게 준

카다피 정권의 수호자 역할을 담당했던 4남 무타심 카다피

비하고 있었다. 물론 무소불위 독재자의 아들들답게 그 바쁜 와중에도 사소한(?) 일탈을 보여 주기도 했다.

특히 알이슬람은 석유 회사와 국영 방송사를 소유하고 있었고, 영국에 거주하면서 서방의 거물급 인사들과 두루 접촉했던 것으로 전해진다. 2009년 구입한 영국 햄프스티드에 있는 그의 초호화 저택에는 최첨단 영화 상영관과 수영장이 완비되어 있다고 한다.

그리고 4남 무타심Mutassim Gaddafi, 1977~2011은 군 사령관이자 국가안보 고문이었고, 7남 카미스는 특수부대 사령관으로서 카다피 정권의 수호자 역할을 담당했다.

또한 카다피와 그의 첫 번째 부인인 파티하 사이에서 태어난 장남 무함마드Muhammad al Gaddafi, 1970~는 리비아올림픽위원장으로도 활동했고, 우편과 통신위원회를 주로 관장했다. 그리고 카다피의 아들 중 가장 난폭한 성격을 가진 것으로 악명 높은 5남 한니발Hannibal Gaddafi, 1978~은 석유 수출 관련 산업에 관여했다. 한니발은 2001년에 소화기로 이탈리아 경찰관 3명을 폭행한 사건으로 유명세를 타더니, 2004년에는 파리 샹젤리제에서 술에 만취한 상태로 신호등을 무시한 채 포르셰를 타고 고속 질주한 사건으로 잠시 유치장 신세를 지기도 했다. 또한 그의 애인이었던 모델 출신 앨라인을 폭행한 사건으로 고소당하기도 했는데, 재미있는 것은 현재 그 여인이 아내가 되었다는 것이다. 그리고 한니발의 폭력성이 전염된 것인지, 아니면 원래 폭력성을 지닌 사람들끼리 우연히 결혼하게 된 것인지 확실치는 않지만, 2008년 7월 제네바의 한 호텔에서 이 부부는 두 명의 하녀를 폭행한 혐의로 함께 체포되기도 했었다. 이 사건은 즉각적으로 리비아와 스위스의 외교적 마찰을 야기했다. 카다피는 자기 아들을 체포한 것에 대한 보복으로 스위스에 석유 수출을 잠시 중단하기도 했는데, 독재자 아버지의 끔찍한 자식 사랑이라 할 수 있다.

그리고 3남 알 사디Al Saadi al Gaddafi, 1973~는 국영 영화 산업에 큰 영향력을 행사했으며, 리비아 축구연맹을 관장했다. 사디는 한때 이탈리아 축구 리그에서 잠시 선수로도 활동했었는데, 거액의 돈을 기부하고 입단한 것으로 전해진다. 그리고 과거 후세인의 변호인으로 활동했던 경력이 있는 딸 아이샤Aisha Gaddafi, 1976~는 사설 금융기관을 소유하고 이권이 막대한 에너지와 건설에도 관여한 것으로 알려져 있으며, 최근에는 유엔개발계획UNDP의 친선대사로도 활동했었다.

아버지의 권력과 부를 마음껏 향유했던 다른 독재자의 자식들과 마찬가지로 카다피의 아들들도 초호화 파티를 즐기곤 했는데, 자신들의 생일 파티에 머라이어 캐리, 비욘세, 어셔 등 최고 가수들을 초청하기 위해 거액의 돈을 기꺼이 지불했다고 한다. 이처럼 아버지를 중심으로 리비아 정부의 요직을 틀어쥐고 권력을 이용해 각종 이권을 챙겨 온 자녀들이 리비아 혁명을 진압하고 정권을 수호하고자 그토록 몸부림친 것은 어쩌면 당연한 일인지 모른다.

후계자 지위를 둘러싼 차남 알이슬람의 폭압적 혁명 진압

그리고 이 혁명을 성공적으로 진압하는 일은 아버지의 신임을 얻어 그의 확실한 후계자로 자리매김할 수 있는 절호의 기회였던 것이다. 따라서 이들에게 리비아 혁명의 폭압적 진압은 그저 후계자 지위를 둘러싼 시험 무대였을 뿐이다.

특히 그동안 자신이 개혁가임을 강조하면서 인도주의적인 이미지를 구축하고, 서방 세계에 대해 개방적인 태도를 보여 왔던 차남 알이슬람은 리비아 국영 TV에 출연해 '리비아는 튀니지, 이집트와는 다르다' 면서 '마지막 총알이 남을 때까지 싸울 것' 이라는 연설을 함으로써, 반정부 시위에 대해 내전을 불사하고서라도 강경 진압할 것임을 강조했다. 그리고 러시아식 특수군 훈련을 받은 막내아들 카미스특수여단 사령관와 3남 알사디경찰 간부 출신 역시 벵가지에서의 시위 확산을 저지하기 위한 진압 작전을 직접 주도했다.

그러나 이들의 정권 수호를 위한 몸부림은 부질없는 것이었고,

결국 가문의 몰락으로 이어졌다. 알이슬람의 최대 라이벌이었던 무타심은 시르테에서 숨진 채 발견되었으며, 아버지의 시신과 함께 정육점 냉동고에 전시되어 구경거리로 전락하는 비극적인 최후를 맞았다. 알아랍 역시 트리폴리에서 공습을 받고 사망했으며, 카다피 체제의 마지막 보루 역할을 했던 카미스는 반군 조종사의 자살 공격으로 사망한 것으로 전해진다. 그리고 무함마드, 한니발, 아이샤는 카다피의 부인과 함께 알제리에서 도피 생활을 하고 있다. 특수부대 사령관으로서 반정부 시위대를 유혈 진압한 혐의를 받고 있는 알 사디는 트리폴리 함락 이후 니제르로 도피했으며, 지난 2월 한 인터뷰에서 '카다피의 추종 세력들과 여전히 연락을 취하고 있으며, 다시 반란을 일으켜 정권을 되찾겠다' 고 호언장담한 것으로 전해진다. 한순간에 모든 부와 권력을 잃는다는 것이 그로서는 용납할 수도 상상할 수도 없는 일일 것이다. 그리고 후계자 지위에 가장 근접했던 알이슬람은 살인 및 살인교사, 성폭행, 부정부패 등의 혐의로 현재 리비아 정부에 의해 체포되어 재판을 기다리고 있다. 카다피의 심복이자 처남이었던 세누시(카다피 정권 시절 정보기관 수장)가 체포됨에 따라, 더 많은 정보 수집 및 조사를 위해 재판이 5개월 뒤로 연기되었는데 리비아에서 재판을 받을 경우 사형이 거의 확실시 되고 있는 상황이다.

끝없이 지속될 것 같았던 42년 카다피 정권과 그의 가문은 이렇듯 죽음과 도피로 비참하게 몰락하고 말았다. 그러나 이 비극적 이야기는 여기서 끝나지 않는다. 그가 키워 놓은 '또 다른 자녀' 들이 마치 바퀴벌레처럼 수많은 '카다피들' 로 번식하고 있기 때문이다. 그것도 더욱 강한 면역력을 갖춘 새로운 버전의 '카다피' 들이 도처에서 스멀스멀 기어 나오고 있다.

'New 카다피들' 을 넘어 다시 '민중 혁명' 으로

역사상 수많은 혁명들을 통해 우리가 보아왔듯 '혁명은 어떻게 시작되었는가' 보다는 '누구에 의해 어떤 방향으로 어떻게 봉합되어 갈 것인지' 가 더욱 중요하다. 이제 리비아 혁명은 혁명이 진행되던 과정에서는 부각되지 않았던 혁명 진영 내부의 다양한 긴장 관계와 모순으로 인해 새로운 혁명을 향한 전환점에 놓여 있다. 이 가운데에서도 가장 중요한 것이 서방 세력들과 이들과 결탁한 구체제 인사들의 주도권 장악이다. 리비아 반군이 트리폴리에 입성할 때 손에 들었던 국기는 이러한 사실을 상징적으로 보여 준다. 트리폴리에 입성하면서 독재 정권 타도를 열렬히 환호하던 시민들의 손에는 옛 이드리스 왕조의 국기가 들려 있었다. 그리고 하늘에는 나토군의 비행기가 날아다니고 있었다. 왕정 복고가 민주화인가, 아니면 서방 제국주의 세력의 리비아 재진입이 민족 해방인가? 이제 혁명은 이러한 문제들을 끌어안고 다시 시작되어야 하는 것이다.

한편 리비아 혁명의 시작부터 서방의 군사 개입과 카다피 정권의 몰락에 이르기까지 국내외 미디어 보도는 한결같이 이 사건을 '민주 대 독재'의 구도에서 바라보고 있지만, 이는 상황을 지나치게 단순화하는 것이다. 이러한 시각으로는 저항군 세력 내의 긴장 관계나 향후 혁명의 진전을 올바로 이해하기 어렵다. 한겨레경제연구소 이봉현 연구위원의 지적처럼 이번 리비아 혁명에 대한 미디어들의 주요 보도는 카다피와 그 지지 세력들을 악마로 타자화함으로써 미국, 프랑스 등 국제 사회를 그에 대립되는 천사의 이미지로 부각시켰다. 그리고 이로부터 우리에게 익숙한 '전쟁 동화'의 서사 구조가 전개된다. 즉 카다피 가문과 그들의 충복이라는 비정상적 독재 집단과 이에 맞서는 합리적이고 이성적인 서방 세계 간의 대립으로 이야기가 구조화된다. 그리고 양 진영의 대립은 '선과 악'의 타협 없는 대결이며, 민주적인 국제 사회의 인도주의적 군사 개입으로 '권선징악'을 이룬다는 '아름다운' 결말이 예고되어 있다.

서방 세계와 카다피의 정치적 야합

그러나 앞서 보았듯이 서방과 카다피의 관계는 그처럼 단순하지 않다. 그의 통치는 서방과 사이가 나쁠 때는 독재이고 광기로 규정되었지만, 카다피의 신자유주의적 입장으로의 선회 이후 서방과 사이가 좋았을 때에는 그의 인권 탄압과 독재는 서방 세계에 전혀 문제가 되지 않았을 뿐 아니라 각종 미디어를 통해 '신뢰할 수 있는 지도자'로 인식되기도 했다. 따라서 카다피 독재 정권에 대한 반대가 곧바로 서방 세력에 대한 무조건적 지지로 동일시되어서는 안 될 것이며, '카다피의 악마화'가 '서방의 천사화'를 입증하는 것은 더더욱 아님을 명확히 인식해야 할 필요가 있다.

또한 현재 혁명 이후 구성된 과도 정부의 주도권을 장악하고 있는 구체제 인사들의 행보는 아래로부터의 민중 혁명을 '강탈'하고 있다는 우려를 갖게 한다. 카다피 정권에서 법무장관을 지냈던 잘릴 과도정부위원장은 리비아 내의 치안 질서 유지와 질서 회복을 위해 서방의 도움이 계속 필요하다는 입장을 취하고 있으며, 카다피 정권 시절 서방과 맺은 석유 관련 계약 및 옛 질서들을 그대로 유지하려 하고 있다. 특히 지난 2009년 리비아 국가경제발전위원회 의장으로 카다피 정권에 참여했던 마흐부드 지브릴은 현재 과도 정부의 제2인자로서 지난 시절 신자유주의적 개혁을 앞장서서 추진했던 사람이기도 하다. 카다피 정권 시절의 각료들이 마치 '회전문'을 통과하듯 다시 등장하여 혁명 이후의 리비아를 주도하고 있는 셈이다. 그리고 이들은 서방과의 협력 속에서 자신들이 누려왔던 옛 지위를 회복하려는 시도를 하고 있다.

꺼지지 않은 리비아 민중들의 혁명의 불길

비록 카다피와 그의 생물학적 자식들은 몰락했지만, 이들의 밥상에서 떨어지는 권력과 재물의 부스러기를 먹고 자랐던 또 다른 의미의 카다피 자식들은 그대로 살아남아 계속해서 권력을 유지하며 번식하고 있는 것이다. 그리고 이렇게 착실히 성장해 갈 카다피의 자식들 가운데 '새로운 버전의 카다피'가 언젠가 다시 출현할지 모른다. 그렇기에 이제 혁명은 다시 시작되어야 한다. 42년 철권통치의 카다피 체제를 붕괴시켰던 민중들이 다시금 서방 세력과 과도 정부 내의 반혁명적 움직임에 맞서 혁명의 불길을 이어 나가야 하는 것이다. 카다피 정권 시절의 비리에 연루된 것으로 드러난 정치·경제계 인사들의 퇴진을 촉구하는 노동자 시위와 각 부문에서 전개되고 있는 민중운동들은, 이러한 혁명의 불길이 아직 꺼지지 않았음을 보여 주는 희망의 불씨이다.

괴물의 계보학 | 독재라는 악은 어떻게 필연적으로 반복되는가?

그들은 소름 끼치는 일련의 살인, 방화, 강간, 고문을 통해 유쾌해지고 영혼의 평정을 찾는 의기양양한 괴물처럼 순전한 맹수의 심성으로 되돌아간다. 그것은 마치 학생들의 장난질처럼 저질러지며, 그들은 자신들이 시인들에게 훨씬 더 많은 노래와 칭송거리를 선사했다고 확신한다.

_ 니체, 〈도덕의 계보〉 1 논문 11절

《독재자의 자식들》의 1장이 셰익스피어 혹은 바그너적인 비극이었다면, 2장은 '그랑 기뇰Grand-Guignol' 적인 공포 잔혹극이었다그랑 기뇰이란 폭행, 살인, 강간, 악령, 폭동, 고문 등을 소재로 한 기괴하고 공포스러운 잔혹극을 통칭하거나 그것을 상연하던 프랑스 파리의 한 극장을 지칭한다. 이 형식의 공포 잔혹극은 19세기 후반에서 20세기 초반 프랑스에서 큰 인기를 끌었으며, 극장은 1897년 문을 열어 1962년 폐관했다.

현재 진행형인 독재의 역사

1장에서 다룬 독재자와 그 자식들의 삶은 근대 유럽 정치사의 한 페이지였다. 파시즘의 등장과 공산주의 체제의 강화를 배경으로 한 비극의 역사였다. 2장에서 우리는 시대적, 지역적으로 한 걸음 더 '지금, 여기' 에 가깝게 발을 옮겼다. 전후 독립국의 이야기이자 아프리카 및 아시아의 후발 경제 개발국의 땅에서 쓰인 역사의 일부였다. 최근 종결되거나 현재 진행형인 역사이기도 하다.

자식들에게로 이어지는 공포 잔혹극

이라크의 사담 후세인과 인도네시아의 수하르토, 리비아의 무아마르 카다피는 한결같이 군부 장악이나 쿠데타를 통해 집권했으며 족벌에 의한 통치 체제를 구축했다. 또 이들의 독재 체제는 식민지 시대의 유물이자 냉전의 직·간접적인 산물이었다. 미국의 반공주의와 서방의 석유 이권 싸움의 강력한 변수 아래 있었다. 극단적인 민족주의나 이슬람 원리주의를 기반으로 하고 있다는 점도 닮은꼴이다. 전근대적인 봉건 유산과 국가사회주의 및 전체주의, 개발 독재, 반공주의, 종교 근본주의의 기괴한 결합 양상도 공통적으로 나타났다. 서방의 시각과 이해에 따라 부풀려진 측면이 없진 않지만, 그 결과 '광기와 야만'으로 얼룩진 공포 정치와 반인류적 학살, 무자비한 인권 유린이 자행됐다는 사실도 쉽게 확인된다.

이곳에서 독재자의 자식들은 종교와 정치 이념의 기괴한 결합이 배태한, 순수한 야만과 악행의 씨로 나타났다. 아버지 대에서 '정치 행위'로 자행됐던 폭력과 부정 축재는 자식 대에 와서 순수하게 악마적 유희와 쾌락이 됐다. 그것은 마치 '이유 있는 살인'에서 '묻지마 살인' 으로의 범죄 변화 양상을 떠올리게 한다.

이라크와 인도네시아, 리비아는 모두 2차 세계대전 후 독립한 나라들이다. 사담 후세인과 수하르토, 카다피는 모두 1960년대 말~1970년대 초 집권에 성공하거나 사실상 권력 1인자로서의 실권을 휘둘렀다. 전후 독립 정부나 왕정이 미국이나 소련의 그늘 아래에서 불안정한 통치 체제를 유지하고 대중들은 빈곤한 경제로 인한 고난과 시련을 당하고 있을 때, 영웅처럼 나타나 군부를 통한 정권 장악에 성공했다.

네덜란드의 식민지였던 인도네시아는 1945년 독립을 선언했으나 이를 용인하지 않은 네덜란드로 인해 전쟁을 거쳐 1956년에 와서야 완전한 독립 국가가 된다. 네덜란드와 일본 식민지군 및 독립전쟁을 모두 겪은 군인 출신 수하르토는 대대적인 숙청 작업 끝에 군부를 장악했고, 1968년 친소련 비동맹 노선을 표방하던 전임 수카르노를 대신해 대통령에 당선됐다.

리비아는 1951년 영국과 프랑스의 통치로부터 독립했으나 왕조는 석유 이권을 매개로 친서방 노선을 유지했다. 그 떡고물로 막대한 부를 누리며 민중들을 빈곤에 빠뜨린 왕조를 무너뜨린 인물이 군인인 카다피였다. 1969년 불과 27세의 나이로 이드리스 왕조를 무너뜨리고 무혈 쿠데타로 리비아의 원수가 됐다.

이라크도 전후 영국으로부터 독립했지만 극심한 종교, 정치, 민족적 분열에 신음하고 있었고, 낙후한 경제로 인해 빈곤이 만연했다. 사담 후세인은 1968년 일어난 이라크 바트당의 쿠데타에서 핵심적인 역할을 한 뒤 정치·군사·경제 주요 기관과 조직을 장악해 1979년 대통령에 올랐다.

이들은 집권 뒤 정치적 반대파에 대한 대대적인 숙청 및 탄압을 자행하는 한편, 경제의 산업화 및 근대화에 박차를 가했다. 이라크와 리비아, 인도네시아 모두 석유가 경제 개발과 권력 강화의 열쇠였다. 다만 인도네시아 수하르토는 미국 및 유럽 자본주의 국가의 전폭적인 지원을 등에 업었고, 이라크의 후세인과 리비아의 카다피는 아랍민족주의를 표방하며 반미, 반서방 노선을 추구했다는 사실이 다를 뿐이었다. 후세인과 카다피는 당시 중동을 풍미한 나세르 이집트 대통령의 범아랍공화국 건설의 기치에 큰 영향을 받았다. 카다피와 후세인은 자국 내 주요 석유 생산 시설을 국유화하고 아랍 세계의 단결을 주장했다. 아랍 세계에서 반미, 반서방 동맹을 추구함으로써 미국과 유럽에 최대의 위협 세력으로 떠오르게 된다.

석유 사업과 경제 개발을 빌미로 족벌 체제 강화

친미냐 반미냐, 친서방이냐 반외세냐로 갈라졌지만 권력과 부의 사유화에서만큼은 한가지였다. 이들은 모두 경제 개발을 도모하는 한편, 권력과 부를 자신과 자신의 일족에 집중시키며 강력한 친위 족벌 통치 체제를 구축해 갔다. 후세인은 집권 과정에서 주요 요직에 친인

척을 앉혔으며 대통령에 오른 후에는 두 아들 우다이와 쿠사이에게 군사력과 경찰력을 집중시켰다. 우다이에게는 TV, 라디오, 신문 등 미디어와 올림픽조직위원회, 축구협회 등 정부 체육 기관을 맡겼으며, 쿠사이는 친위 보안대와 군사 조직을 지휘하게 했다. 카다피는 총리직을 비롯해 석유 산업과 국가 안보, 특수부대, 올림픽위원회, 통신위원회 등을 7남 1녀의 자식들에게 나눠 줬다.

아랍민족주의를 내세우며 미국을 위시한 서방 세계와 대립 및 긴장 관계에 있던 이라크와 리비아에서는 무엇보다 '무력'이 중요했다. 미국은 UN을 통한 국제적 경제 제재와 나토NATO, 북대서양조약기구 통한 군사력을 무기로 이라크와 리비아를 위협했다. 미국이 언제든 마음만 먹으면 이라크와 리비아를 쉽게 쓸어버릴 수 있다는 사실, 자국 내의 종교·정치적 반대파들이 서방의 사주를 받아 반란이나 암살을 꾀할 수 있다는 우려는 후세인과 카다피가 공포 정치와 철권통치, 친위 경찰력에 매달린 이유가 됐다.

인도네시아 전역을 가족 기업화한 수하르토 일가

반면 미국의 강력한 우산 아래 있던 친미 정권의 수장 수하르토는 인도네시아의 풍요로운 땅에 빨대를 꽂고 마음껏 부를 누렸다. 수하르토에겐 인도네시아 전역이 거대한 가족 기업이나 마찬가지였다. 수하르토 집권기에 슬하의 3남 3녀는 모두 거대 기업을 세웠다. 현재도 수백 개 기업이 수하르토 일가의 손아귀에 있다. 1999년 자료에 따르면 수하르토 일가의 부동산은 36,000㎢이며 가족 재산은 150억 달러16조 4,000억 원로 추정됐다. 이는 각각 인도네시아 전 국토의 1.8%, 인도네시아 GDP의 1.6%에 해당한다. 개인 축재에선 리비아의 카다피 일가도 못지않았다. 2000년대 초반 카다피 일가의 재산은 약 1,500억 달러169조 원로 추정됐다.

아버지의 천년 왕국에서 괴물로 태어나다

아버지의 '천년 왕국'에서 태어난 자식들이 괴물일 수밖에 없던 것은 당연했다. 독재자의 자식들은 아버지가 정적과 국민들을 '도축장의 짐승'처럼 살육하고 뭇 여인들을 노리개로 유린하는 것을 보고 자랐다. 뿐만 아니라 아버지는 자식들에게 '망나니의 칼'을 기꺼이 쥐어 줬다. 나라의 땅과 풍요로운 자원, 국민들이 힘써 생산한 물건들은 일가를 위한 화수분이자 개인의 소유물에 불과했다. 독재자는 만들어진 괴물이었지만 그 자식들은 괴물로 태어났다.

이들이 더욱 기괴한 살인과 강간, 고문, 학살, 변태적 성폭행을 일삼게 된 것은 유럽에 등장했던 독재자들과 달리 최소한의 법치주의와 근대적인 정치 체제가 성립되기 이전에 등장한 권력의 후계자들이었기 때문이기도 하다. 봉건적인 잔재에 정치 및 종교의 비틀린 결합도 괴물을 낳은 원인이다. 또 독재자들은 자식들을 가족이기 이전에 통치 체제의 핵심적 도구로 여겼다. 독재자들의 자식들은 아버지의 자식이기 이전에 독재의 무기였던 것이다.

봉건 잔재와 정치·종교의 비틀린 결합이 낳은 괴물

마지막으로 우리는 이들 '프랑켄슈타인'의 창조자로서 미국의 역할을 언급하지 않을 수 없다. 인도네시아 수하르토는 미국의 전폭적인 지원 하에 거대한 기업으로서 나라를 족벌 경영할 수 있었다. 수하르토에게서 석유 생산에 대한 유리한 조건을 확보한 미국은 정권의 폭압과 학살, 통치자 일가의 부정 축재를 용인했다. 미국의 묵인이 있었기에 수하르토는 전횡을 일삼을 수 있었다.

미국은 이라크 및 리비아, 후세인 및 카다피와는 상호 간 이해와 국제 사회 역학의 변화에 따라 협력과 반목을 거듭했다. 중동과 아프리카 지역에서의 영향력 강화와 소련에 맞선 반공 전선의 유지, 석유 이권의 확보 등이 미국의 핵심적 노선이었다. 카다피가 친미 왕정을 무너뜨리고 다국적 기업의 수하에 있던 석유 산업을 국유화한 데 이어 1970년대 중반 이후 친소 정책을 추진하자 미국은 2000년대까지 UN 등을 통해 대리비아 경제 제재 조치를 지속적으로 확대한다. 리비아가 주요 테러 사건에 연루돼 있다는 의혹도 제재의 명분이 됐다. 미국의 대리비아 경제 제재 조치를 완화하거나 해제한 것은 카다피가 1980년대 후반부터 기존의 반미 자주 노선에서 탈피해 신자유주의 정책을 수용하고, 친서방 노선으로 전환해 핵무기를 포함한 대량살상무기의 포기를 선언한 이후다. 결국 2004년 대리비아 경제 제재를 완전히 폐지한 미국은 리비아 내 인권 유린과 부정 축재 등에 대해 눈을 감았다.

이라크에서도 같았다. 이란에서 호메이니의 이슬람 혁명 후 중동에서의 입지가 약화될 위험에 처한 미국은 이란-이라크 전쟁에서 이라크를 지원했다. 하지만 이라크가 미국의 우산 아래 있던 쿠웨이트를 침공하자, 미국은 이를 빌미로 군사력을 동원, 중동에서의 패권 확대에 나선다. 두 차례에 이르는 대이라크 전쟁을 감행한 것이다.

독재자와 미국의 개입으로 이중의 고통받는 국민들

그 결과는 우리가 잘 알고 있는 바와 같다. 후세인 일가는 미국의 공습과 함께 쓸려 갔고, 리비아의 카다피 정권도 무너졌다. 문제는 독재자의 집권과 미국의 경제 · 군사적 개입으로 이라크 및 리비아의 국민들은 '이중의 고통'과 '이중의 학살'을 경험했다는 것이다.

리비아 민중들 또한 카다피 일가의 전횡뿐 아니라 미국의 경제 제재로 인해 극심한 고난을 겪어야 했다. 카다피의 잔인한 탄압과 살상에 더해 대량 희생을 가져온 것은 미국의 리비아 공습이었다. 이라크 국민들은 시아파와 쿠르드계에 대한 후세인 정권의 종교·민족적 탄압과 학살을 견뎌야 했을 뿐 아니라 1, 2차에 걸쳐 미국의 폭격과 공습의 세례를 받아야 했다.

누가 악마이고 누가 구원자인가?

중동과 아프리카에서 쓰여진 비극과 공포의 역사는 우리에게 누가 괴물이고 누가 영웅이며, 누가 악마이고 누가 구원자인지에 대한 근본적인 질문을 던지게 한다. 역사적 배경은 달랐지만 스탈린과 무솔리니, 차우셰스쿠, 카스트로와 마찬가지로 수하르토, 카다피, 후세인 또한 영웅으로 등장해 악마로서 생을 마감했다. 그리고 그들은 악마의 씨앗을 세상에 남겼다. 악마의 DNA를 받은 독재자의 자식들은 악마로서 자라나 피비린내 가득한 악행의 기록을 써나갔다.

그러므로 우리는 영웅과 괴물이 애초부터 한 몸이었다고 말할 수 있을 것이다. '기적적인' 경제 발전과 '악마적인' 인권 유린이 처음부터 자웅동체였다고 말할 수 있을 것이다. 지킬과 하이드가 한 몸이었듯이 영웅과 악마는 어린아이의 머릿속에서나 분리 가능한 존재다. 경제 발전의 '공'과 인권 탄압의 '과'는 사전 위의 단어로서만 떼어낼 수 있는 것이다. 그것은 마약이라는 물질과 환각이라는 효력을 분리하려는 시도만큼이나 헛되고 부질없는 짓이 아닐까?

공포 잔혹극이 블랙코미디로……

비극의 태내에서 공포가 자랐듯, 이제 공포 잔혹극의 상연에서 코미디의 전조가 발견된다. 수하르토의 아들 토미 수하르토가 아버지에 이은 집권을 꿈꾸고 2014년 대권에 도전하려 한다고 한다. 필경 한바탕 소동극이자 블랙코미디가 될 가능성이 크지만, 희극은 인도네시아에서만 경험할 수 있는 장르가 아니다.

복권을 꿈꾸는 등장인물의 망상과 일부 청중의 비틀린 향수가 만나면 소극은 비극이 된다. 역사는 두 번 반복된다고 했다. 한 번은 비극으로 또 한 번은 희극으로.

3장

망령의 부활

‘역사 바로 세우기를 거부하다’

복권을 꿈꾸는 등장인물의 망상과 일부 청중의 비틀린 향수가 만나면 소극은 비극이 된다. 역사는 두 번 반복된다고 했다. 한 번은 비극으로 또 한 번은 희극으로. 그리하여 우리는 우리 자신과 가장 가까운 희비극으로 안내된다. 3장은 망령이 부활을 시도하는 공포 코미디이다.

필리핀

민중의 피로 지은 천년 왕국의 꿈

_ 복권을 시도하는 마르코스의 자식들

강상구 | 사회운동가 · 진보신당 부대표

필리핀 10대 대통령 페르디난드 마르코스

이미 마르코스 큰딸

보잉 747기가 니노이 아키노 국제공항에 도착하고 그가 300명 가까운 측근 및 기자들과 비행기에서 내리자 필리핀의 부통령 살바도르 라우렐과 2,000여 명의 시민들이 그를 열렬히 환영했다. 5년 8개월 동안의 망명 생활을 뒤로 하고 드디어 다시 '꿈에 그리던 고국' 필리핀에 돌아온 그는 한껏 들뜬 얼굴이었다. 필리핀으로 돌아올 수 있게 된 것을 감사하는 기도를 하기 위해 마닐라 성당으로 가는 길엔, 1만 명이 넘는 시민들이 손에 손에 풍선과 깃발을 들고 나와 그를 환영했으며 곳곳에서 환영 인파에 열기를 더하는 폭죽이 터졌다.

마르코스 일가의 제2의 전성기 부활

1991년 11월 4일, 필리핀의 독재자 페르디난드 마르코스Ferdinand Emmanuel Edralin Marcos, 1917~1989 대통령의 부인 이멜다 마르코스Imelda Romuáldez

페르디난드 마르코스 전 대통령

Marcos, 1929~가 하와이에서의 망명 생활을 끝내고 돌아온 날의 풍경이다. 마르코스의 아들 봉봉 마르코스는 이미 그보다 일찍 필리핀에 귀국하여 공항에서 이멜다를 맞았다. 바로 이날부터 마르코스의 가족들은 제2의 전성기를 살고 있다. 마르코스 집권기에 인생의 화려한 1막을 살았다면 아주 짧은 휴지기를 거쳐 그들은 지금 2막의 절정을 향해 달려가고 있다.

변호사 시험에 수석 합격한 변호사이며, 독립 운동가이자 전쟁 영웅으로서 명성을 날렸던 마르코스는 48세 때 대통령이 되어 21년 동안 집권한다. 그 사이 이멜다와 결혼하여 딸 넷과 아들 하나를 두게 되는데, 이 가운데 첫째 딸이 최근까지 필리핀 북부에서 주지사를 지냈던 '이미 마르코스Imee Marcos, 1955~' 이고, 아들이 현 상원 의원이자 2016년 대선의 유력한 주자인 '페르디난드 봉봉 마르코스Ferdinand Bongbong Marcos, 1957~' 이다.

마르코스 자식들, 휴지기 거쳐 또다시 권력의 중심으로……

마르코스 일가는 그의 집권 시기나 지금이나 마찬가지로 필리핀에서 막강한 정치적, 경제적 권력을 누리고 있다. '구두 3,000켤레'로 유명한 그의 부인 이멜다와 그 둘 사이에 태어난 자녀들의 삶의 이력은 필리핀의 부패한 정치와 맞물려 필리핀 민중의 극심한 빈곤을 고스란히 드러낸다.

마르코스의 부인 이멜다 마르코스

봉봉 마르코스는 십대 때 영국과 미국으로 유학을 다녀오고, 이십대 초반에는 일로코스 노르테 주의 부지사, 필리핀역도협회 회장, 대통령 특별보좌관이 된다. 또한 23세가 되던 1982년에는 주지사가 된다. 당시 일로코스 주의 주지사는 봉봉의 고모인 '엘리자베스 마르코스 로차'였는데 병에 걸려 주지사직을 수행하기 힘들어지면서 그가 주지사로 임명된 것이다. 봉봉이 대통령 특별보좌관이 되던 해에 큰딸 이미 마르코스는 전국청년운동의 지도자 자리에 있었고, 1984년 선거 때는 하원의원에 당선된다. 이 모두가 아버지가 독재자였기에 가능한 일이었다.

어린 시절부터 출세 가도를 달리면서 권력과 부의 맛을 만끽한 봉봉과 이미의 삶은 당연히 많은 비난을 받았다. 20%의 부자는 거대한 집에서 여러 명의 가정부를 두고 자동차를 서너 대씩 굴리면서 사는 반면, 국민의 80%는 극심한 빈곤에 시달리던 필리핀의 현실에서 대통령 자식들의 삶은 눈총의 대상이었다.

부패 척결로 당선됐으나 사치와 부패의 아이콘 된 모순

사실 1965년 마르코스는 부정부패를 확실히 척결하고 사회를 개혁하겠다는 공약을 내걸어 대통령에 당선되었다. 첫 집권기인 1965~1969년, 마르코스는 '1차 경제개발 4개년계획'을 세우고 경제 성장 정책을 추진해 나갔다. 특히 농업 생산을 높이는 데 집중했으며, 제조업을 늘리는 데도 신경을 썼다. 그 결과 농업 생산은 매년 6.5% 이상씩 증가했고, 국민소득은 연평균 6.2%씩 올라갔다.

하지만 그의 첫 집권 후반부, 임기를 1년 남겨 둔 1968년에 부인이 뉴욕에서 자신의 딸과 함께 주말 쇼핑을 하는 데 330만 달러약 36억 원를 썼다는 사실이 알려지면서 여론의 비난을 받는 일이 벌어졌다. 마르코스 일가의 사치와 부정부패의 일단이 모습을 드러내기 시작한 것이다.

그러나 이러한 사실도 1969년 마르코스의 재선을 막지 못했다. 국민들의 절대적 지지로 재선에 성공한 그는 이때부터 본격적으로 부정부패 척결이나 사회 개혁 대신 자신의 통치권 강화에 몰두한다.

특히 대족벌 가문과 긴밀한 관계를 유지해 나간다. 대통령이 되기 전에는 대족벌 가문 때문에 필리핀의 부정부패가 심각하다고 비난했지만 태도가 바뀐 것이다.

필리핀은 330년 동안 스페인의 식민지였고, 45년 동안은 미국의 식민지였다. 두 제국주의 국가는 모두 대지주 계급을 이용해 필리핀을 통치했었다. 이 과정에서 필리핀에는 족벌주의가 뿌리를 깊게 내린다. 실제 필리핀은 7~8개의 대족벌이 국가 전체 부의 대부분을 차지하고 있고, 정치적으로도 약 30개 가문이 막중한 영향력을 행사하고 있다. 대족벌 가문을 비난했지만 자기 자신이 그러한 체제의 수혜자였기 때문에 마르코스가 이들과 밀접한 관계를 지속하는 것은 어쩌면 당연했다.

마르코스의 큰딸 이미 마르코스

장기 집권 위한 계엄령 선포와 족벌 체제 강화

두 번째 임기를 마친 마르코스는 대통령 3선이 헌법상 불가능하자 1972년 계엄령을 선포한다. 의회를 해산하고, 모든 정당 활동을 중지시켰으며, 집회·시위 역시 금지시켰다. 한국에서 박정희 대통령이 계엄령을 선포하고 유신헌법을 제정했던 바로 그 해였다.

그 또한 계엄령을 선포하면서 공산주의자들의 위협으로부터 국가를 지키기 위해서는 어쩔 수 없다는 논리를 폈다. 계엄령 선포

각국 정상과 만난 마르코스 대통령[중앙]과 한국의 박정희 전 대통령[좌에서 세 번째]

이후 필리핀의 정치적 자유는 급속도로 위축됐다. 학생 운동가, 지식인, 야당 정치인들이 구속되었고, 지역 이슬람 분리주의 운동가, 공산주의 운동가들은 무장 투쟁을 벌이다 진압되고 투옥되거나 처형당했다. 1973년 그는 헌법을 고쳐 연임 제한을 폐지하고 장기 집권의 길로 들어선다. 한국에서는 그보다 4년 앞선 1969년 박정희 대통령이 3선 개헌을 한다. 재선에 이은 3선 개헌과 계엄령 선포…… 마르코스가 한 일은 박정희의 행위와 순서만 달랐을 뿐 정확히 일치했다.

이 과정에서 마르코스는 보다 노골적으로 친위 체제를 구축한다. 자신의 가족과 친척 측근들을 정부 요직에 앉히기 시작한 것이다. 특히 첫 집권 이후 사치와 낭비의 대명사가 된 자신의 부인 이멜다를 1970년대 후반에 각료로 임명한 사건은 많은 국민들의 분노를 샀다. 1976년부터 마닐라 시장직을 맡고 있었던 그녀는 그때 이미

국회의원이기도 했는데, 한술 더 떠 1978년부터는 주택환경부 장관을 겸임하게 된다. 그것도 모자라 국회의원직까지 맡고 있었다. 더불어 아들 봉봉도 이즈음에 대통령 특별보좌관을 맡는다.

마르코스 일가의 사치와 허영은 이미 너무나 유명해진 상태였다. 1975년 〈코스모폴리탄〉지는 이멜다가 세계 제1의 부자라는 기사를 내보냈고 1978년 〈뉴욕 타임스〉는 역시 그녀가 세계에서 첫째가는 보석 수집가라고 보도한다.

바로 이 시점부터 필리핀의 경제 상황은 악화되기 시작한다. 1972년 계엄령 선포 이후 경제 개발을 한다면서 막대한 차관 도입을 하는 바람에 대외 채무액이 엄청나게 증가한 데다, 1979년 제2차 석유 파동으로 세계 경제가 침체되면서 필리핀의 경제에도 심각한 문제가 발생한다.

그렇게 국가 재정이 파탄 나는 와중에도 마르코스 일가의 허영은 계속되었다. 1979년 이멜다는 마닐라 인근 해변에 화려한 휴양소를 개장한다. 약 3,100만 달러330억 원를 들여 호주에서 흰모래를 공수해 와 코코넛 궁전을 지은 것이다. 이멜다는 이곳에 2년 후 방문 예정인 교황 요한 바오로 2세를 묵게 하려 했는데, 우습게도 교황은 이곳이 너무 화려하다는 이유로 투숙을 거부한다.

미국 레이건 전 대통령[중앙] 과 마르코스 부부

마르코스 일가의 권력 남용과 부정 선거

1981년 교황의 방문을 계기로 마르코스는 계엄을 해제한다. 이와 더불어 그에 대한 민중들의 저항이 커지기 시작한다. 그렇지만 그와 그 가족들의 권력 남용과 부패는 사라지지 않았다.

같은 해에 이멜다는 필리핀군의 정보 예산 150만 달러[16억 원]를 호화판 케냐 사파리 여행과 뉴욕 등지에서의 쇼핑에 쓰는 등 국고를 자기 재산처럼 탕진한다. 또 1983년에는 딸의 결혼식을 위해 마르코스의 고향 지방에다 모로코 황실을 모방한 거대한 건물을 짓는다. 이곳은 현재 '일로칸디아 리조트'라는 이름의 5성급 특급 리조트로 운영되고 있는데 23만 평 규모에 289개의 객실 등을 갖추고 있다. 결혼식 이후 이곳은 마르코스 일가의 영빈관으로 이용되었다.

그런데 이멜다가 모로코 황실을 모방한 건물을 지은 바로 이 해에 마르코스의 최대 정적이었던 베니그노 아키노Benigno Aquino, 1932~1983가 오랜 망명 생활을 마치고 귀국하다가 공항에서 암살당하는 일이 벌어진다. 그 배후에 마르코스가 있을 것이라는 점을 의심하는 사람은 없었다.

베니그노 아키노는 마르코스에 맞서 오랫동안 민주화 운동을 벌인 야당 인사였다. 1970년에는 마르코스에 반대하는 정치가들이 마닐라 미란다 광장에서 회합을 하는 도중 수류탄 두 발이 터졌는데, 이때 아키노는 늦게 도착하는 바람에 간발의 차이로 목숨을 건졌었다. 1973년 예정됐던 대통령 선거에서 아키노는 마르코스의 강력한 라이벌로 떠올랐지만 1972년 계엄령이 선포되면서 체포되어 8년 동안 구금 상태에 있다 1977년엔 사형 선고를 받는다. 그러나 국제 여론을 감안해 사형이 집행되진 않았다. 1980년에는 심장병 수술을 받는다는 명목으로 미국에 머물렀는데 1983년 귀국 과정에서 암살당한 것이다.

아키노 피살 이후 추모 인파가 100만 명을 넘어서면서 국내외적으로 마르코스에 대한 비난의 목소리가 커지고, 또 같은 해 정치적 불안에 따른 외국 자본의 유출로 필리핀에 외환 위기까지 닥치자 그는 대통령 선거를 조기에 실시하여 위기를 타개하려 한다. 이 선거에서도 온갖 부정을 저질러 대통령에 당선된다. 그러나 이에 항거하는 국민들의 저항, 그리고 군부 내부의 반발에 못 이겨 마르코스는 결국 베니그노 아키노의 미망인이자 야당 대통령 후보였던 코라손 아키노Corazon Aquino, 1933~2009에게 정권을 물려주고 하와이로 망명한다.

마르코스가 집권하는 사이 3,000여 명이 죽고, 3만 5,000명이 고문을 받았으며 7만 명이 투옥 당했다. 공산당 산하의 신인민군과 이슬람 분리주의 운동 측의 게릴라 투쟁 과정에서 사망한 사람들까지 포함하면 그 수가 얼마나 될지 짐작하기 어렵다.

3,000켤레의 구두로 상징되는 핵폭탄급 부패 만상

반면에 마르코스 집권기 동안 연평균 경제 성장률은 경제 성장을 신줏단지 모시듯 하는 사람들이 보기에도 초라한 1.4%에 불과했고 극심한 빈부 격차는 전혀 해소되지 않았다. 반면 대통령의 여름 관저인 말라카냥 궁에서는 이멜다의 구두 3,000켤레가 발견되었다. 그의 일가가 정부 재정에서 빼돌린 돈은 최대 100억 달러10조 원 이상에 이를 것으로 추정된다.

이렇게 필리핀 사회를 부정과 부패 그리고 극심한 빈곤과 혼란으로 망쳐 놓은 마르코스와 그 일가는 그럼에도 불구하고 지금까지 건재를 과시하고 있다.

마르코스는 망명 후 3년이 지난 1989년 하와이에서 사망한다. 그런데 그 후 도저히 이해할 수 없는 일이 벌어진다. 그의 가족들은 그가 사망 한 후 2년이 지난 1991년, 필리핀에서 쫓겨난 지 불과 5년 8개월 만에 다시 필리핀으로 돌아오는데 이때 부인 이멜다가 귀국하자마자 하원의원에 당선된 것이다. 게다가 아들인 봉봉 마르코스 역시 하원의원에 당선된다. 뿐만 아니라 이멜다는 이듬해인 1992년에 대통령 선거에도 출마한다.

이때부터 마르코스 가족들의 정치권 진출은 대단히 두드러진다. 이멜다는 1991년 하원의원에 당선된 이후 80세가 되던 2010년 다시 하원의원에 당선된다. 또한 첫째 딸 이미 마르코스는 3선 의원을 지냈으며, 2010년에는 일로코스 노르테 주의 주지사에 당선된다. 현재 이멜다는 2013년 중간 선거에 또다시 도전할 계획이라고 한다. 큰딸 또한 주지사 선거에 재출마를 선언했다.

마르코스에 대한 향수가 부른 아들 봉봉의 대권 도전

그 움직임 가운데에서도 가장 눈여겨봐야 할 것은 아들 봉봉의 행보다. 그는 2010년 상원의원에 당선되었는데 임기가 끝나는 2016년에는 대통령 선거에 도전할 것으로 예상된다. 이미 대권 도전을 염두에 두고 철저한 준비를 해 나가고 있는 것으로 알려졌다.

사실 이멜다는 하와이에서 귀국해서 하원의원이 된 이후 처음에는 자기 자신의, 나중에는 아들의 대선 출마 의지를 기회가 있을 때마다 밝혔었다.

우습게도 그녀는 대선에 나서겠다고 할 때마다 남편의 재산을 언급했다. 1992년 대통령 선거에서 만약 자기가 당선된다면 남편 재산을 사회에 바치겠다고 밝혔으나 패배했고, 1998년 대선 전에는 마르코스의 재산으로 필리핀의 경제 위기를 탈출시키겠노라고 호언했다. 그것이 무산되자 이번엔 자신보다 아들인 봉봉이 차기 대통령에 출마해야 한다는 입장을 거듭 밝혔다. 2010년 봉봉의 생일 축하 자리에서 아들의 대선 출마가 '숙명이며 아주 멋진 계획'이라고 했고, 자기 아들이 '아버지의 발자국을 따라 많은 일을 하고 있다는 게 매우 자랑스럽다'면서 '봉봉에게는 사람들을 위한 비전과 선견지명이 있다'고까지 추켜세웠다.

100억 달러에 달하는 부정 축재금 환수의 어려움

마르코스 가문은 이렇게 정치적으로 승승장구하고 있지만 과거 부정부패에 대한 법적 처벌이나 부정 축재한 돈의 환수 등은 제대로 이루어지지 않고 있다.

마르코스는 재선됐던 1969년부터 스위스 등에 50개 이상의 각종 재단을 만들어 재산을 빼돌렸다. 약 100억 달러10조 8,000억 원에 달하는 것으로 추정되는 이 돈을 환수하기 위해 그 이후 집권한 코라손 아키노는 '좋은 정부를 위한 대통령 직속위원회PCGG' 를 설치했었다. 그러나 이 위원회는 제 역할을 수행하지 못했다. 아키노 정부와 그 뒤를 이은 라모스 정부, 그리고 에스트라다 정부, 그 뒤의 아로요 정부까지 어느 정권도 이 문제를 제대로 해결하지 못했다.

오히려 에스트라다 대통령은 마르코스 집안과 유대 관계가 깊어 은닉 재산을 비호하고 있다는 비판을 받았다. 에스트라다의 뒤를 이은 아로요 대통령은 마르코스 일가와 재산을 일정량 헌납하면 사면권을 주겠다는 협상을 벌이기도 했다.

현 베니그노 노이노이 아키노 대통령코라손 아키노 대통령의 아들이 취임한 1년 후인 지난 2011년에는 식품 회사인 산미구엘사 주식의 소유권을 둘러싸고 '좋은 정부를 위한 대통령 직속위원회' 가 소송을 제기한 일이 있었다. 주식 소유주인 코항코 회장이 마르코스 정권 시기 코코넛 산업 육성 명목으로 농민들로부터 강제 징수한 코코넛 기금을 산미구엘사 주식을 사는 데 이용했다는 이유였다. 그러나 이 소송에서 위원회는 패소했는데, 이를 둘러싸고 코항코 회장이 베니그노 아키노의 삼촌이기 때문이라는 비판이 제기되기도 했다.

필리핀 정부의 계속되는 은닉 재산 환수 노력과 인권 투쟁

이러한 정부의 무능과 무책임 속에서도 또 다른 노력이 진행되어

왔다. 마르코스 시절 불법 처형 및 고문으로 고통받았던 사람들 9,539명이 인권 침해에 따른 손해배상을 하와이 연방법원에 청구한 것이다. 하와이 연방법원은 결국 1995년에 마르코스의 재산 가운데 20억 달러를 7,526명의 인권 피해자들에게 배상하라고 판결했고, 우여곡절 끝에 2011년 2월, 그러니까 마르코스가 축출된 지 25년, 하와이 연방법원에서 판결이 난 지 16년 만에 1인당 1,000달러의 보상금이 지급되었다. 우리 돈으로 100만 원 조금 넘는 이 보상금 액수는 피해자들이 겪었던 그동안의 고통에 비하면 터무니없이 적은 돈이었다.

반면 마르코스 일가는 그의 재산을 되찾는 데 열을 올리고 있다. 첫째 딸 이미 마르코스는 2007년 종합 미디어 그룹인 GMA-7이 상장해서는 안 된다면서 필리핀 증권거래위원회에 서면 진술서를 제출하기도 했다. GMA-7의 대주주가 사실은 과거에 마르코스가 시켜서 주식을 대신 산 것뿐인데 이를 자신들에게 돌려주지 않았다는 이유였다.

이멜다는 2010년 하원의원 당선 직후 가진 기자들과의 인터뷰에서도 '마르코스 대통령이 정직하게 모은 재산을 지키겠다' 고 선언했다. 2007년에는 국내 잡지 〈레이디 경향〉과의 인터뷰에서 '내가 구두 수집 등으로 물욕이 많을 거라고 생각하지만 사실은 나눠 줄 때가 제일 행복해요' 라고 말하기도 했던 이멜다는 2012년 필리핀 하원의원 재산 공개 결과 전체 284명 중 2위에 올랐다.

마르코스의 은닉 재산과 관련해서는 아들 봉봉에게도 의심의 눈초리가 존재한다. '좋은 정부를 위한 대통령 직속위원회'의 전 의장 가운데 한 사람은 현재까지도 봉봉이 유럽을 계속해서 왔다 갔다 하면서 아버지의 은닉 재산을 세탁하고 있다고 주장한다.

사실 독재자 아버지와 '사치와 허영의 대명사'인 어머니의 절대적 영향력 아래, 어린 시절의 대부분을 보낸 자식들로서는 이런 행위가 어쩌면 자연스러운 일인지도 모른다.

필리핀에서는 여전히 마르코스의 은닉 재산에 대한 환수가 진행 중이며, 최근까지도 그 시절 고문, 유괴 등으로 피해를 받은 인권 피해자들이 법정 투쟁과 항의 집회를 여는 등 다양한 방식으로 싸우고 있다.

'피플 파워'로도 막을 수 없었던 족벌 정치 체제

결국 마르코스 시절에 고통받았던 사람들은 지금도 여전히 그 고통 속에서 신음하고 있으며, 가해자의 위치에 있던 그의 가족들은 여전히 '행복'하다. '피플 파워'로 유명한 필리핀에서 왜 이와 같은 어처구니없는 일이 벌어지는 것일까.

우선 필리핀 특유의 족벌 정치 체제가 여전하다는 점을 들 수 있다. 마르코스가 집권 전 신랄하게 비난했던 족벌 정치는 지금까지도 지속되고 있다. 현 베니그노 노이노이 아키노 대통령은 코라손 아키노 대통령의 아들이고, 전임 대통령이었던 아로요는 마르코스 대통령의 전임자였던 마카파갈 대통령의 딸이다. 사실, 1983년 베니그노 아키노와 마르코스 이후 집권한 베니그노의 부인 코라손 아키노도 각각 모두 '루손' 섬 중부 타를락 주의 대표적인 족벌인 아키노 가문과 코주앙코 가문 출신이다.

이러한 족벌 정치는 필리핀 특유의 지역주의로 이어진다. 족벌을 이루고 있는 지주 계급들은 가장 최근까지도 필리핀 각 지방의 토호로서 튼튼하게 뿌리를 내리고 정치·경제적으로 지역민들을 장악하고 있다. 심지어 이들은 각자 민병대를 두어 지역 경찰보다도 더욱 막강한 힘을 과시하기도 한다. 이러한 배경 하에서 족벌 세력들은 자신만의 공고한 지역 지배 체제를 구축해 왔다.

마르코스의 부인과 자식들이 정치적으로 재기할 수 있었던 이유 또한 이러한 필리핀 특유의 지역주의 때문이다. 이런 지역주의가 우리에게도 그리 낯선 풍경은 아니다. 마르코스 가문은 필리핀 북쪽 일로코스 노르테 주를 사실상 통치하고 있다. 이곳에서 부인 이멜다는 하원의원이 됐고, 첫째 딸은 3선 의원에 이어 주지사를 지냈으며, 아들 봉봉 또한 주지사, 하원의원을 거쳐 현재 상원의원을 하고 있다.

이러한 족벌 정치는 당연히 민주주의의 확대를 막아 왔다. 대농장 지주 출신들이 필리핀 정치를 좌지우지하는 상황에서 국민의 상당수를 차지하는 소작농들의 정치적 지위가 개선될 리 만무했다. 심지어 마르코스 망명 후 집권한, 코라손 아키노 정권 시절에조차 대통령 궁 앞에서 시위를 하던 13명의 농민이 버젓이 총에 맞아 죽는 사건이 벌어졌다.

부실한 민주주의와 계속되는 부패의 반복

부실한 민주주의 하에서 부정부패는 끊임없이 반복되고 있다. 코라손 아키노나 라모스 대통령은 자신들 개인은 청렴했겠으나 정부 내에 만연한 부정부패 문제를 해결하진 못했다. 그 뒤를 이은 에스트라다는 유명한 영화배우 출신으로 상원의원, 부통령을 거쳐 대통령에 당선됐지만 불법 도박, 무절제한 사생활, 부정부패로 인해 2001년 '2차 피플 파워'를 통해 축출됐다. 그 뒤를 이은 아로요 대통령은 임기를 마치기는 했지만 대통령 선거 당시 개표 조작 의혹, 부정부패 등으로 수차례 탄핵 위기에 처했었다.

이런 분위기이다 보니, 농민이 토지를 소유해야 한다고 주장하는 공산당이 농민들 사이에서 자연스럽게 성장할 수밖에 없었고, 이들은 끊임없이 핍박 받으면서 무장 투쟁으로 내몰렸다. 당연히 가난한 다수의 목소리가 제도 정치 안으로 수렴될 수 있는 기회는 봉쇄되었다. 피플 파워로 정권이 교체되더라도 사회를 개혁할 세력들의 제도 정치 내에서의 영향력은 한계가 있을 수밖에 없다. 좌파 정당의 힘은 미약하고, 공산당 계열과 이슬람 분리주의 운동 조직들은 최근까지도 '제도 밖'에서 무장 투쟁을 벌여 왔다.

그리고, 이는 군부의 끊임없는 정치 개입을 정당화시키는 요인이 되기도 했다. 군부는 집권 세력에 반대해서 쿠데타를 일으키기도 했고, 집권 세력과 하나가 되어 반대 세력을 학살하기도 했다. 쿠데타와 군부에 의한 민간인 살해는 필리핀에선 아주 흔한 일이다. 마르코스 이후 집권한 아키노 정권 당시에도 쿠데타 시도는 끊임없이 있었고, 현 대통령 직전의 아로요 대통령 시절에도 마찬가지였다. 아로요 대통령은 공산 반군과 이슬람 독립 조직에 대한 군사 작전이라는 핑계로 노동자, 농민, 학생, 빈민 등 수많은 반정부 활동가들을 탄압했다. 1,000명 가까운 반정부 인사 및 운동가들이 이 시기에 살해됐다. 심지어 지방의원이 대낮에 저격당해 숨지는 사건도 있었다.

지금도 필리핀의 소수 진보 정당들은 최대 3명까지 선출되는 정당 명부 후보자를 내면서 그보다 많은 10명 정도의 후보자를 미리 뽑아 놓는다. 이들 가운데 또 누가 살해당할지 모르기 때문이다.

독재와 부패, 인권 침해에 유난히 관대한 필리핀의 현실

더 놀라운 것은 쿠데타를 일으키고, 부정부패를 자행하고, 정치 살해를 조종한 자들에 대해 필리핀 정치가 유난히 관대하다는 점이다. 에스트라다는 종신형 복역 중 다음 대통령인 아로요가 국민 화합을 명분으로 내세운 사면 조치를 통해 사면되었고, 2010년에는 대통령 선거에도 출마한다. 아로요 대통령은 부정부패 및 정치 살해 혐의를 받고 있었지만 임기를 마친 직후 고향인 '팜팡가 루바이' 지역에서 하원의원에 출마해서 다시 당선됐다.

봉봉 마르코스는 독재자 아버지를 적극 옹호하는 아들이면서 또한 1995년 마닐라 케손 지방법원에서 소득세 탈세 혐의로 징역 9년과 벌금 7만 2,000페소[230만 원가량]를 선고 받기도 했지만, 1998년 5월 총선에서는 1983년 마르코스에 의해 암살당한 베니그노 아키노의 동생인 아가피토 아키노, 여동생 테레사 아키노와 함께 필리핀 제1야당인 야권연합[LAMMP]의 후보로 총선에 출마했다.

마르코스 일가의 부활 돕는 사회적 분위기가 문제

족벌 가문을 중심으로 한 정치 독점과 민주주의의 지체, 군부의 정치에 대한 강한 영향력, 범죄 정치인들에 대한 독특한 관대함 등은 마르코스 가족들이 정치적으로 재기하는 데 더없이 좋은 조건을 만들어 주었다. 게다가 마르코스 사후 불어 닥친 신자유주의 세계화 정책으로 인해 필리핀 민중들의 삶은 더욱 피폐해졌는데, 역설적이게도 이 점이 마르코스에 대한 향수를 불러일으키고 있다.

1986년 대통령이 된 코라손 아키노는 공기업 민영화, 무역 및 투자 자유화, 세금 제도 개편, 농업 보조금 축소 등 전형적인 신자유주의 정책을 실시했다. 뒤이은 라모스, 에스트라다 집권 시기의 경제 살리기 노력은 1997년 동아시아 경제 위기로 인해 실패한다. 2001년 취임한 아로요 대통령 역시 공공 부문 민영화를 단행하고, 공교육이나 공공 의료 예산을 대폭 축소한다.

현재 필리핀은 매년 예산 가운데 50% 가까이를 외채를 갚는 데 사용하고 있다. 민영화된 공공 서비스는 필리핀 사람들의 삶을 과거보다 더 안 좋은 상태로 만들었다. 예를 들어 마닐라의 수도 요금은 민영화된 이후 10배 가까이 올랐고, 그 탓에 빗물을 받거나 우물물을 퍼내서 씻고 마시는 모습은 마닐라 빈민층 지역에서 흔히 볼 수 있는 풍경이 되었다.

이 와중에 현 대통령은 빈곤을 퇴치하고 국민들을 잘살게 하겠다는 약속을 하고 당선됐지만 세계 경제 위기가 목전에 있고 신자유주의 세계화에 깊숙하게 편입되어 있는 필리핀이 빈곤을 퇴치하는 일은 쉽지 않아 보인다.

신자유주의 벗어나야 독재의 부활을 막는다

허약한 민주주의를 근본적으로 다시 세우기 위해서는 지금도 필리핀 곳곳에서 싸우고 있는 노동자, 농민들의 사회운동이 활성화되어야 할 것으로 보인다. 또한, 그동안 무장 항쟁을 벌여 왔으나 최근 정부와 평화 협정을 체결한 공산당 및 이슬람 독립운동 단체들의 제도권 내에서의 대중적 영향력 확대도 민주주의 확산을 위해 필요하다. 이를 통해 신자유주의 세계화를 근본적으로 넘어서야만 과거 청산도 비로소 가능할 것이고 독재자 자식에 대한 향수도 사라질 것이다.

그렇지 않을 경우 2016년에 필리핀은 마르코스의 아들인 봉봉 마르코스에 의해 또다시 장악될지도 모른다. 반성하지 않는 독재자의 자식이 아버지에 이어 다시 대통령이 되는 일은 필리핀 민중에게도 세계인에게도 비극이 될 것이다.

스페인

'아버지의 역사 바로 세우기를 거부하다'

_ 프랑코 총통의 딸 카르멘

김성경 | 성공회대 동아시아연구소 연구교수

스페인 총통
프란시스코 프랑코

카르멘 프랑코[딸]

독재자의 과거를 청산하는 것은 쉬운 일이 아니다. 독재자가 떠나고 난 자리에는 그를 추종했던 세력들이 기득권을 유지하고 있기 마련이고, 독재자의 억압에 숨죽였던 민중들은 오랜 시간 길들여진 틀을 깨고 새로운 가치와 이념을 세우려 하지만 그 또한 만만치 않다. 이 때문에 독재자가 사라진 이후에도 독재자는 또 다른 모습으로 여전히 현재를 살아가기도 하고, 미래를 속박하기도 한다.

스페인의 독재자 프란시스코 프랑코Francisco Franco, 1892~1975는 30년간의 독재 끝에 1975년 이 세상을 떠났다. 하지만 그를 추종하는 세력은 여전히 기득권층이자 현실 정치에서는 수권 정당으로 굳건하게 자리 잡고 있고, 프랑코가 일으킨 스페인 내전1936~1939의 상처는 스페인 민중의 마음속에 깊게 자리 잡고 있다.

민중의 가슴속에 상처로 남은 스페인 내전

지금까지 스페인에서조차 프랑코와 스페인 내전에 대한 평가는 제대로 이루어지지 않았다. 그 이유는 프랑코 정권이 스페인 경제 발전에 기여한 바가 크다는 점과 프랑코와 스페인 내전에 대한 평가가 자칫 스페인을 내전의 상처에 갇혀 버리게 할 수 있다는 우려 때문이었다. 하지만 과거를 잊고 현재를 시작한다는 것은 가능하지도 가능할 수도 없는 일이다. 최근 스페인은 프랑코 정권의 정신적·물질적 유물을 청산하는 일로 시끄럽다. 2004년부터 집권한 사회당 정권은 '역사 바로 세우기' 사업의 일환으로 공공시설에 있는 프랑코 정권의 물질적 유산을 청산하고, 스페인 내전의 역사를 객관적인 사실과 자료를 바탕으로 다시 정립하려 했다.

과거사 청산에 결사 반대하는 프랑코의 딸 카르멘

그러나 사회 기득권층으로 공고하게 세력을 구축한 프랑코주의자들은 이에 대해 반대의 뜻을 분명히 하고 있다. 이중에서도 그의 유일한 자녀인 카르멘 프랑코María del Carmen Franco y Polo, 1926~는 지난 30여 년 동안 정치적 활동을 자제해 온 그녀의 생활을 깨고 본격적으로 아버지의 역사를 지키기 위한 싸움을 하고 있다. 그녀는 자신의 아버지 프랑코가 '(스페인 민중의) 삶의 질을 향상시켰고, 사회 안정망을 구축했으며 지금의 스페인 중산층을 있게 했다' 고 주장하면서, 사회당 정권의 과거 청산 시도는 스페인 사회에 공헌한 아버지의 수많은 공적을 왜곡하는 것이라 반박한다.

반면 내전으로 가족과 친구를 잃은 많은 스페인 민중들은 이제야 과거를 제대로 대면하게 된 것을 환영했다. 사회당 정권과 전통적 기득권 세력을 대변하는 국민당은 프랑코 정권 때 그의 소유가 된 재산의 처리 문제, 그의 묘를 이전하는 문제 등 여러 현안을 두고 끊임없이 대립하고 있다. 2012년, 프랑코 정권과 스페인 내전의 문제는 스페인 사회에서 여전히 현재 진행형이다.

'20세기 모든 이념들의 격전장'…… 스페인 내전

앤터니 비버가 쓴 《스페인 내전》이라는 책의 부제는 '20세기 모든 이념들의 격전장' 이다. 스페인 내전은 정권에 반기를 든 단순 쿠데타에서 확장되어 전 세계의 수많은 정치·종교 세력이 전쟁의 소용돌이에 빠져 들어간 일대 사건이다. 거기에 오랫동안 왕정을 지지했던 세력과 공화정 세력 간의 충돌까지 뒤엉켜 내전의 주요 불씨가 된다.

내전의 시작은 마누엘 아사냐가 이끄는 좌파 인민 정부와 프랑코가 이끄는 우파 반란군의 충돌에서 비롯된다. 프랑코는 1936년 7월 17일에 모로코에서 반란을 일으킨다. 좌파 인민 정부는 오랫동안 왕정과 공화정 사이의 갈등을 봉합하고 공화정 세력인 사회주의와 공산주의 세력, 온건한 로마 가톨릭 세력 등이 연합하여 민주 정부를 세우는 것을 목표로 하고 있었다. 하지만 좌파 인민 정부의 개혁 법안은 전통적 지주의 재산권을 제약하는 것이었고, 반란군은 전통적 지주 세력, 왕당파와 보수적 로마 가톨릭 세력 등이 결집하여 좌파 인민 정부에 의해 흔들리고 있는 보수적 가치와 기독교 문명 수호라는 기치 아래 쿠데타를 일으켰다.

내전이 일어나자 스페인의 모든 세력들은 두 세력 중 하나를 선택해야 하는 상황에 놓이게 된다. 좌파 인민 정부가 주로 도시 노동자, 소작농, 고학력 중산층, 서민층의 지지를 받았다면, 프랑코 측은 정통주의자, 보수주의자, 지주 세력, 기업가 등의 지원을 받는다. 스페인 내전이 더 흉폭하고 치열하게 전개된 계기는 열세에 놓인 좌파 인민 정부를 지원하기 위해 국제 사회주의 운동가들이 결집한 국제여단이 내전에 참전하게 되고국제여단의 스페인 내전 참가를 다룬 영화엔 켄 로치 감독의 〈랜드 앤 프리덤 Land and freedom〉이 있다, 반대로 프랑코 군대는 독일의 나치와 이탈리아의 무솔리니 등 파시스트 정권의 지원을 받으면서였다. 이 때문에 스페인 내전은 사회주의 세력 대 전체주의 세력의 격전장으로까지 확장되기에 이른다.

하지만 국제여단의 지원을 받은 좌파 인민 정부는 유럽의 양대 파시스트 정권의 노골적인 지원을 받은 프랑코 세력을 이기기엔 역부족이었고, 1939년 4월 1일 프랑코 세력의 승리로 막을 내린다. 무려 50만여 명의 사상자가 발생한 현대사의 가장 참혹한 내전이 끝난 것이다.

1940년 마드리드에서의 프랑코 오른쪽에서 두 번째

서로에게 총부리를 겨눠야 했던 현대사의 가장 참혹한 내전

프랑코 정권이 내전을 치르면서 그토록 지키고자 했던 것은 바로 전통적 로마 가톨릭에 기반을 둔 종교적 가치였다. 프랑코는 자신을 가리켜 '무신론 공산주의에 맞선 가톨릭 스페인의 수호자'로 칭했으며, 자신은 오직 신과 역사 앞에서만 책임질 뿐이라는 유명한 말을 남긴다. 즉, 20세기 초반 스페인에 빠른 속도로 퍼져 나간 사회주의·공산주의가 종교에 기반을 둔 스페인의 전통 가치를 위협하는 것으로 규정하고 이를 막아내어 전통적 스페인 사회를 복원하는 것이 자신의 임무라고 천명하였다.

모든 전쟁은 가장 힘없는 민중들에게 가장 큰 절망을 남기는 법

1959년 아이젠하워 미국 대통령중앙과 함께

이다. 여느 전쟁과 마찬가지로 스페인 민중들은 부모, 자녀, 친지들의 죽음을 눈앞에서 보아야 했다. 거기다 스페인 내전이 더 비극적인 것은 지금까지 계속되고 있는 사회 곳곳의 반목과 분열의 맹아가 여기에서 만들어졌기 때문이다. 당시 스페인 민중들은 좌파 인민 정부와 프랑코 반란군 사이에서 자신이 어느 진영을 지지하는가를 밝혀야만 했고, 이 과정에서 어제까지 이웃이었던 가족, 친지, 친구들과 다음 날부터 총부리를 겨눠야 하는 참담한 경험을 하게 된다.

내전을 빌미로 집권한 프랑코 정권의 무자비한 숙청

더욱이 내전이 끝난 이후 들어선 프랑코 정권은 반대파에 대한 대대적인 숙청 작업을 진행했고 이 과정에서 수많은 스페인 민중이 목숨을 잃거나 프랑코 정권을 피해 유럽이나 라틴아메리카로 이주해야만 했다. 게다가 프랑코가 구축한 군사 독재 정권은 비밀경찰을 활용하여 좌파 세력을 잔인하게 탄압하였고, 국민들의 자유와 권리를 억압한 것으로 유명했는데, 이러한 민주주의 탄압은 국제 사회의 거센 비난을 받기도 했다.

1960년대에 이르러 프랑코는 점차 온건한 정치인의 길을 걷는다. 미국과의 관계 개선을 꾀하면서 관광과 농업의 산업화를 시도하였고, 이를 바탕으로 급속한 경제 발전도 이루어 낸다. 1947년부터 명목상으로는 군주제가 부활되었지만 1975년에 사망할 때까지 그는 절대적 독재 권력으로 군림하였고, 프랑코 사후에는 돈 후안 카를로스가 왕위에 올라 민주주의 정치 개혁을 본격화하게 된다.

과거사에 대한 '침묵 협약'이 '침묵의 형벌' 되다

하지만 카를로스는 프랑코주의자들의 시각에서는 너무나 좌파적인 왕이었고 프랑코 정권에서 탄압을 받아 왔던 좌파 세력은 돈 후안 카를로스를 신뢰하지 않아 정치적으로 불안정한 상태가 지속되었다. 이러한 정치적 분열 상태를 극복하기 위해 좌·우파는 일명 '침묵 협약'이라는 정치적 타협을 시도한다. 이는 '스페인의 화합과 번영을 위해 과거사에 대해서는 더 이상 논하지 않는다'는 것을 주요 골자로 하고 있다. 이 협약은 무려 30년 넘게 지켜져 이후 누구도 공식적으로 내전이나 프랑코의 독재를 논하지 않게 되었다.

이렇듯 프랑코 정권의 독재와 스페인 내전의 참혹함은 역사적 서술도, 평가도 받지 못한 채 모두의 입에 자물쇠가 채워졌다. 작금의 스페인 비극의 시작도 바로 이 지점이다. 청산되지 않은 과거는 현재를 왜곡시키고, 미래로 가는 길목을 막아 버리는 법이다. 프랑코 정권의 시혜를 받았던 사람들은 여전히 기득권의 지위를 누리고 있고, 죄 없이 박해받았던 민중과 좌파 세력은 미래를 향한 화합이라는 명목 아래 침묵을 강요받았다.

인간으로서 사실을 말하지 못한다는 것은 정신을 무기력하게 만들고 현실을 회피하게 하며, 궁극적으로 자아를 파멸시킬 수 있다. 스페인 내전 당시와 이후 민중의 삶을 상징적으로 표현한 영화 두 편을 살펴보면 더 분명해진다. 한 영화는 비참한 내전 속에서 비현실적인 판타지 세계의 행복을 결말로 그리고 있고, 또 다른 영화는 이미 프랑코 정권을 닮아 버린 스페인 민중의 모습을 그로테스크한 이미지로 형상화하였다. 청산되지 않은 프랑코의 역사는 스페인 민중의 정체성의 일부분으로 내면화되어 마치 거울을 사이에 두고 마주하고 있는 형국이다. '침묵의 형벌'에 빠진 스페인의 멘탈리티가 드러난 두 편의 영화를 통해 스페인 내전과 프랑코 독재 정권이 어느 정도로 스페인 민중의 트라우마로 자리 잡고 있는지를 가늠해 보겠다.

독재를 잉태한 스페인 내전 다룬 두 편의 영화 읽기

영화 속 스페인 내전은 현실에서 그러하듯 끔찍하고, 독재 정권하의 스페인은 음울하며 폭력으로 가득한 공간이다. 흥미로운 것은 스페인 내전을 일으킨 반란군이자, 내전의 승리자인 프랑코와 그 추종 세력은 비현실적인 폭력과 가학성을 가진 악마적 존재로 그려지고 있다는 점이다. 영화뿐만이 아니다. 피카소의 〈게르니카〉와 조지 오웰의 《카탈로니아 찬가》만 하더라도 예술 작품 속 프랑코 정권에 대한 재현은 가혹할 정도로 냉혹하다.

필자가 여기서 주목하는 것은 비현실적 '악마'로서의 프랑코 정권이다. 역사의 평가와 대면이 충분히 이루어지지 않을수록 단순한 이분법에 갇힌 역사 인식을 갖기 쉬운데, 악마로 재현되는 프랑코 정권은 역사에 대한 무관심과 피해의식으로 가득 찬 스페인 대중의 심리를 그대로 드러내고 있는지도 모르겠다.

영화 〈판의 미로Pan's labyrinth, 2006〉는 스페인 내전 시대를 배경으로 어린 주인공 오펠리아의 현실과 환상을 넘나드는 경험을 동화적이면서도 초현실적인 미장센으로 그려낸 작품이다. 오펠리아는 새아버지의 아이를 임신한 어머니와 함께 깊은 산중에 위치한 새아버지의 군사 진지에 도착한다. 쇠약한 어머니와 광폭한 새아버지 사이에서 마음 졸이던 오펠리아는 판Pan이라는 기괴한 요정을 만나게 되고, 세 가지의 수수께끼를 풀어 간다는 이야기가 이 영화의 주된 줄거리이다.

〈판의 미로〉, 스페인 내전의 역사적 트라우마와 파시즘의 공포 투영

언뜻 보기에는 가족 영화를 표방한 전형적인 할리우드 동화와 궤를 같이하는 것 같지만 초현실적인 이미지에다 현실과 판타지를 넘나드는 상징과 은유가 풍부한 예술 영화이자 사회 비판 영화이다. 영화는 캐릭터, 미장센, 이미지 등을 한껏 이용하여 스페인 내전이라는 역사적 트라우마와 내전 이후 계속되는 파시즘에 대한 공포를 그려내고 있다.

그중 주목해야 할 캐릭터는 새아버지인 비달 대위와 오펠리아에게 수수께끼를 내는 판이라는 요정이다. 우선 비달 대위는 깔끔하게 군복을 차려입고 겉으로는 가족을 보호하려 애쓰는 가장의 모습을 하고 있다. 하지만 그 내면에는 끔찍한 폭력성과 잔인함이 배어 있다. 임신한 아내를 걱정하기보다는 자신의 핏줄인 태중의 아기만을 염려하는 모습, 게릴라로 의심되는 농부를 잔혹하게 살해하는 모습, 체포된 게릴라를 끔찍하게 고문하는 모습, 자신의 얼굴 상처를 스스로 꿰매는 모습 등은 프랑코 정권의 이중성에 대한 재현이자 상징이다.

영화는 프랑코 정권이 겉으로는 도덕, 화합, 가족, 종교 등을 내세우지만 그의 내면엔 인간으로서 자행할 수 없는 폭력성이 내재되어 있다고 묘사한다. 한편, 판타지의 세계에서 오펠리아에게 수수께끼를 던지는 판은 양의 뿔을 지니고 나무의 골격을 갖고 있으며, 몸 곳곳은 자연에서 찾을 수 있는 것들로 형상화된 요정이다. 겉모습은 무척 크고 고압적이어서 마치 사람을 괴롭히는 괴물의 형태를 하고 있지만 오펠리아가 수수께끼를 풀 수 있게 도와주는 역할을 한다. 두 캐릭터는 현실과 판타지라는 두 개의 영역을 대변하면서 선과 악, 인간과 괴물[요정], 문명과 야만, 스페인의 국가 정체성과 전통적 가치를 이분법적으로 교란시키고 전복한다.

영화 속 스페인 현실…… 판타지보다 더 척박

영화 속 스페인의 현실은 판타지보다 더 척박하고, 야만스럽고, 악으로 가득 차 있다면, 모험과 야만이 가득할 것 같은 판타지의 세계는 모호하긴 해도, 문명적이며 게다가 선하기까지 하다[영화는 현실을 그릴 때는 전체적으로 어두운 톤의 색감을 사용하고 판타지의 세계는 화려한 색을 사용하여 미학적으로도 두 세계를 극명하게 비교하고 있다]. 흥미로운 것은 현실에서 오펠리아가 새아버지인 비달 대위에게 살해되어야만 판타지의 세계에서 공주의 자리로 돌아갈 수 있다는 점이다.

오펠리아는 현실의 문제를 '누구의 피도 흘리지 않고 해결하기'

위해 자기 자신을 희생했기 때문에 판타지 세계에서 새로운 삶을 찾을 수 있는 것이다. 만약 오펠리아가 자신이 증오했던 비달 대위와 같은 방식으로 누군가의 희생을 빚졌다면 그녀는 영영 참혹한 현실 세계에 갇혀 버리게 되는 것이다. 오펠리아는 비달 대위와 닮아가기를 거부하였고, 이 때문에 현생에서의 삶은 잃어버리지만 판타지의 세계에서는 영생을 얻게 된다.

〈광대를 위한 슬픈 발라드〉, 가족 잃은 상처와 무기력한 민중 상징

또 다른 영화인 〈광대를 위한 슬픈 발라드Balada Triste The Last Circus, 2010〉는 프랑코를 상징하는 웃는 광대를 증오하면서 결국 자신도 악마가 되어 버리는 스페인 국민의 모습을 '슬픈 광대'라는 그로테스크한 인물의 변화를 통해 충격적으로 보여 준다.

슬픈 광대 하비에는 대대로 광대를 하는 집안에서 자라 왔다. 영화는 광대였던 아버지가 공화국 군대에 가담하여 프랑코 군대와 전투를 벌이는 장면으로 시작한다. 서커스에서 묘기를 부리던 단원들은 기이한 분장을 한 채 프랑코 군대에 맞서지만 결국 죽임을 당하거나 수용소로 보내진다. 수용소에 보내진 아버지는 스페인 내전 중 가장 많은 희생자를 낸 마드리드 인근의 '전몰자의 계곡El Vale de los Caidos'에 바실리카와 초대형 십자가를 건설하는 노역을 하고 있고, 아버지를 찾아간 주인공 하비에는 슬픈 광대가 되어 복수를 하라는 아버지의 당부를 듣게 된다. 이제 시간이 흘러 하비에가 성인이 되어 있다.

프랑코 독재 정권 시기의 스페인은 표면적으로 평안한 시간의 연속이었고, 하비에는 아버지의 유언대로 슬픈 광대가 되었다. 하비에가 일을 시작하게 된 서커스단의 웃는 광대 세르지오는 작은 왕국의 절대적 존재이자, 폭력적 독재자이다. 특히 자신의 연인 나탈리아와 폭력적이고 가학적인 관계를 맺고 있다. 서커스 단원들은 세르지오를 두려워하면서도 그 없이는 아무것도 할 수 없는 무기력한 존재들이다. 하비에는 나탈리아를 사이에 두고 세르지오와 대립하게 되면서 서서히 세르지오를 증오하지만 스스로도 또 다른 괴물이 되어 간다. 클라이맥스에는 나탈리아를 사이게 두고 쫓고 쫓기던 하비에와 세르지오가 '전몰자의 계곡'에서 끔찍하리만큼 폭력적인 싸움을 하고, 이 과정에서 나탈리아는 초대형 십자가에서 떨어져 죽게 된다. 마지막 장면은 두 명의 괴물이 그토록 얻고자 한 나탈리아를 잃고 서로 마주 보며 웃듯이 우는, 아니면 울듯이 웃는 장면으로 끝이 난다.

이 영화는 스페인 내전에서 아버지를 잃은 하비에를 통해 내전 이후 스페인 민중의 삶을 상징적으로 보여 준다. 하비에는 바로 아버지를 잃은 혹은 스페인 내전에서 형제와 가족을 잃은 트라우마를 간직하고 있는 무기력한 대중이다. 서커스에서의 광대극은 주로 웃는 광대가 슬픈 광대를 놀리는 것으로 웃음을 유발하는데, 때문에 극의 주인공이자 관객의 관심을 독차지하는 인물은 항상 슬픈 광대가 된다. 웃는 광대 세르지오는 스페인 민중이자 슬픈 광대인 하비에를 억압하는 프랑코 정권이고, 프랑코 정권의 성격은 세르지오라는 인물의 괴물성으로 표현된다. 흥미로운 것은 하비에라는 캐릭터의 변화 과정이다. 따뜻하고 인간적이었던 그는 점차 세르지오에 버금가는 괴물로 변해 간다. 예를 들면 세르지오에 쫓겨 숲속 움막에서 홀로 은둔하던 하비에는 날고기를 먹고, 옷과 신발을 벗은 나체로 동물처럼 살아가다가, 스페인 장군에게 붙잡혀 사냥된 동물을 물어오는 인간 사냥개의 역할을 하게 된다. 이때 장군의 별장에 스페인의 독재자 프랑코가 사냥을 하기 위해 방문한다. 사냥이 시작되고 자신에 대한 모욕의 강도가 심해지자, 하비에가 한 일이라곤 프랑코의 손을 물어뜯는 것이었다. 하비에가 할 수 있는 유일한 반항은 상황의 극적 전복이 아닌 약간의 상처를 입히는 것밖에 없다.

독재에 대항했으나 다시 독재에 길들여지는 민중의 딜레마

오랫동안 프랑코 정권의 폭압에 길들여져 있던 스페인 민중은 스스로는 아무것도 할 수 없을 정도로 무력해져 있고, 프랑코 정권에 대항하기는 하지만 결국 독재자와 닮아 버린 것으로 영화는 마무

리된다. 프랑코의 거울 이미지가 되어 버린 스페인 민중은 자신들 스스로 역사를 만들기 위해 할 수 있는 일은 거의 없다. 역설적이게도 프랑코 없이는 더 이상 자신들의 정체성을 구축하기 힘들어져 버렸기 때문이다.

아직도 청산되지 않은 전범자 처벌과 기득권 세력의 폐해

프랑코가 죽은 지 30년이 지났는데도 스페인 내전의 잔혹함과 프랑코 정권의 폐해에 대한 청산 작업은 이루어지지 않았다. 이 때문에 스페인 내전의 전범들과 프랑코 정권에서 배를 불려온 기득권 세력은 여전히 안락한 생활을 하고 있다. 반면 영화에서 재현된 것처럼 스페인 내전의 피해자이자 프랑코 정권에 억압받아 온 수많은 민중들은 무기력한 현실 도피자가 되거나, 대항적 담론이나 정체성을 구축하지 못한 채 독재의 잔상에 매몰된 수동적 존재로 전락하였다.

스페인의 미래를 위한다는 명목 아래 좌-우가 합의한 '침묵 협약' 은 결국 기득권 세력을 보호하고 스페인 민중의 깊은 상처는 덮어 버린 결과를 낳았다. 치료를 하지 않고 덮어 버린 상처는 결국 곪아 터지게 마련이고, 새살이 돋는 것 또한 불가능하다.

프랑코 정권에 대해 말하지 못했던 '침묵의 형벌' 은 2004년 4월

'전몰자의 계곡'에 있는 프랑코 묘지

사회당 사파테로 총리가 집권하면서 깨지기 시작한다. 사파테로 총리는 자신의 할아버지가 프랑코 군대에 의해 처형당했기 때문에 과거 청산 문제가 얼마나 중요한지 잘 알고 있었다. 사회당 정권은 진상조사위원회를 만들어 스페인 내전과 프랑코 독재 정권의 폐해를 확인하는 작업을 시작하였고, 프랑코라는 신화를 재조명하려는 시도를 하였다. 일명 '역사 기억법'에 따라 스페인의 모든 공공건물에서 프랑코의 동상, 액자, 기념물프랑코 정권을 상징하는 기호 등을 철거하기 시작했고, 프랑코와 그의 가족에게 내려진 많은 명예 칭호가 박탈되었다. 물론 그의 이름을 딴 수만 개의 거리명과 지명에서 프랑코의 이름을 완전히 지우는 것은 쉬운 일이 아니지만, 사회당 정권은 '역사 바로 세우기' 작업을 지속적으로 진행할 것이라고 천명하였다. 가장 큰 문제는 〈광대를 위한 슬픈 발라드〉에서도 볼 수 있는 '전몰자의 계곡'에 있는 프랑코의 유해를 이전하는 문제와 바실리카와 대형 십자가 곳곳에 새겨진 프랑코 정권의 상징물이었는데 이 문제로 프랑코의 유일한 딸인 카르멘과 사회당 정부와의 마찰이 불거졌다.

프랑코의 유일한 딸로 태어나 왕족의 삶을 누린 카르멘

1926년 2월 14일에 태어난 카르멘은 프랑코 정권이 스페인 내전을 끝내고 군사 독재 체제를 구축했던 1950년도에 스페인의 유명한 외과의사인 카디즈 공작과 결혼한다. 그녀는 1975년 프랑코가 죽자 카를로스 왕으로부터 프랑코 공작 작위를 받아 왕족으로의 삶을 살게 된다. 왕족이자 유명한 외과의사의 부인으로 7명의 자녀를 두고 평탄하게 살아 왔던 그녀의 삶에 혼란을 가져온 것은 바로 2004년 시작된 사회당 정권의 '역사 바로 세우기' 작업이다.

사회당 정권과 진상조사위원회는 프랑코를 전체주의 독재자로 재규정하고, 그에 의해 해외 이주를 떠났던 많은 스페인 이주민에 대한 국적 복원, 희생자 지위 복권 등의 작업을 진행했다. 카르멘은 다른 독재자의 자녀와는 다르게 최대한 정치적 활동을 자제한 것으로 알려져 있다. 이는 그녀가 왕족이 되었기 때문이기도 하지만, 그녀 스스로 전면에 나서서 정치 활동을 하기보다는 가정과 프랑코 재단의 일에 집중하기를 원해서였다. '침묵 협약'은 그녀 삶의 단단한 보호막이었지만, 서글프게도 78세의 노령으로 노쇠해질 무렵 그녀의 삶을 지탱했던 아버지가 역사의 평가와 과거 청산의 대상이 된 것이다.

물론 그녀가 노쇠해졌다고 해서 그녀의 세력이 약해진 것은 아니다. 과거 청산이 제대로 이루어지지 않아 대다수의 극우 프랑코주의자들은 아직까지도 기득권을 유지하고 있고, 국민당Conser-vative People's Party은 사회당 정권에 대항하는 제1야당으로 그 위용을 유지하고 있다. 이를 바탕으로 그녀와 그녀의 재단은 프랑코의 유해 이전 문제와 동상 해체를 강력하게 비판하면서 자신의 아버지는 스페인의 '근대화를 훌륭하게 이끌어 낸 정치 지도자' 라고 주장한다. 게다가 보수 세력을 대변하는 국민당은 사회당 정권의 '역사 바로 세우기' 작업은 현재와 미래의 스페인을 위해 전혀 도움이 되지 않는 사안으로 국민 간의 분열만을 조장하는 일이라고 비판해 왔다.

아버지를 찬탄하며 '역사 바로 세우기'에 대항하다

특히 고령의 카르멘을 더욱 괴롭힌 것은 아버지 유산의 사회 반환에 관한 것이었다. 프랑코가 카르멘에게 남긴 재산은 정확히 밝혀지진 않았지만 대략 2.4억~4억 유로약 5,500억 원에 이르는 것으로 알려져 있는데, 대부분의 재산은 스페인 내전과 프랑코 독재 시기에 그에게 강제적으로 헌납된 토지와 건물 등이다. 이중에는 스페인의 문화유산도 상당 부분 포함되어 있는데, 최근의 변화에 따라 적어도 문화유산은 사회에 반환되어야 한다는 압력이 거세졌다.

당연히 자신의 것이라고 여겼던 재산을 갑작스레 사회에 반환해야 하는 처지에 놓인 카르멘은 여러 방법을 동원해 저항하기에 이른다. 공식적으로 반대 입장을 분명히 밝히는 것뿐 아니라 자신이 간직하고 있었던 아버지에 대한 기억을 인터뷰 형식으로 재구성한 자서전《나의 아버지 프랑코My Father Franco》를 2008년 출간하였고 이를 바탕으로 다큐멘터리까지 제작하여 아버지의 역사를 지키려는 시도를 계속하고 있다.

사회당 정권에 의해 8년 만에 재산 일부 환원

하지만 역사의 흐름을 거스르는 것은 쉬운 일이 아니다. 2012년 카르멘은 오랫동안 계속돼 온 압력에 굴복하여 프랑코가 남긴 재산 중 갈리시안 궁프랑코의 여름 별장을 대중에게 개방하는 데 동의한다. 사회당 정권의 과거 청산 사업이 시작된 지 8년 만에 비로소 딸은 자신의 아버지 재산 중 일부를 사회에 환원한 것이다.

2011년 또다시 치러진 선거에서 보수 세력인 국민당이 다시 정권을 잡게 되었다. 8년 동안 사회당 정권에 의해 진행돼 온 '역사 바로 세우기' 작업은 일단 속도 조절을 하게 될 것이라는 것이 대부분의 관측이다. 문제는 어떤 정치 세력이 정권을 잡느냐의 문제가 아니라 청산 작업의 미완으로 스페인 사회는 여전히 두 개로 나뉘어져 있다는 점이다. 여전히 프랑코를 위시했던 세력이 그렇지 않은 세력과 대립하고 있고, 프랑코 정권에 억압받았던 대다수의 민중은 상대적으로 불평등한 위치에 있으며, 그들은 여전히 가족과 친구를 잃었다는 트라우마에 갇혀 있다.

프랑코주의자들의 반성 없는 부활과 재집권

우려되는 것은 기득권 세력들이 자신들의 공고한 권력과 재력을 바탕으로 '역사 바로 세우기 작업'에 대항하려는 움직임이 곳곳에서 포착된다는 점이다. 프랑코 사후 40년이 다 되어가는 2012년에 스페인의 가장 권위 있는 역사학자들이 모여 있는 스페인 왕립 역사 학교가 편찬한 《스페인 전기 사전Spanish Dictionary of Biography》에는 우려할 만한 목소리가 가득 담겨 있다. 이 사전에 의하면 프랑코 총통은 독재자가 아닌 독재적인 성향을 가졌던 인물로 정의되고, 프랑코 총통에 맞서 싸웠던 반대 진영은 민주주의자나 반전체주의자가 아닌 '강도Bandit'와 '테러리스트Terrorist'로 규정된다. 놀랍고도 기괴하게도 스페인 내전에서의 좌파 인민정부군은 '적enemy'이고, 프랑코의 군대는 '정부군the national army'으로 칭하고 있다. 이러한 사실은 아이러니하게도 기득권 세력의 역사 인식을 반증하는 것이다. 사회당 집권 8년간의 '역사 바로 세우기' 작업에도 불구하고 사회 곳곳에 박혀 있는 프랑코주의자들의 폭력과 억지의 흔적은 변화하지 않았음을 보여 준다.

독재의 희생자들, 또다시 침묵을 강요당하다

미래와 화합이라는 명분하에 진행된 지난 30년간의 역사에 대한 '침묵'에서 결국 침묵되어지는 사람들은 내전과 독재의 희생자인 동시에 피해자임이 다시 한 번 확인되는 지점이다. 문제는 침묵을 강요당한 자들의 이야기가 철저하게 고립된 채 구축된 역사가 바로 현재의 인식을 만들어 가고 있다. 왕립 역사 학교라는 권위를 갖고 있는 기관에서 세금으로 성스럽게 편찬된 '사전'에 포함한 이러한 역사에 대한 불편한 인식은 현대 스페인의 불안정한 정체성을 반영하기도 하고, 한편으로는 미래의 정체성을 만들어 가는 시작이기도 하다는 점에서 문제가 될 소지가 분명하다.

다시 영화 이야기로 돌아가 보자. 스페인 내전과 프랑코 정권을 재현하는 이미지들을 보면 피가 범벅인 폭력을 넘어서 그로테스크하기까지 하다. 지금까지 전쟁이나 독재 정권을 배경으로 하고 있는 많은 영화들은 적어도 천편일률적인 이분법으로 전쟁의 가해자와 피해자를 단순화하여 그리지 않았는데, 왜 스페인 내전과 프랑코만이 '절대적' 혹은 '괴물적' 가해자로 이미지화되고 있는가에 대한 의구심은 스페인이 지금까지 역사를 대면해 온 상황을 살펴보면 약간의 해답을 얻을 수 있다.

너무나 오랫동안 침묵해야 했기 때문에 프랑코, 독재 정권, 그 수혜자들을 당당하게 대면할 수 있는 기회가 스페인 사회와 민중에게는 단 한 번도 허락되지 않았던 것이다. 역사적 '사실'에 대한 비판과 평가를 제대로 받지 못한 프랑코와 그의 독재는 여전히 스페인 민중에게는 역사적 평가가 애매한 사실로 남겨져 있다. 소리 내서, 자신들의 희생을 알릴 수 없었던 대다수 스페인 민중은 무기력해져 버렸거나 이 상황에서 미치지 않고 살아남기 위해 자신들을 가해자와 같이 인간성이 상실된 '괴물'로 만들 수밖에 없었다.

스페인의 미래 위해 반드시 넘어야 할 역사 바로 세우기

사회당 정권의 '역사 바로 세우기' 작업이 진행된 지난 8년의 성과는 분명 괄목할 만한 것이지만, 짧은 기간의 노력만으로 민중의 정체성에 각인된 기억과 트라우마가 극복되기는 쉽지 않다. 분명 스페인 민중이 역사를 사실로 인식하기 위해서는 몇 배의 시간과 노력이 필요할 것이다. 반대 세력의 저항에도 불구하고 그 지난한 작업은 스페인의 미래를 위해 반드시 이루어져야 할 것임에 분명하다.

스페인 민중이 이미 죽은 프랑코를 두 눈 똑바로 뜨고 마주할 때, 그 과정을 통해 프랑코가 자신의 일부가 아니라는 것을 확인해 나갈 때, 비로소 스페인 민중의 삶에 바탕을 둔 새로운 역사 인식이 시작될 수 있을 것이다. 이러한 과정이 선결되었을 때 비로소 스페인 내전과 프랑코가 단순한 이분법에서 벗어나 다양한 이미지와 방식으로 재해석될 수 있을 것이다.

프랑코라는 트라우마를 스페인 민중이 어떻게 극복하는지를 아름답게 그려낸 미래의 스페인 영화가 기다려진다.

칠레

비틀린 향수가 부른 독재의 유령

_ 피노체트의 맏딸 루시아

강상구 | 사회운동가 · 진보신당 부대표

칠레 30대 대통령
피노체트

루시아 피노체트[큰딸]

아우구스토 피노체트Augusto Joss Ramón Pinochet Ugarte, 1915~2006의 딸 루시아 피노체트Lucia Hiriart Rodriguez, 1943~는 피노체트 집권기보다도 오히려 최근에 더 주목받는 인물이다. 칠레대학 유아교육과를 나와서 유치원 교사를 했던 루시아는 언뜻 보기엔 평범한 인물 같다. 피노체트 집권 시기에도 별다른 이력은 보이지 않는다. 기껏해야 피노체트 집권 시절 정부 자문 역할과 문화, 교육 관련 재단의 설립자였던 정도가 눈에 띄는데, 피노체트의 '악명'에 비하면 그야말로 평범하기 이를 데 없는 이력이다.

피노체트 사망 후 정치에 입문한 큰딸 루시아

그녀는 오히려 아버지가 정권을 내려놓은 이후 그녀를 둘러싼 각종 소송이 범람하고, 국내외적 비난이 계속되는 상황에서 사람들의 관심을 받는다. 피노체트를 적극 옹호하는 발언을 통해 그가 확실히 '독재자'의 자식이며, 아버지의 과오를 전혀 인정하지 않고 있다는 점이 드러났기 때문이다.

다만 그녀는 피노체트 사망 전까지도 언론 인터뷰 이외의 다른 정치 활동은 하지 않았는데, 이는 아마도 피노체트가 건재한 상태에서 온갖 과거 청산 시도에 그가 직접 저항하고 있어서 가족들의 역할이 특별히 필요하지 않았기 때문이었던 것 같다.

그녀는 아버지가 사망하고 나서야 정치에 진출할 마음을 먹는다. 재클린이나 베로니카 같은 피노체트의 다른 딸들에 비해 정치에 대한 관심이 높았다는 그녀는 아버지의 장례식에 참여한 사람들의 열기에 감동 받아 정치에 진출한다. 그녀의 정치 참여가 나중에 어떤 결말로 이어질지 현재로서는 미지수다. 그녀는 '이제 겨우' 지방 의원이며, 칠레 내에 스스로 구축한 영향력이 크다고 볼 수 있는 상황도 아니다.

다만, 그녀가 피노체트의 큰딸이라는 점, 지금 칠레에선 또다시 피노체트를 복권하려는 시도가 커지고 있다는 점 등이 그녀의 영향력이 찻잔 속의 태풍으로 그치지 않을 수도 있다는 우려를 낳는다. 상황에 따라 아버지의 잘못을 인정하는 듯하다가도 또 전적으로 부인하는 기회주의적 태도, 피노체트의 비밀 계좌와 연관된 탈세 혐의로 체포 영장을 받자 곧바로 아르헨티나를 거쳐 미국으로 도망했던 보신주의적 행태 등으로 볼 때, 칠레가 어느 정도로 신자유주의를 극복하고 실질적인 민주화를 이루느냐에 따라 그녀의 정치 진출은 무시해도 되는 해프닝으로 결론날 수도 있고 피노체트의 결정적 복권의 시작으로 연결될 수도 있다.

피노체트, '민중의 꿈'에 총격을 가하다

> 여러분께 드리는 마지막 연설입니다. (……) 제 목숨을 바쳐 국민 여러분이 저에게 보내 주신 신뢰에 보답하겠습니다. (……) 저들에겐 힘이 있습니다. (……) 그러나 역사는 민중이 만듭니다. 노동자들이여, 저는 칠레를 믿고 칠레의 미래를 믿습니다. 또 다른 이들이 이 어둡고 힘든 순간을 넘어 앞으로 나아갈 것입니다. 더 나은 사회를 향한 큰 길을 활짝 여는 날이 바로 우리 앞에 있다는 걸, 잊지 말아 주십시오. 칠레 만세! 민중 만세! 노동자 만세!

피노체트와 그의 딸 루시아 이야기를 하기 위해서는 당연히 살바도르 아옌데Salvador Allende, 1908~1973로부터 실마리를 풀어 가야 한다. 독재자, 피의 학살자로 알려진 피노체트가 꺾은 칠레 민중의 꿈이 무엇이며 그의 딸을 포함하여 가족 전체가 지금까지도 누리고 있는 안락한 삶이 어떤 이들의 피와 눈물 위에 놓여 있는 것인지를 말하기 위해서다.

1973년 9월 11일 칠레의 수도 산티아고에 위치한 모네다 궁. 역

1974년의 피노체트

사상 최초로 선거를 통해 사회주의 정권을 수립했던 아옌데 대통령은 최후의 연설을 남기고 피노체트의 쿠데타군에 맞서 저항하다 사망한다.

아옌데는 1970년 대통령에 당선된 후 민주적이고 평화적인 방식으로 급진적 개혁을 추진해 왔었다. 여소야대 상황에서도 만장일치로 구리 광산을 국유화했고, 분유 무상 배급, 토지 개혁 등을 진행했다. 그런데 아옌데의 이러한 노력은 칠레 내부의 우익 세력뿐만 아니라 다국적 자본과 미국의 커다란 반발을 낳았다. 쿠바 혁명 이후 미국 입장에서는 자신의 앞마당인 남미에 사회주의 정부가 들어서는 것을 용납할 수 없었다. 미국은 칠레의 주수출품인 구리 가격을 폭락시키기 위해 자국의 구리를 풀었고, CIA는 아옌데 정권 3년 동안 각종 공작에 개입했다. 기득권 세력은 '파업'을 일으켜 공장을 중단시켰고, 곳곳에서 사회 혼란을 부추겼다. 피노체트는 이 와중에 쿠데타를 일으킨다.

스스로 박정희를 가장 존경한다고 말했던 피노체트였다. '내 명령 없이는 나뭇잎 하나도 마음대로 떨어질 수 없다' 라고 했던 그는 쿠데타로 아옌데를 죽인 이후에도 전국적으로 쿠데타에 저항하는 사람들을 제압하기 위해 노동자와 농민들을 무차별적으로 공격한다. 사람들을 체육관이나 운동장 같은 곳에 몰아넣은 후 처형하는 등 대대적인 학살을 자행했다. 이렇게 해서 쿠데타가 벌어진 후 일주일 만에 약 3만 명이 죽는다. 또, 그는 '죽음의 특공대' 라는 부대를 만들어서 칠레의 안토파가스타, 라 세레나, 코피아포 같은 도시를 돌며 반정부 인사를 살해한다. 대전, 대구, 광주, 부산을 돌면서 노동운동가, 농민운동가, 진보정당 활동가 등을 찾아내 죽이는 특수부대가 있다고 상상해 보라. 얼마나 끔찍한가.

17년간 자행된 피의 학살과 인권 유린

쿠데타에 성공한 그는 이후 17년 동안 장기 집권을 하는데, 집권 기간 동안에도 인권 유린과 학살은 계속된다. 한국식으로 말하면 중앙정보부라고 할 수 있는 비밀경찰 DINA를 만들었고, 남영동 대공분실같이 정치범을 잡아 고문하고 죽이는 곳을 여러 군데 둔다. '론드레스 38' '호세 도밍고 카나스' '트레스 이 쿠아트로 알라모스' '비야 그리말디' 가 모두 그런 곳이다. 예를 들어 비야 그리말디에서는 약 4,500명이 끌려와 고문당했고, 그 가운데 229명이 숨지거나 실종됐다. 참혹한 구타와 전기 고문 같은 것들이 이어졌고, 수영장에서는 물고문이 계속됐다. 어떤 사람들은 고문을 당해 죽은 후 암매장됐고 또 어떤 사람들은 헬기에 실려 바다에 수장됐다.

피노체트 이후 아일윈Patricio Aylwin Azocar, 1918~ 정권의 '인권탄압조사위원회'에서 공식적으로 발표한 바에 따르면 그의 집권 기간 동안 사망자가 3,197명, 실종자가 1,000여 명, 고문 피해로 장애가 생긴 사람이 10만 명이었으며, 국외로 추방됐거나 망명한 사람이 100만 명, 망명자 중 피살된 사람이 119명 등이었다고 한다. 참고로 당시 칠레 인구는 1,000만 명가량이었다.

피노체트가 도입한 신자유주의, 빈부 격차 심화

피노체트는 집권기 동안 지금은 우리에게도 너무나 익숙해진 '신자유주의' 정책들을 도입했다. 보통 신자유주의가 미국이나 영국에서 처음 국가 정책으로 도입됐다고 하지만 사실 가장 앞서 신자유주의를 도입한 것은 칠레였다.

신자유주의가 도입된 나라는 어느 곳이나 마찬가지였겠지만 칠레에서도 정부 지출 축소, 금융 시장의 규제 완화, 공기업 민영화, 노동 시장 유연화와 노동 기본권 억압이 벌어졌다. 그중 핵심은 전반적인 공기업 민영화 정책이었다. 아옌데 정부가 국유화했던 구리 광산 코델코CODELCO는 정부의 중요한 수입원이었기 때문에 빠졌지만, 3,000개가 넘는 나머지 광산, 농업 기업 등이 팔려나갔다.

160개 공기업이 민영화되었고 은행도 16개나 민간에게 매각됐다. 공기업 민영화 정책은 피노체트 집권기 내내 계속됐는데, 1980년대 말 그가 권좌에서 내려오기 직전까지도 전기, 가스, 항공사 등이 민간의 소유가 되었다.

그의 경제 정책은 빈부 격차를 매우 심화시켰다. 우선 실업률이 높아졌다. 공기업 민영화로 대대적인 인원 감축이 진행되고 제조업이 위축되면서 실업자가 늘어났다. 임금 수준도 크게 떨어져 피노체트가 대통령을 그만둔 1989년의 임금 수준이 1970년 아옌데 정부 첫해만도 못했다. 교육, 보건, 주거 등에 대한 국가의 지출 규모도 마찬가지였다. 게다가 노동조합을 탄압하고 노동 기본권을 억압하는 건 기본이었다.

하지만, 피노체트 정권 동안 경제 성장률은 아옌데 시기의 연평균 성장률 0.5%에 비해서는 높은 2~3% 정도였다. 결국 노동자 민중들은 피노체트 집권 동안 자신의 삶을 저당 잡힌 채 '국가 경제'를 살리기 위해 매진한 셈이다. '서민 경제를 죽여서 키운 국가 경제'라는 공식은 이 시기 상당수의 독재 정부에서 공통적으로 드러나는 특징이다.

경제 성장이 곧 발전이라는 인식을 갖고 있는 사람들에게는 이런 점이 그가 칠레의 경제를 살린 증거로 보일 것이다. 그리고 바로 이 때문에 그에 대한 긍정적 평가가 여전히 존재한다. 피노체트가 잘못한 것도 있지만 칠레 경제를 발전시킨 주역이라는 점은 사실이 아니냐는 것이다. 실제로 마거릿 대처 영국 전 총리는 영국에 신자유주의를 도입한 당사자답게 그를 '칠레에 민주주의와 번영을 가져온 인물'이라 칭했고, 신자유주의 경제학의 대가이자 노벨경제학상 수상자인 밀턴 프리드먼은 이 시기 칠레 경제의 성장을 '칠레의 기적'이라 치켜세우기도 했다.

피노체트 퇴진 후 사면법 만들어 과거사 청산 원천 봉쇄

1970년대 내내 지속되었던 철권통치는 1980년대 들어 커다란 위기를 맞는다. 제2차 석유 파동으로 인한 세계 경제의 위기에서 자유로울 수 없었던 칠레 경제는 1982년에 들어서면서 심각하게 악화되기 시작한다.

동시에 피노체트에 대한 반발도 점차 거세진다. 1986년에는 칠레 공산당 당원들에 의한 암살 시도가 있었고, 1987~1988년에 들어서면서는 곳곳에서 민중들의 저항이 분출하는데, 이 시기는 한국, 필리핀 등 전 세계 곳곳에서 유사한 형태의 민주화 운동이 폭발하던 시기이기도 했다.

그는 집권 연장 찬반 국민투표를 통해 난국을 돌파하려 하다가 결국 패배하게 되고, 뒤이은 대통령 선거에서 기독교 민주당과 사회당이 중도좌파연합이라는 선거 연합을 결성해서 승리한다.

그렇다고 그가 역사의 무대에서 완전히 퇴장한 것은 아니었다. 그는 자기가 집권하던 1981년에 군사평의회가 만든 헌법에 따라 향후 몇 년간 더 군부를 장악할 수 있는 군총사령관직을 유지할 수 있었다. 뿐만 아니라 그 헌법은 상원의원 47명 중 9명은 군부가 지명한다고 규정했다. 이로 인해 피노체트는 대통령을 그만둔 후에도 1998년까지 군총사령관 자리를, 2002년까지는 상원의원 자리를 유지하게 된다.

게다가 쿠데타 이후 몇 년 동안 집중적으로 자행한 인권 유린 행위 등에 대해서는 1978년에 사면법을 만들어서 당시까지 군사 정부가 취한 모든 행위의 책임을 면하도록 하는 조치를 취해 버렸다.

이 때문에 칠레에서 과거 청산은 독재자가 물러났음에도 불구하고 처음부터 거의 불가능한 일이 되었다. 특히 독재의 최정점에 있던 당사자에 대한 처벌 문제는 더욱 그랬다. 그의 퇴장 이후 20년 동안 피노체트 정부 시절 범죄 행위를 저질렀던 많은 사람들이 기소되고 체포되고 형을 선고받았다. 인권 유린과 관련한 250여 건의 재판들이 진행되었다. 게다가 많은 사람들이 아직까지도 애타는 마음으로 군사 정부 시절 실종된 가족을 찾고 있다. 그러나 현직 군총사령관이자 상원의원인 피노체트에 대한 처벌만큼은 쉽지 않았고, 그가 최종적으로 상원의원직을 내놓은 2002년 이후에도 상황은 마찬가지였다.

차기 정부를 협박하며 국민을 좌절케 한 피노체트

그의 저항은 만만치 않았다. 피노체트 퇴진 직후 집권한 파트리시오 아일윈 대통령이 과거 인권 유린 행위를 조사하겠다고 하자 그는 '수하에 있는 8만의 병력을 동원할 수도 있다' 면서 마치 제2의 쿠데타를 암시하는 듯한 발언으로 대통령을 압박했다. 아일윈 대통령은 그를 처벌하기 위한 특별 검사 임명을 골자로 하는 '아일윈 법안' 을 제출하기도 하는데 이때에는 실제로 중무장한 특수부대 요원들이 대통령궁 앞에서 시위를 하기도 했다. 범죄자가 여전히 위세를 누리며 민간 정부에 무력시위를 하는 모습은 칠레의 많은 국민들에게 공포와 좌절을 안겨 줬다.

피노체트를 단죄하기 위한 노력과 그에 대한 반발은 이후에도 계속됐다. 1995년에는 피노체트 집권 시절 비밀경찰DINA의 수장을 역임한 마누엘 콘트레라스가 징역 7년을 선고받았는데 이때에도 피노체트는 기자들과 인터뷰를 하면서 '인권이 뭔가. 나는 그런 것 모른다' 고 말해 자신의 과거 행위가 정당했음을 강변했다.

영국 경찰에 체포된 피노체트, 역사의 심판받다

그러던 중 신병 치료차 영국을 방문한 그가 그곳 경찰에 체포되는 사건이 발생한다. 스페인의 판사가 피노체트 독재 시절 스페인 국민이 살해된 점, 그리고 반인도적 범죄에 대해서는 개별 국가를 뛰어넘는 '보편관할권' 이 적용되어야 한다는 신념으로 그에 대해 체포 영장을 발부했기 때문이다. 이후 피노체트는 16개월간 가택 연금 상태에 있게 되는데, 2000년 들어 영국 법원이 그를 심각한 건강상의 이유로 석방하기로 결정하면서 칠레로 귀국하게 된다.

칠레 귀국 후 국내에서도 그를 처벌해야 한다는 대규모 시위가 벌어졌다. 또, 칠레의 인권 변호사들은 '죽음의 특공대' 의 배후 조종 혐의로 그가 기소되어야 한다고 주장하는 등 피노체트에 대한 칠레 내의 비난 여론이 점점 거세지기 시작했다.

아버지 변호에 나선 독재자의 딸, 우익을 선동하다

상황이 이렇게 되자 피노체트의 가족들은 그를 적극적으로 옹호하고 나선다. 그 가운데에서도 첫째 딸 루시아가 제일 적극적이었다. 그녀는 2000년 6월 7일 칠레 일간지 〈라 세군다〉와의 기자 회견에서 '아버지는 죄가 없다. 만약 아버지가 처벌될 경우에는 다른 많은 사람들이 다치게 될 것' 이라고 말한다. 또한 아버지가 '면책 특권 박탈 결정을 '정치 재판' 으로 여기고 있다' 라고 전하면서 '국가의 지도자라면 누구나 자신이 한 일에 대해 책임을 느껴야 하겠지만 이번 일은 그런 수준을 뛰어넘은 심각한 덮어씌우기' 라고 아버지를 적극 옹호한다.

루시아는 아버지가 수많은 학살의 배후라는 사실을 전혀 인정하지 않았다. 각종의 명백한 증거와 수많은 피해자들이 존재하고, 아직도 피노체트 집권 시기 실종된 가족을 찾지 못해 고통받는 가족들이 있지만 그녀는 이러한 사실에는 눈을 감았다. 단지 아버지에게 가해지는 비난을 억울해했으며, 이런 종류의 일이 있을 때 흔히 그렇듯, 아버지에 대한 기소 시도들은 모두 정치적 의도가 있는 것이라고 해석할 뿐이었다.

그녀의 아버지 옹호는 이후에도 계속된다. 상황이 자신들에게 불리할 때는 억울해하다가도 자신들에게 유리한 국면이 오면 국민들을 협박하는 발언을 일삼았다.

2000년 8월 칠레 대법원은 피노체트의 종신 상원의원으로서의 면책 특권을 박탈하는 판결을 확정한다. 아버지가 본격적으로 기소될 위기에 처하자 그녀의 반응은 격해졌다. 피노체트의 면책 특권 박탈에 대해 '이는 판도라의 상자' 를 연 것이며, 앞으로 많은 사람들이 비슷한 처지가 될 것이라고 협박했다. 판도라의 상자가 열렸다는 말은 칠레 내 우익에게 궐기할 것을 선동하는 말이었다.

그 후 피노체트는 '죽음의 특공대' 사건과 관련하여 가택 연금 조치되고 정식 기소가 되지만 2001년을 거치면서 살인 및 납치 혐의는 기각되고 범죄 은폐 혐의와 관련된 재판만 받게 된다. 그러나 그마저도 2002년 대법원에 의해 재판이 중단되는데 이유는 그가 치매가 심하다는 것이었다. 이로써 2000년 3월 영국에서 돌아온 직후부터 진행된 피노체트에 대한 재판은 2년여를 끌다가 흐지부지 끝나 버렸다. 그에 대한 처벌은 불가능해졌고, 그를 상대로 한 250여 건의 고소와 고발 사건도 자동으로 취하됐다.

속속 드러나는 범죄 사실에 여론 악화되자 한발 물러선 딸

그러나 피노체트와 그의 가족에게도 상황이 그렇게 유리하게만 돌아가는 것은 아니었다. 2004년 6월 미국 상원이 미국 리그스은행 계좌에 있는 그의 비밀 예금이 적어도 800만 달러86억 원에 달한다고 폭로하는 일이 벌어진 것이다. 게다가 한 달 후인 2004년 7월에는 2002년 기소 중지된 결정이 다시 뒤집힌다. 산티아고 항소법원이 피노체트에 대해 대법원이 '치매 판결'로 면죄부를 줄 수 없다고 판결한 것이다. 실제로 그는 대법원의 치매 판결 이후에도 여러 공식석상에 버젓이 나타나 정상적인 사람과 똑같이 행동하곤 했었다. 결국 2004년 12월, 이번에는 '콘도르 작전'으로 전격 기소되고 가택 연금된다. 콘도르 작전은 칠레가 주도해서 브라질, 파라과이, 볼리비아, 아르헨티나, 우루과이 등 남미 각국의 군사 정권이 함께 남미 및 세계 전역에서 반체제 인사들을 검거, 납치했던 작전의 이름이다.

2005년 이후 그의 범죄 혐의들은 점점 늘어났다. 그는 각종 이유로 기소 면제권을 박탈당하게 된다. 집권 시기의 '빌라 그리말디' 등 수감 시설에서 벌어진 인권 유린 사건, 반체제 인사 납치 및 살해 사건인 '콜롬보' 작전 배후 조종 혐의, 반체제 인사를 죽이는 데 이용되던 살인 가스 제조 관련 비밀경찰DINA 살해 사건의 배후 조종 혐의 등 이유는 다양했다.

여론이 점점 악화되어 가자 그와 그의 가족들은 마지못해 한발 물러나게 된다.

2006년 11월 루시아는 칠레 〈TVN〉과의 인터뷰에서 아버지가 '재임 시에 희생당한 사람들 때문에 힘들어 했다' 고 얘기한다. 피노체트가, 실종되고 고문당했던 많은 사람들의 가족들 때문에 큰 고통을 느꼈다는 것이다. 그는 자신의 아버지가 개인적으로는 기꺼이 희생자들의 가족들을 만났을 것이라고까지 말했다. 사건의 책임 있는 당사자로서가 아니라 '개인적' 인 차원에서는 얼마든지 그 가족들을 만났을 것이라는 그녀의 이야기는 가증스러울 정도였다.

일주일 후 이번에는 피노체트가 자신의 입장을 밝힌다. 2006년 11월, 91번째 생일을 맞아 부인이 대신 읽은 성명서를 통해 '자신의 재임 기간에 벌어진 모든 일에 대해 '정치적 책임' 이 있다' 고 말한다. 이를 두고 그가 과거를 반성했다고 해석한 사람들도 있었으나 사실 그는 끝까지 자신의 행위를 옹호했다. 성명서를 통해 그는 '나는 무엇보다도 내 조국을 사랑했으며, 누구에게 원한을 살 만한 일은 한 적이 없다. 나는 오직 칠레의 몰락을 막기 위한 목적으로 내 일을 했을 뿐이다' 라고 말했다. 그의 말에서 진정성 있는 반성을 찾아보기는 어려웠다. 그가 죽기 한 달 전 일이었다.

125개의 비밀 계좌 들통, 가족 전원 체포되다

한편 피노체트의 해외 비밀 계좌 문제는 또 다른 커다란 이슈였다. 2005년 3월 미국 상원은 그의 비밀 계좌에 대한 보고서를 발표한다. 피노체트 본인, 가족, 측근 등의 명의로 미국 내 은행들에 현금이나 주식 등의 형태로 보유한 비밀 계좌가 28개 은행 125개에 이르며 최소 1,300만 달러[140억 원]라는 내용이었다. 그 직후 그의 부인과 둘째 아들 안토니오는 탈세 공모 혐의로 체포된다. 그리고 이듬해인 2006년 1월 피노체트 비밀 계좌 사건을 담당하는 카를로스 판사는 해외 은행 예금 납세 허위 신고 혐의로 피노체트의 부인과 둘째 아들뿐만 아니라 첫째 딸 루시아를 포함한 그의 일가족 6명 전원을 체포하도록 명령한다.

미국으로 도피 중 공항에서 체포된 루시아

그러자 루시아는 그날로 미국으로 도피를 시도하다 워싱턴 댈러스 공항에서 붙잡힌다. 애초 그녀는 탈세 및 위조 여권 사용 등의 혐의와 관련된 검찰의 소환에 거듭 불응하고 있었다. 그러다 체포 영장이 발부됐다는 사실이 알려지자 자동차로 옆 나라 아르헨티나로 도주한 다음 미국으로 가는 비행기를 탔던 것이다. 미국 공항에서 잡힌 직후 루시아는 '정치적 망명'을 신청한다. 하지만 망명 신청은 받아들여지지 않았고 미국 정부는 그녀를 이틀 후 아르헨티나로 돌려보낸다. 망명 신청이 받아들여지지 않은 데에는 여러 가지 정치적 이유가 있을 테지만 당시 언론에는 정작 그녀 자신이 이민국에 구금되어 있는 동안 불만을 터트리면서 망명에 적극적이지 않았던 것도 한 이유라는 보도가 나오기도 했다. 다른 구금자들과 똑같은 옷을 입히고, 똑같은 식사를 하게 한 것에 그녀가 화를 참지 못했다는 것이다.

피노체트 집권기부터 독재자 아버지 밑에서 화려한 생활을 즐겼고, 피노체트 퇴임 이후에도 아버지가 만들어 놓은 비밀 계좌 덕에 돈 걱정 없이 살았을 그녀에게 그 이틀간의 '보통 생활'은 아마 대단히 모욕적인 경험이었을 것이다.

이즈음 피노체트 부인의 범죄 행위도 속속 드러난다. 특히 그녀가 피노체트 집권기 동안 활동해 왔던 자선 단체 '어머니들을 위한 재단CEMA 칠레' 이 그의 퇴임 이후에는 전혀 활동이 없었음에도 불구하고 자산이 계속 늘어났는데 이유가 그의 해외 비밀 계좌 예금과 연계되어 있기 때문이었다. 그녀는 이 재단을 통해 피노체트와 공동 명의의 비밀 계좌를 만들어 마음껏 돈을 인출해 썼다.

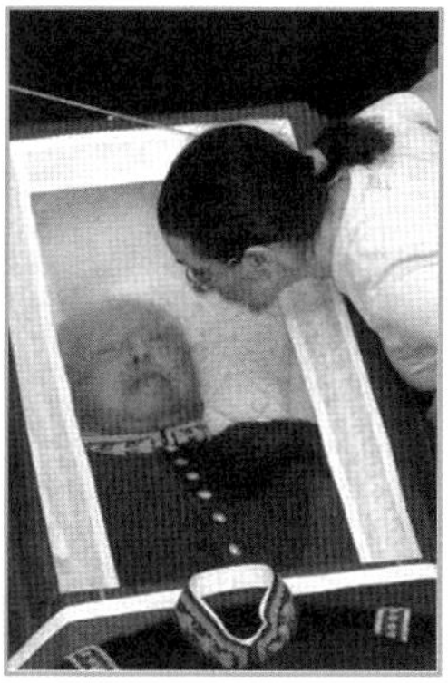
피노체트의 시신

루시아, 2008년 무소속 시의원에 당선

피노체트는 2006년 12월 10일 심장병으로 사망한다. 단 한 번도 법정에 서지 않았고, 비밀 계좌에 있는 해외 도피 불법 자산은 한 푼도 반환되지 않은 상태에서 91세의 나이로 천수를 누리고 죽었다. 장례식은 군인장으로 치러졌고, 그의 시신은 나중에 훼손될 것을 걱정한 유언에 따라 화장 처리됐다.

이날 장례식에서 루시아는 피노체트를 '칠레가 낳은 가장 위대한 대통령' 이라고 찬양하면서 장례식에 오지 않은 미첼 대통령을 비난했다. 대통령은 자신의 아버지가 피노체트 시절 고문으로 죽임을 당했고, 이날 '피노체트의 장례식에 참여하는 것은 양심에 위배된다' 며 참석하지 않았다.

그런데 이날 장례식은 루시아에게 큰 영감을 불어넣어 줬다. 장례식에 몰린 수천 명의 사람들, 피노체트가 죽기 전부터 병원 앞에 몰려들어 '사랑해요 피노체트' 같은 피켓을 들고 시위하는 사람들을 보면서 그녀는 아마도 아버지의 뜻을 자신이 이어가야 한다고 생각했던 모양이다. 피노체트 사망 다음 해인 2007년 그녀는 결국 정계 진출을 선언한다. 정계 진출의 이유를 묻는 언론에 '많은 사람들이 아버지를 애도하는 광경을 보면서 내가 무엇인가 할 일이 많겠다는 생각을 했다' 고 답했다.

결국 그녀는 2008년 10월 산티아고의 동부 부유층 밀집 지역인 비타쿠라 지역에서 무소속으로 출마해 시의원에 당선된다. 2008년 들어 칠레 정부는 과거 청산에 보다 적극적으로 움직이고 있었다. 피노체트 집권 시절 '콜롬보 작전' 에 가담했던 관계자 100여 명을 체포하고, 사법부는 비밀경찰 총수 마누엘 콘트레라스에 대해서 종신형을 선고한다. 2009년에는 전직 군인과 경찰 요원 129명에 대해 체포 영장이 발부되기도 했다. 하지만 이 와중에도 피노체트 세력들은 각종 선거를 통해 속속 복귀하기 시작하는데 루시아의 당선은 이런 흐름을 상징하는 사건이었다.

그녀는 당선된 직후부터 자신의 본색을 드러냈다. 각종 언론 인터뷰를 통해 '과거에 테러리스트였던 인물이 대통령이나 정부 각료가 된 경우가 많다' 면서 미첼 대통령을 직접 겨냥해 '좌파 정권들이 자꾸 민주주의로 장난을 치고 있다' 라고 말하기도 했다. 물론 과거사 청산 움직임이 계속되고 있는 상황, 중도 좌파 대통령이 정권을 잡고 있는 상황에서 눈치를 보지 않을 순 없었는지 피노체트 집권 시기의 인권 유린 행위가 정당한 것은 아니라는 입장을 보이기도 했는데 그러면서도 그녀는 언론 인터뷰를 통해 '증오를 키우는 건 누구에게도 이롭지 않다. 상처 받은 이들에게도 더 큰 고통을 안겨 줄 것' 이라고 말하곤 했다.

2010년, 우파 정권의 대선 승리와 피노체트의 복권 움직임

루시아의 당선은 어쩌면 칠레 정치의 지각 변동을 예견하는 것이었다. 루시아 당선 2년 후에 있은 2010년 대선에서 우파 연합이 좌파 연합을 누르고 대선에서 승리한 것이다. 당선된 세바스티안 피녜라 대통령은 항공사, 방송국, 축구팀 등을 거느리고 있고, 우리 돈으로 약 1조 3,500억 원 정도를 소유한 갑부이다. 그는 정부를 구성하면서 피노체트 정권 시기의 올드보이들을 복귀시켰다.

지지부진하게 계속되는 과거 청산, 우파 독재 정권에 대한 사회적 긴장감 약화, 피노체트 집권 시기 경제 성장에 대한 긍정적 시각의 잔존, 그로부터 이어지는 신자유주의 정책의 지속 등은 루시아의 당선과 20년 만의 우파 집권 모두를 가능하게 했다.

무엇보다도 우파의 집권을 가능하게 한 것, 그리고 피노체트 일

파의 정치적 복권을 가능하게 한 것은 국민들의 생활이 나아지지 않았기 때문이다. 피노체트 이후 집권한 이른바 민주 정부들은 급격한 변화 없이 신자유주의 경제 정책을 유지했다. 우파 집권 직전의 미첼 대통령은 구리를 팔아서 번 돈을 잘 관리한 덕에 세계 경제가 위기에 빠지고 구리 가격이 반으로 떨어지는 상황에서도 거시경제 지표상의 큰 어려움 없이 경제를 이끌었다. 하지만 빈부 격차 문제는 고질적이었고 중도 좌파 20년 동안에도 해결되지 않았다. 최근까지도 가장 잘사는 10%와 가장 못사는 10%의 소득 격차가 50배 가까이 되는 것이 칠레의 현실이다.

한국도 같은 일을 겪었다. '민주정부'를 거치면서 신자유주의는 심화됐고 이는 극심한 양극화를 낳았다. 신자유주의를 민주정부가 추진해 온 역설적 상황은 사람들로 하여금 '민주주의가 밥 먹여 주는 것은 아니다'라는 인식을 낳게 했고, 한국의 경우엔 더 특이하게도 '진보는 무능'하다는 생각을 낳았다. 한국에서 이명박 대통령이 대통령이 될 수 있었던 것은 좀 부패해도 되니 경제는 살리라는 대중들의 요구가 반영된 결과였다. 결국 신자유주의 자체를 뛰어넘지 않는 한 서민 경제가 살아날 길은 요원하다. 새로운 대안이 제시되지 않는다면 국민들은 과거의 향수를 더욱 떠올릴 수밖에 없게 된다.

피노체트 이후 최초의 우파 집권은 곧바로 눈에 띄는 변화들로 이어졌다. 집권하자마자 칠레 교육부 산하 국가교육위원회는 초등

학교 역사 교과서와 관련하여 피노체트 시대를 더 이상 '군사 독재' 라고 표현하지 않고 '군부 정권' 으로 부르도록 결정했다.

루시아는 과거와는 다르게 한껏 목소리를 높였다. 우파 집권 후 처음 맞는 '피노체트 혁명 기념일' 날 그녀는 아버지를 적극적으로 옹호했다. 그녀는 '피노체트의 17년 집권 덕에 지금의 칠레가 가능했던 것' 이라면서 수감되어 있는 모든 군부 인사를 석방하라고 정부에 촉구했다. 불과 2년 전에 아버지를 옹호하면서도 피노체트 집권 시절의 인권 침해 행위가 정당화될 수 없다고 했던 입장은 온데간데없어졌다.

동시에 피노체트의 복권 움직임이 본격화되고 있다. 2012년 6월 10일 산티아고에서는 〈피노체트〉라는 제목의 다큐멘터리 시사회가 열렸다. 칠레 전역장교연합UNOFAR과 '9·11' 재단이 공동 후원한 이날 시사회에는 1,000명이 넘는 사람이 참석했으며 열광적인 분위기 속에서 영화가 상영됐다. 극장 밖에서는 3,000명이 넘는 시위대가 경찰에 맞서 투석전까지 벌이면서 격렬하게 항의했지만 영화 상영을 막지는 못했다.

중도 좌파 정권 하에서조차 피노체트를 단죄하지 못한 칠레는 지금 독재자의 유령과 싸우고 있다. 그 유령은 현실의 힘으로 존재하며 점차 세력을 키워 나가고 있다. 피노체트 가족들의' 건재, 루시아의 시의원 당선은 어쩌면 시작에 불과하다. 다만 다행인 것은 그녀가 현재까지는 칠레의 대통령 후보가 아니라는 점 정도이다.

한국

최초의 부녀 대통령… 아버지는 총탄으로, 딸은 탄핵으로 물러나다

_ 박정희의 맏딸 박근혜

이형석 | 〈헤럴드경제〉 문화부 기자

한국 5~9대 대통령
박정희

한국 18대 대통령
박근혜 큰딸

박근혜의 청와대 20년,
수인번호 503의 징역 24년

"주문, 피고인 박근혜를 징역 24년 및 벌금 180억 원에 처한다."

2018년 4월 6일 서울중앙지법 417호 대법정. 박근혜 전 대통령의 국정농단 사건 1심 선고공판에서 재판장인 김세윤 부장판사는 1시간 42분 동안의 판결문 낭독 끝에 피고인에게 유무죄 여부와 형량을 밝히는 주문을 밝혔다. 수인번호 503의 죄수 박근혜의 나이 66세. 훗날의 사면 가능성에 대한 고려 없이, 1심 판결만 따른다면 박근혜는 꼭 90세가 되서야 감옥에서 나올 수 있게 된다.

박근혜가 아버지 박정희 대통령을 따라 영애[대통령의 딸]로서 청와대에 처음 들어간 때가 1963년으로 당시 11세였다. 1979년 박정희 전 대통령이 시해된 뒤 16년간 살았던 청와대에서 나왔다. 10대 소녀는 27세 여성이 돼 있었다. 소년기와 사춘기를 거쳐 청년기에 이르기까지 성장기를 모두 청와대에서 '영애'로, 어머니를 대신한 '퍼스트레이디'로 살았다. 청와대에서 나올 당시만 해도 청와대에서 산 삶이 더 길었다.

제2의 청와대 인생은 대통령으로서였다. 2012년 12월 제18대 대통령으로 당선돼 이듬해인 2013년 2월 취임했다. 그러나 5년 임기를 다 채우지 못하고 2017년 3월 탄핵으로 대통령직에서 파면됐다. 청와대에서 쫓겨난 뒤 서울 강남구 삼성동 사저에서의 체류는 길지 않았다. 헌법재판소의 탄핵 인용 후 20여일 만에 검찰에 의해 국정농단 혐의로 구속 기소됐다. 그리고 354일 만에 1심 판결을 받았다. 그대로라면 박근혜의 청와대 인생은 20년, 감옥에서의 삶은 24년이 된다.

1심 판결에선 검찰이 재판부에 판결을 요청한 18가지 혐의 중 16가지가 유죄로 인정됐다. 주요 죄목은 직권남용 권리행사 방해, 강요, 특정범죄 가중처벌 등에 관한 법률상 뇌물수수 및 제3자 뇌물수수, 공무상 비밀누설죄 등이었다.

오랜 지인이자 최측근인 최순실본명 최서원과 공모한 국정농단의 사실상의 결말이었다. '국정농단' 에서 '농단' 壟斷이란 원래 '깎아지른 듯이 높이 솟아오른 언덕' 을 뜻하는 말로 《맹자》로부터 유래한 고사성어다. 세상은 평화롭고 사람들은 순박하던 때의 일이다. 넓은 광장에 시장이 들어섰다. 사람들이 물건을 서로 바꾸던 시장은 항상 북적였다. 이때 교활한 사내가 나타나 우뚝 솟은 언덕으로 올라갔다. 제일 좋은 자리였다. 그곳에 자리잡고 사방을 굽어보며 장사하니 물건이 엄청나게 잘 팔렸고 사내는 시장 이익을 모두 독점했다.

이로부터 '깎아지른 듯 높은 언덕'은 높고 좋은 자리를 차지해 권력을 한 손에 쥐고 멋대로 좌지우지하며 이익을 독점하는 일을 뜻하게 됐다.

'국정농단'은 나라의 최고 높은 자리에 올라 권력을 사사로이 휘두르고 사익을 도모했다는 말이다. 박근혜의 죄를 한마디로 말하자면 그렇다. 대한민국 최고 권좌에 오른 뒤 사인私人 최순실과 공모해 불법부당하게 개인의 이익을 챙기고 나라의 근간을 무너뜨렸다는 것이다.

재판부는 "피고인은 국민으로부터 위임받은 대통령 권한을 남용했고 그 결과 국정질서에 큰 혼란을 가져왔으며 헌정 사상 초유의 대통령 파면에 이르게 됐다"며 "그 주된 책임은 헌법이 부여한 책임을 방기한 피고인에게 있다"고 지적했다.

판결에 따르면 박근혜는 대통령이라는 직권을 남용해 기업에게 거액의 뇌물을 받거나 강요해서 최순실 딸 정유라 등 일가나 미르·K스포츠재단 등 최순실의 사업을 돕도록 했다. 또 이념 성향을 이유로 문화예술계 특정 인사들을 지원에서 배제하거나 공무원 인사에 부당하게 개입·지시한 혐의도 유죄로 인정됐다. '대통령 연설문'으로 대표되는 청와대 기밀 문건을 최순실에게 유출한 죄도 있었다.

왕조시대 왕처럼 나라를 개인의 것으로 여기고 대통령으로서 국가 공권력을 사유화한 것이 박근혜의 죄였다. '아버지의 나라'를 물려받을 운명이라고 믿었던 '공주', 빨갱이와 정적에게 넘어갔던 청와대를 되찾았다고 여겼을 독재자의 딸에겐 필연적인 결말이 아니었을까. 박근혜에게 2012년 18대 대통령 당선은 언젠가 여왕으로 등극할 것이라는 최태민의 계시의 실현이었고, 아버지 박정희가 그토록 절멸시키려고 했던 좌익김대중-노무현, 그리고 아버지 시대 일개 '장사치' 이명박에게 빼앗겼던 왕권의 탈환이었을 것이다. 박근혜 개인에게는 '비운'의 '마지막 장'의 시작이었고, 대한민국 국민에게는 거대한 불행의 출발이었던 2012년 18대 대선. 미국 시사주간지 타임이 당선자 박근혜의 사진과 함께 장식한 표지의 제목은 '독재자의 딸' The Strongman's Daughter이었다. 부제는 "박근혜는 한국의 첫 여성 대통령으로서 새로운 역사를 창조하고자 한다. 하지만 그녀는 논란의 아버지 시대를 극복할 수 있을까Park Geun-hye aims to make history as South Korea's first female President. But can she overcome her father's controversal past?"였다.

4년 후인 2016년 겨울, 대한민국 국민은 박근혜 대통령에게 촛불로서 '퇴진'을 명령했다. 이듬해 헌법재판소는 '탄핵'을 인용, 박근혜 대통령을 파면했다. 2018년 사법권력은 대통령이 아닌 '개인' 박근혜의 범죄 사실을 확인했다. 타임 지가 던진 질문에 대한 대한민국 국민과 사법부의 대답이었다.

최초의 부녀 대통령…아버지는 총탄으로, 딸은 탄핵으로 물러나다

박정희와 박근혜는 대한민국 최초의 부녀 대통령이다. 제2차 세계대전 후 부녀가 대를 이어 선출직 국가수반이 된 것은 세계적으로 예가 드물다. 자와할랄 네루다 간디-인디라 간디 총리인도, 아흐맛 수카르노-메가와티 수카르노 푸트리 대통령인도네시아, 줄피카르 부토-베나지르 부토 총리파키스탄, 디오스다도 마카파갈-글로리아 마카파갈 아로요 대통령필리핀 정도가 있다. 박정희-근혜 부녀까지 포함해 아시아에서만 5차례라고 하지만 민주주의가 발전하고 사회가 안정된 국가만을 대상으로 하면 그 수는 더 적을 것이다.

박근혜가 대통령에 오름으로써 또 다른 부녀 대통령의 탄생으로 세계적인 관심을 받았지만, 아버지의 삶과 딸의 정치 경력은 모두 비극으로 끝났다.

아버지 박정희는 4·19 민주혁명으로 탄생한 제2공화국을 군홧발로 밟으며 집권했고 헌법을 마음대로 뜯어고쳐 장기 독재체제를 구축했으며 결국 총탄으로 삶과 정치경력 모두를 마감했다.

그는 육군사관학교 8기생들을 중심으로 1961년 5월 16일 군사쿠데타를 일으켜 사실상 국가 권력을 장악했고, 1963년 선거를 통해 제5대 대통령에 올랐다. 비정상적인 폭압적 통치 속에서도 5대와 6대 대통령 선거는 그나마 직선제의 틀을 유지했다. 박정희는 연임에 성공했다. 하지만 박정희의 권력욕은 멈출 줄 몰랐다.

1969년 3선 개헌을 통해 대통령의 3연임이 가능하도록 고치고 대통령 권한을 대폭 강화했다. 3선 개헌 후인 1971년 치러진 8대 대통령선거에서는 박정희가 3선에 성공하지만 정부의 금권·관권 부정선거 논란에도 불구하고 김대중 야당 후보가 약진하며 민심을 보여줬다. 박정희는 결국 이듬해 대통령에게 초법적 권한을 부여하고 제3공화국 헌법을 폐지했으며 야당·국민들의 정치활동을 사실상 금지시키는 '10월 유신'을 단행한다. 박정희의 친위 쿠데타였다.

'유신헌법'에 따라 국민 직선 대통령 선거제가 폐지됐다. 대신 '통일주체국민회의'라는 단체가 체육관에서 투표를 통해 대통령을 선출하는 '간접 선거제'로 바뀌었다. 대통령 임기는 6년으로 늘어났고 연임제한이 폐지돼 종신집권도 가능해졌다. 대통령은 국회해산권과 모든 법관의 임명권을 갖도록 했으며 국회의 3분의 1을 대통령 추천 의원으로 구성하도록 했다. 대통령이 사실상 행정·입법·사법권을 한 손에 쥐게 된 것이다. 게다가 대통령에겐 헌법 효력을 일시 정지시킬 수 있는 긴급조치권까지 부여됐다. 박정희가 초헌법적 존재가 된 것은 물론, 종신 집권을 위한 모든 체제를 구축한 것이었다.

국민들은 분노했다. 유신헌법에 따라 8대에 이어 9대 대통령으로 취임한 박정희는 1979년 10월 부산과 마산을 진원지로 한 학생·시민·노동자들의 거대한 저항에 부딪친다. 부마항쟁이었다.

여기에 권력 핵심층 내부의 분열이 겹치면서 10·26 사태가 일어난다.

1979년 서울 종로구 궁정동 중앙정보부 안전가옥에서 당시 김재규 중앙정보부장이 박정희 대통령과 차지철 경호실장 등을 총격살해 한 사건이다. 박정희는 군인 출신인 최측근과의 술자리에서 삶을 마감했다. 경제침체와 독재체제의 폭압에 대한 국민적 저항과 불만, 박정희를 비롯한 집권층의 도덕적 문란, 오랜 집권으로 인한 권부 안팎의 균열이 어우러진 결과였다.

생전 박정희가 한창 종신독재체제의 구축을 도모하던 1974년, 영부인 육영수는 광복절 기념행사 중 문세광에 의해 시해됐다. 대통령 부부가 모두 총탄으로 죽음을 맞은 것이다.

아버지가 최고 권좌를 차지했던 50년 후 딸도 대통령에 취임했다. 아버지는 종신집권을 도모했지만 16년을 재임했고 딸은 5년 임기를 채우지 못하고 4년 만에 쫓겨났다. 아버지는 총탄으로, 딸은 탄핵으로 최고 권좌에서 물러났다.

대한민국에서 부녀대통령은 결코 '가문의 영광'이 될 수 없었다. 대한민국의 정통성을 훼손하고 국민들을 비극으로 몰고 갔다는 평가가 현재까지의 공식 역사와 기록이 전하는 바다.

박정희 집권 후부터 5·16은 "파쟁과 혼란을 말소하고 공산침략에서 국가와 민족을 건지기 위해 일어난 혁명"1966년 제2차 국정교과서, 고교 역사 이었으며 "국가와 민족을 수호하기 위하여 뜻있는 군인들이 일으킨 혁명" 1979년 제3차 국정교과서, 중학교 역사 이었다. 역시 군부 쿠데타로 정권을 장악한 전두환·노태우 정권까지 5·16은 '혁명'이었다. 목적은 "국민을 부정부패와 불안으로부터 해방, 올바른 민주주의 국가의 건설" 1979년 제3차 국정교과서, 고교 이었으며 "부패와 부정을 일소하고 조국의 근대화를 추진하려는 것" 1982년 제4차 국정교과서, 중학 이었고, "정치 혼란과 공산주의의 위협으로부터 나라를 지키기 위한 것" 1990년 5차 국정교과서, 중학 이었다.

5·16 평가가 '쿠데타'로 제자리를 찾은 것은 첫 문민정부인 김영삼 대통령에 와서다. 1996년 고교 역사 과목의 제6차 국정교과서는 "1961년 5월 16일 박정희를 중심으로 한 일부 군부세력이 사회적인 무질서와 혼란을 구실로 군사정변을 일으켜 정권을 잡게 되었다"고 했고, 중학교과서 역시 '군사정변'으로 서술했다. 2002년 중학 역사과목 제7차 국정교과서는 "민주 정치의 실현을 위해 노력하던 장면 내각은 1961년 5월 16일 박정희를 중심으로 한 일부 군인들이 군사정변을 일으켜 정권을 장악함으로써 집권 9개월 만에 무너지고 말았다"고 서술했다.

박근혜가 재임 중 왜 그토록 '국사 국정교과서'에 집착했는지 알만하다. 박근혜는 이른바 역사교육의 '정상화'와 국사 교과서의 국정화를 통해 역사의 시계를 아버지의 시대로 되돌리려 했지만, 박근혜가 자신의 행위를 통해 이룬 것은 아버지의 시대의 최종적인 마감이었다. 자신이 대통령직에서 파면됨으로서, 민주적으로 수립된 정부를 무너뜨린 일부 군사들의 정변, 5·16으로 시작됐던 비극의 한 페이지에 진정한 마침표를 찍었다.

어머니의 올림머리를 풀지 못하고 아버지의 그늘을 벗어나지 못하다

박근혜는 결국 어머니의 올림머리를 풀지 못했고, 끝내 아버지의 그늘을 벗어나지 못했다. 부녀 대통령의 영광과 비극이 모두 이로부터 비롯됐다. 부모의 이른 죽음, 충격적인 총격살해를 목격한 딸은 그 트라우마와 콤플렉스 속에 살았다. 박근혜 개인을 위해서나 대한민국 국민을 위해서나 가장 바람직한 길은 박근혜가 평생을 '사인' 으로 남는 길 밖에는 없었다. 박근혜가 정치계로 나서는 순간 비극은 예비됐고, 결국 그를 아는 모두가 최소 4년의 불행의 시간을 보내야만 했다. '정치인' 박근혜가 가진 콤플렉스는 다음 두 명의 증언에서 단적으로 드러난다. 증언자는 오랫동안 정치부 기자를 지낸 사람이었으며, 또 한 명은 박근혜와 같은 당 정치인 출신이다.

"박근혜는 살아생전 어머니가 '너는 뒤로 머리를 묶는 게 어울린다. 어쩌면 그것까지 나하고 닮았냐' 는 말을 또렷이 기억하고 있다. 그래서 머리 모양만큼은 운명이라고 생각고 있는 듯하다." 천영식, 《나는 독신을 꿈꾸지 않았다-박근혜 53년 인생 이야기》, 2005년

"박근혜의 권력 의지는 대단했다. 나는 그녀를 관찰하면서 아, 저렇게까지 대통령이 되고 싶을까 싶었다. 그러면서 몇 가지 사실을 알게 되었다. 그녀에게 있어서는 권력이란 매우 자연스럽고 몸에 맞는 맞춤옷 같은 것이라는 것, 그리고 더 나아가 그녀에는 생활필수품이라는 것을 말이다. 박근혜에게 한나라당은 '나의 당' 이었다. 대한민국은 우리 아버지가 만든 '나의 나라' 였다. 이 나라 국민은 아버지가 긍휼히 여긴 '나의 국민' 이었다. 물론 청와대는 '나의 집' 이었다. 그리고 대통령은 바로 '가업', 즉 '마이 패밀리스 잡' 이었다. 전여옥, 《i 전여옥 전여옥의 사생활을 말하다》, 2013년

강준만 교수의 말대로 박근혜는 '1970년대의 청와대에 유폐된 과거중독자' 였으되, 박근혜의 머릿속에 있는 '1970년대의 청와대' 란 콤플렉스로 지은 '궁전'《박근혜의 권력중독》 중 박근혜는 왜 '꼭두각시' 로 전락했는가 이었다. 민족을 구하고 조국을 근대화시킨 영웅 아버지와 어려운 백성들을 살피는 자애로운 '국모' 가 사는 곳이었다. 박근혜는 기꺼이 '아버지의 정치' 와 '어머니의 육신' 을 자신의 한 몸에 재현하려 했다. 스스로 아버지의 영혼애국심을 지닌 어머니의 몸올림머리이 됨으로써 1970년대의 청와대를 복원시키려고 했다.

그렇게 하여 '올림머리' 는 한낱 가십거리로부터 또 다른 비극의 기원이 됐다. '올림머리' 는 이마쪽 앞머리를 부풀게 하고 뒷머리는 수십 개의 핀을 사용해 잔뜩 올려붙인 스타일을 말한다. 역대 영부

인 중 한복이 가장 잘 어울린다는 평을 듣는 육영수가 생전 고수했던, 국민들에게 각인시켰던 헤어스타일이다.

박근혜는 성인이 된 후 사실상 평생을 '올림머리'로 살았다. 육영수의 죽음 후 퍼스트레이디 역할을 맡게 되면서 박근혜는 어머니를 연상케 하는 머리 모습으로 공식석상에 등장했다. 박근혜는 정치계 입문 이후에도 어머니의 생전 헤어스타일을 따라했다. 한두 번 다른 모양으로 변신을 시도했지만 반응이 좋지 않았고 곧바로 올림머리로 복귀했다. 실제로 박근혜가 첫 대선 도전(한나라당 대통령 후보 경선)을 앞뒀던 2007년 1월 잠깐 '단발 퍼머'로 올림머리를 풀었다가 다시 묶어 올렸다. 이때 박근혜는 "올림머리를 고수했더니 많은 이들이 스타일을 바꿔보라고 하더라. 그래서 머리를 고쳤더니 또다시 올림머리를 하라고 하더라. 참 살기 힘들다"고 말했다.

올림머리가 국정의 중대사로 떠오른 것은 지난 2014년 세월호 참사 때 박근혜의 대처 때문이었다. 박근혜는 사고 발생 후 무려 7시간여가 지난 오후 늦게 들어서서야 올림머리를 하고 중앙재난안전대책본부에 나타났다. 이른바 '박근혜 7시간'이 박근혜 탄핵의 중대한 계기가 됐다. 후일 박근혜가 사고를 인지하고서도 올림머리를 하는데 수십 분~수 시간을 썼다는 공식 조사 결과가 나왔다.

올림머리뿐 아니다. 그의 '권력의지'는 모성콤플렉스로부터 나왔다.

1979년 당시 중앙정보부장이던 김재규는 박정희 대통령에게 보고서를 통해 "최태민은 영혼 합일법 등 사이비 종교 행각으로 전전하던 1975년 2월 말경 박근혜에게 3차에 걸쳐 꿈에 '육(영수) 여사가 나타나 (박)근혜를 도와주라'는 현몽이 있었다는 내용의 서신을 발송"했다고 전했다. 전여옥 전 의원은 2016년 10월 29일 조선일보와의 인터뷰에서 "(박근혜 대통령이) 대표 시절 이런 이야기를 내게 한 적이 있다. 꿈에 어머니인 육영수 여사가 나타났다고. 그리고 어머니가 이렇게 말했다고 한다. '나를 밟고 가라. 그리고 어려운 일이 닥치면 최태민 목사와 상의하라.' 귀곡 산장도 아니고, 이게 말이 되나"고 했다.

그러니까 죽은 육영수 여사가 최태민의 꿈에 나타나 딸 박근혜를 부탁했고 최태민은 자신이 어머니의 영혼에 빙의됐다며 고인의 표정과 음성을 그대로 재연해 박근혜에게 전했다는 것인데, 박정희 정권에서 중앙정보부장을 역임했던 김형욱의 회고록은 그 내용을 이렇게 적었다.

"어머니는 돌아가신 게 아니라 너의 시대를 열어주기 위해 길을 비켜주었다는 걸 네가 왜 모르느냐. 너를 한국, 나아가 아시아의 지도자로 키우기 위해 자리만 옮겼을 뿐이다. 어머니의 목소리가 듣고 싶을 때 나를 통하면 항상 들을 수 있다. 내 딸이 우매해 아무것도 모르고 슬퍼만 한다."

최태민은 일제강점기 경찰 출신으로 해방 이후에는 불교와 기독교 등에 발을 걸치면서 스님, 목사 등을 자처했으며 사이비 교주로 행세해왔던 인물로 일컬어진다. 육영수 사후 박근혜에게 접근해 신임을 얻은 뒤 대한구국선교단, 구국봉사단, 새마음봉사단 등의 단체를 통해 각종 이권에 개입하고 부정축재를 했다. 최순실은 그의 딸이다.

1974년 8월 15일, 그리고 1979년 10월 26일 두 개의 시간만 있었던 박근혜의 시계

박근혜는 2000년 펴낸 《나의 어머니 육영수》에서 아버지 박정희가 생전에 딸 박근혜에게 아내에 대한 그리움을 전했던 일화를 소개했다.

> 어느 날 아침, 식사를 마친 아버지는 잠시 아무런 말씀이 없으시더니 울음을 터뜨렸습니다.
>
> "근혜가 없으면 못 살 것 같아. 네 어머니가 그렇게 일찍 돌아가려고 너를 두었는가 봐."

1974년 8월 15일 육영수가 시해된 '그날'의 기억을 회상하면서는 이렇게 말한다.

"어머니를 그리워하는 이들에게 제가 어머니의 뜻을 이어 다시 서는 것. 그것이 아버지를 위로하고, 저의 슬픔을 위로하고, 따뜻한 사랑의 마음을 지녔던 '어머니'를 잃은 국민들을 위로하는 길이라는 생각이 당시의 저에게는 가장 큰 힘이요 채찍이었습니다."

2007년 한나라당 대선 경선에 뛰어들기 직전 펴낸 자서전《절망은 나를 단련시키고 희망은 나를 움직이다》에서는 아버지 박정희의 죽음과 그 이후에 대해 자세히 전하고 있다. 박근혜는 이 책에서 박정희 대통령 장례 후 산업체 부설학교 야간부 학생이라고 밝힌 여학생으로부터 받았다는 한 위로 편지를 소개한다.

"박 대통령의 서거 소식을 듣고 반 친구들과 얼마나 많이 울었는지 몰라요. 언니의 아버지이자, 우리 모두의 아버지셨잖아요. 용기 잃지 말고 힘내세요!"

박근혜의 자서전에서 아버지의 죽음과 그 이후는 '외롭고 긴 항해'라는 장에서 서술되고 있는데, 장례를 치른 후 국민적인 추모 분위기와 청와대를 떠나 새로운 생활을 시작해야 하는 자신의 처지를 애끓는 심정으로 전하는 '청와대를 뒤로 하고'가 첫 대목이고, 바로 그 뒤는 '돌아서는 사람들' '거대한 벽을 마주하고' '침묵의 시간, 모든 것은 다 지나간다' 로 이어진다. 여기서 박근혜는 아버지의 죽음 후 고인에 대한 비판과 폭로가 이어지는 상황을 마주하면서 분노와 억울함, 배신감을 적나라하게 표출한다. 그리고 아버지의 결백과 순수성, 조국애를 강변한다. 그 목소리는 섬뜩할 지경이다.

"청와대를 나온 이후 정권 차원에서 아버지에 대한 매도가 계속되었다… 당시 아버지의 가장 가까이 있던 사람들조차 싸늘하게 변해가는 현실은 나에게 적지 않은 충격이었다, 온갖 비화가 봇물 터지듯 신문과 잡지를 장식했다."

"그렇게 우리 곁의 사람들은 하나둘 떠나갔고, 세상의 외면 속에 동생들과 나는 역사의 뒤안길로 사라지는 것 같았다."

"사람이 사람을 배신하는 일만큼 슬프고 흉한 일도 없을 것이다. 상대의 믿음과 신의를 한번 배신하고 나면 그 다음 배신은 더 쉬워지며, 결국 스스로에게 떳떳하지 못한 상태로 평생을 살아가게 된다. 유신 때는 '유신만이 살 길' 이라고 떠들던 사람들이 아버지의 죽음 이후 '그 때 무슨 힘이 있어 반대할 수 있었겠느냐' 고 말하는 것을 보니 인생의 서글픔이 밀려왔다."

"김대중 납치 사건, 정인숙 사건 등을 비롯해 나중에는 상식을 넘어서는 기사도 버젓이 실리기 시작했다. 이런 가십성 기사를 처음 접했을 때는 피가 거꾸로 솟는 것 같았다."

"아버지에 대한 매도가 계속되었다. 나는 가만히 그렇게 있을 수만은 없었다. 나의 눈에 비친 아버지는 당신의 조국, 대한민국 이외의 사심은 결코 없었다. 아니 그보다 그분의 마음과 머릿속에서 결코 떠날 줄 모르는 '조국의 근대화' 라는 일념은 다른 무엇도 들어갈 틈을 주지 않았다. 잘못된 것을 바로잡고 아버지의 오명을 벗겨드려야 한다는 일념으로 남기고 가신 것들을 정리하기 시작했다. 지금도 나는 아버지에 대한 평가를 바로잡기 위해 시작한 '부모님 추모사업' 이 자식된 도리로 마땅히 해야 할 일이라고 믿고 있다."

박근혜의 시계는 오로지 두 개의 시간만 있었다. 1974년 8월 15일과 1979년 10월 26일. 바늘은 거기서 멈췄고, 박근혜는 과거에 갇혔다. 박근혜에게 어머니는 '국모' 였고 아버지는 '국부' 였다. 그에겐 사람들은 두 부류 뿐이었다. "피를 거꾸로 솟게 하는" 배신자와 "마음이 시류에 따라 오락가락하지 않으며 진실한 태도로 일관된 사람들"이었다.

영애令愛에서 퍼스트레이디 대리, 국회의원을 거쳐 최고권좌인 대통령까지 오른 '정치인 박근혜' 의 인생은 아버지와 그 지지자들이 구축한 '신화'로부터 끝까지 자유롭지 못했다. 아버지 박정희의 '개발 신화'에 대한 강력한 향수가 정치와 통치 행위를 옭아맸다. 청와대에서 보낸 20대 시절 양 부모를 총탄에 잃은 비극적인 딸은 정치를 충성과 배신이라는 이분법의 언어로 이해했다. 인사는 공사公私 없이 김기춘·최태민·최순실 등 선친대로부터 내려온 인맥에 고착됐다. 경제정책은 '새마을 운동' '경제개발 5개년 계획' '한강의 기적'으로 대표되는 60~70년대 성장 신화의 재현에 바쳐졌다. '관 주도의 동원체제'와 '정경 유착'이 그 이면이었다. 남북관계는 '대치' 일로였고, 언론과 교육은 '통제와 관리'의 대상이 됐다.

박근혜의 정치인생은 1997년 11월 한나라당 입당으로 시작됐다. 그해 대선 직전 이회창 한나라당 후보가 지원을 요청하자 아버지의 고향인 경북 구미 지구당에 입당 원서를 제출한 것이다. 이듬해 대구 달성 국회의원 보궐선거에 한나라당 후보로 출마해 당선된다. 아버지의 고향은 곧 박근혜의 정치적 심장부가 됐다. 박근혜의 정치적 생명의 시작과 끝이 대구·경북에 있었다.

박근혜에게 정치란 대결과 승부였고, 충성 아니면 배신이었다. 2000년 한나라당 부총재에 당선되고, 2001년엔 이회창 총재에 반발, 당 개혁을 요구하다 결국 탈당, '미래연합'을 창당했다. 2002년 재입당한 박근혜는 불법대선자금과 노무현 대통령 탄핵 역풍으로 한나라당이 위기에 처한 2004년 3월 대표를 맡아 천막당사 시기의 당을 이끈다. 2007년 처음으로 대권에 도전해 이명박 후보에게 패한다. '친박'친박근혜이라는 계파가 정치권에서 시민권을 얻은 게 이때다. 2011년 비상대책위원장을 맡고 2012년 대선에 출마, 당선된다. 박근혜는 2015년 '원조 친박' 이었던 유승민 원내대표를 '배신의 정치' 라고 일컬으며 결국 중도하차 시킨다. 지난 2006년엔 노무현 대통령의 공개 개헌 제안에 대해 "참 나쁜 대통령"이라고 했다. 철저한 이분법에 기반한 '박근혜의 정치' 였다.

'박근혜 정치' 의 두 축은 '친박' 과 '아버지의 사람들' 이었다. 최순실 국정농단의 또 다른 주역인 김기춘 전 대통령 비서실장은 박정희 정부에서 중앙정보부와 청와대에서 근무하며 유신헌법을 기초한 인물이다. 국정농단의 주범 최순실은 박정희 정부에서 정재계에 강력한 영향을 끼쳤던 최태민의 딸이다. '박근혜 정치' 의 인적인 기반은 선친대의 인맥과 2004년 당대표 시절 이후 형성된 '친박' 이다. '친박' 은 '원조' 였던 김무성 자유한국당전 한나라당·새누리당 의원이나 유승민 의원 등이 이탈하는 등 10여 년 동안 구성원이 다양하게 교체됐지만, 탄핵 전까지 한국 정치의 가장 영향력 있는 계파였다. 박근혜는 집권 이후에도 정치적으로는 '친박' 에 의존하는 한편, 최고통치권자로서의 행위에선 '비선실세' 를 활용했다. 박정희 정부 시대 최태민으로부터 내려온 사연私緣을 공식 통치행위에 동원하고, 정치적으로는 계파에 철저하게 기댄 것이 박근혜 실정의 가장 큰 원인이었다.

미르·K스포츠재단의 대기업 모금과 창조경제·문화융성 사업, 개성공단 폐쇄와 사드THAAD·고고도 미사일 방어체계배치 등 대북정책, 세월호 참사 언론대응, 국정교과서 추진 등에서도 박근혜의 통치는 박정희 시대의 '재현' 이었다. 최순실이 배후에서 설립을 주도하고, 청와대가 대기업에 압력을 넣어 기금을 모금했던 미르·K스포츠 재단은 '정경유착' 의 산물이었다. 창조경제와 문화융성 사업은 철저하게 관 주도의 민간 동원 체제로 추진됐다. 개성공단 폐쇄와 사드 배치 등 대북정책은 대결 위주였고, 위협과 공포를 강조하는 안보 정책은 통치 행위의 중심이 됐다.

비유컨대 박근혜는 '유아기' 에 고착되거나 퇴행한 아이였고, 분리불안으로 부모와의 애착이 왜곡된 자식이었으며, 결국 트라우마를 극복하지 못하고 현실을 '환상' 으로 대체한 인지부조화 환자였다. 그가 집착했던 '공주의 옷' 은 21세기의 민주주의 대한민국에는 결코 맞을 수 없는 옷이었던 것이다.

한국

김일성의 신화를 넘어, 김정일의 실패를 딛고, 김정은의 나라로

_ 김정은의 담대한 게임

이형석 | 〈헤럴드경제〉 문화부 기자

북한
김정일

김정은 셋째 아들

김정은의 담대한 여정,
1년간의 기적

2018년 9월 19일 평양 능라도 5·1경기장. 김정은 북한 국무위원장과 문재인 대통령이 15만 평양 시민 앞에 섰다. 김정은은 "오늘 나는 문재인 대통령과 북남관계 발전과 평화·번영의 여정에서 또 하나의 새로운 이정표가 될 소중한 결실을 만들어냈다"고 이날 앞서 발표한 평양공동선언에 대해 언급했다. 이어 "오늘 문재인 대통령이 역사적인 평양 수뇌 상봉과 회담을 기념해 평양 시민 앞에서 직접 뜻깊은 말씀을 하시게 된 것을 알려드리게 된다"고 문 대통령을 소개했다. 덧붙여 문 대통령을 향한 "열광적 박수와 열렬한 환호"를 부탁하는 것도 잊지 않았다. 김정은은 "오늘의 이 순간 역시 역사는 훌륭한 화폭으로 길이 전할 것"이라고 했다.

문 대통령은 김정은으로부터 마이크를 넘겨받고 "북녘 동포 형제 여러분. 평양에서 여러분을 만나게 돼 참으로 반갑다"며 "남쪽 대통령으로서 김 위원장 소개로 인사말을 하게 되니 감격을 말로 표현할 수 없다"고 입을 뗐다. 남측 대통령이 분단 후 북한 주민들을 상대로 대중 연설을 하기는 처음이었다. 문 대통령은 "우리는 이렇게 함께 새로운 시대를 만들고 있다"고 했다. 문 대통령의 연설은 7분간 이어졌고, 경기장에 운집한 15만 평양 시민은 12차례나 폭발적인 함성과 박수로 화답했다.

이튿날, 남북 정상은 백두산 천지에 올라 함께 손을 높이 들었다. 김정은의 말을 빌자면 역사가 '훌륭한 화폭'으로 남길 또 다른 명장면이었다. 이뿐만이 아니다. 두 정상이 손잡고 군사분계선을 넘나들었던 2018년 4월 27일의 판문점, 포옹 장면의 사후 공개 사진으로 남겨진 5월 26일 비공개정상회담의 판문점 통일각까지 김정은은 문 대통령과 함께 한 거의 모든 순간을 새로운 역사로 써 내려가고 있다.

2018년 9월 평양회담까지 김정은은 문 대통령과 3차례 만났고, 도널드 트럼프 미국 대통령과 한 번 만났다. 6월 12일 싱가포르에서 성사된 트럼프와의 만남은 한국전쟁 후 첫 북미 정상회담이었다. 9월 평양 남북정상회담에서는 김정은의 서울 답방과 2차 북미 정상회담 추진이 합의됐다. 이때 두 정상이 공동 발표한 '평양선언'의 골자는 한반도의 완전한 비핵화와 남북 간 적대적 군사대결의 종식이었다. 사실상 남북 간의 '종전선언'이라고 평가됐다. 적어도 남북 간에서만큼은 1950년 시작되고 1953년 '휴전'이 된 68년의 전쟁사가 사실상 마침표를 찍은 것이다. 남북미 간 공식적인

'종전선언' 도 시간싸움으로 들어갔다.

평양회담 직후엔 뉴욕에서 제73차 유엔총회(9월 25일~10월 1일)가 열렸다. 트럼프 대통령은 기조연설에서 "(북한) 미사일과 로켓이 더는 사방에서 날아다니지 않고 있다"며 "김정은 위원장이 취한 조치와 용기에 감사한다"고 말했다. 특히 김정은의 이름을 한 자 한 자 또박또박 공들여 발음했다. 문 대통령과의 유엔총회 한미정상회담에서는 김정은에 대해 "매우 개방적이고 훌륭하다"며 싱가포르 북미정상회담 이후 '극찬 세례' 를 이어갔다.

꼭 1년 전과는 극과 극이었다. 2017년 9월 유엔총회 연설에서 트럼프 대통령은 "미국과 동맹을 방어해야 한다면 우리는 북한을 완전히 파괴하는 것 외에 다른 선택이 없을 것"이라고 말하고, 김정은에 대해선 "자살임무를 하고 있는 로켓맨"이라고 표현했다.

1년 만의 극적인 변화는 문 대통령의 연설에도 있었다. 북한은 2017년 9월 3일 풍계리 핵실험장에서 제6차 핵실험을 단행했다. 문 대통령은 취임 후 처음인 2017년 유엔총회 기조연설에서 "최근 북한은 국제사회의 일치된 요구와 경고에도 불구하고 기어이 6차 핵실험과 미사일 도발을 감행함으로써 우리 모두에게 말할 수 없는 실망과 분노를 안겼다"고 규탄했다. 의석에서 이를 들은 북한 대표단의 표정은 굳어 있었다. 1년 후 같은 자리에서 문 대통령은 기조연설을 통해 남북, 북미 정상회담으로 이어진 과정을 설명하며 "지난 1년 한반도에는 기적 같은 일이 벌어졌다"고 했다. "트럼프 대통령과 김정은 위원장은 평화를 바라는 세계인들에게 감동과 희망을 주었다"고도 했다. "김정은 위원장과 나는 전쟁의 그림자를 걷어내고 평화와 번영의 시대를 다짐했다"고 했으며 "한반도와 북미관계에서 새로운 시대를 만들고 있는 트럼프 대통령과 김정은 위원장의 용기와 결단에 경의와 감사를 표한다"고 거듭 찬사를 보냈다. 북한 대표단은 각국 대표단과 함께 박수를 쳤다.

김정은은 그렇게 스스로 무덤을 파는 '로켓맨'에서 '개방적이고 훌륭하며 용기 있는 지도자'로 국제사회의 평가를 바꿨고, 한반도에서는 '실망과 분노'로부터 '감동과 희망'의 존재가 됐다. 그리고 그는 타격 위험에 놓였던 북한의 운명, 전쟁 직전까지 갔던 한반도의 시나리오를 뒤집어 놓았다. 미국이 써놓은 시나리오는 북한정권을 패망시키거나 김정은을 제거하는 것이었다. 그 후의 한반도가 어떻게 될지는 아무도 모르는 일이었다.

북한이 망하거나 김정은이 죽거나… 끔찍했던 전쟁 시나리오

2017년 유엔총회에서 트럼프 대통령의 위협과 문재인 대통령의 규탄은 '경고음'뿐만은 아니었다. 실제로 2016년부터 2017년까지 북한과 김정은의 운명이 '벼랑끝'에 있었음이 밝혀졌다. 미국이 북한 선제타격과 김정은 제거 계획을 검토했다는 사실이 2018년 9월

11일 미국에서 발간된 밥 우드워드의 저서《공포: 백악관 안의 트럼프Fear: Trump in the White House》를 통해 드러난 것이다. 밥 우드워드는 1970년대 당시 리처드 닉슨 대통령의 '워터게이트' 사건을 취재해 폭로했던 특종기자로 현재 워싱턴포스트 부편집장이다. 밥 우드워드는 트럼프의 백악관 관료들을 밀착 취재해서 '공포'를 저술했다.

책에 따르면 북한뿐 아니라 대한민국에도 끔찍한 시나리오가 펼쳐질 뻔 했다. 한반도에서 다시 전쟁이 일어날 수도 있었다.

밥 우드워드의 저서에 따르면 북한의 선제타격 계획은 2016년 9월 9일 북한의 제5차 핵실험 이후 버락 오바마 행정부 시절부터 검토됐다. 오바마 전 대통령의 지시로 미 국방부와 정보기관이 지상군 투입을 포함한 북한 핵무기와 핵 관련 시설에 대한 공격계획을 검토했다. 그러나 핵무기를 사용한 북한의 반격 가능성 때문에 포기됐다.

김정은 제거암살 작전도 미국 중앙정보국CIA이 검토한 대북 공격의 옵션이었다는 사실도 드러났다. 실제로 미국 공군이 2017년 10월 북한과 유사한 지형을 가진 미주리주 오자크에서 김정은 제거를 위한 모의 훈련까지도 실시했다고 우드워드의 책은 전했다.

북한 대표팀의 참가로 남북이 축제 무드였던 2018년 2월 평창동계올림픽 때까지도 한반도는 일촉즉발의 위기에 있었다. 특히 2017년 11월 28일 북한의 ICBM대륙간탄도미사일급 화성-15 발사로 북미 간 긴장은 최고조에 달했다. 우드워드에 따르면 2017년 말 트럼프 대통령은 2만8500여 명에 달하는 주한 미군의 가족을 한국에서 빼겠다는 '소개령' 트윗을 올리는 방안을 백악관 참모들에 제안했다. "한반도에서 전쟁을 시작할 수 있다"는 북한에 대한 우회적인 협박이었다. 아니나 다를까 허버트 맥매스터 백악관 국가안보회의NSC 보좌관은 리수용 당시 북한 노동당 국제담당 부위원으로부터 주한 미군 가족 소개령을 북한에 대한 즉각적인 공격 신호로 받아들일 것이라는 메시지를 전달받았다고 우드워드는 주장했다. 결국 트럼프의 트윗은 나가지 않았다. 우드워드의 책에 따르면 미국은 평창동계올림픽을 전후해 핵무기 탑재가 가능한 탄도미사일 시험발사를 태평양 상공에서 하는 방안을 계획했던 것으로도 나타났다. 북한이 이미 자국에서 미국 본토 타격이 가능한 ICBM 시험발사에 성공한 터였다. 미국도 이에 맞대응해 북한으로 날아가 핵폭격을 할 수 있는 탄도미사일을 태평양 상공에 쏘려 했던 것이다. '북한의 미국 본토 공격 → 미국의 핵 미사일 맞대응 → 제2차 한국전쟁 → 제3차 대전.' 인류가 맞이할 최악의 시나리오였다. 평창동계올림픽 북한 참가와 대화 재개로 모처럼 축제분위기를 맞은 남북관계가 다시 바싹 얼어붙을 상황이었다. 다행히 이 계획 역시 실행되지는 않았다.

돌이켜보면 급박하고 위험한 순간들이었다. 북미 서로가 한발만 더 내딛으면 당장이라도 한반도가 지옥 속으로 빨려 들어갈 상황이었다.

그러나 문 대통령과 밀고 끌며 이뤄낸 김정은의 '담대한 여정'이 '한반도의 기적 같은 1년'을 만들어냈다. 북한의 운명을 바꾸었고 한반도 운명의 물줄기를 틀어놓았다.

김정은의 발걸음─처음은 '작은 대장'으로, 두 번째는 '독재자의 후계자'로, 세 번째는 '정상국가의 정상'으로

김정일의 요리사였던 일본인 후지모토 겐지에 따르면 1992년 김정은의 9살 생일을 기념해 '발걸음'이라는 곡이 작곡됐다. 가사는 이랬다.

"척척 척척척 발걸음 우리 작은 대장 발걸음 2월의 정기 뿌리며 앞으로 척척척 발걸음 발걸음 힘차게 구르면 온 나라 강산이 반기며 척척척 온 나라 인민이 따라서 척척척 찬란한 미래를 앞당겨 척척척"

여기서 '작은 대장'은 김정은, '2월의 정기'는 2월생인 아버지 김정일을 말한다. 노래 내용은 곧 '김정일의 뒤를 이어 김정은이 나간다, 온 인민이 따르자'는 것이다. 김정은이 워낙 어린 시절인데다 위로는 김정철과 배다른 맏형 김정남이 있었으니 이 노래가 곧 김정은의 후계설을 공식화한 것이라고는 볼 수 없다. 다만 훗날 김정남, 김정철, 김정은 중 누가 후계자로 정해져도 승계작업이 이뤄질 수 있도록 사전 기초 작업을 해 놓은 것이다. 김정은이 후계자가 될 수도 있음을 넌지시 암시한 노래 정도라고 할 수 있다. 실제로 이 노래는 김정일이 건강 문제로 당장 어떻게 될지 모르던 2009년 초 북한 전역에 배포됨으로써 김정은이 후계자로 입지를 굳혔음을 알렸다.

이렇듯 9살 김정은의 첫 번째 발걸음은 '작은 대장'으로서였다. 두 번째 발걸음은 북한 왕국의 3대 후계자, '독재자의 자식'으로서였다. 첫 번째 발걸음은 김정은을 '왕위 계승 서열' 내로 들여놓으며 그의 운명을 바꿨고, 두 번째 발걸음은 위의 두 형을 제치고 김정은을 최고 권좌에 앉힘으로써 북한의 운명을 바꿨다.

그리고 2018년 세 번째 발걸음은 한반도의 운명을 바꿨다. 세 번째 발걸음은 북한 바깥 세계로의 첫걸음이기도 했다. 김정은은 비유로서가 아니라 실재로서 국제무대에 나와 새로운 걸음을 내딛었다. 어머니 고용희와 함께 일본 놀이공원에 나들이 가곤 했던 아이, 스위스로 유학을 갔던 십대 소년, 3대째의 '독재자 후손'은, 기괴한 모습으로 알려졌던 '고립된 왕국'을 벗어나 새로운 세상에 발자국을 찍었다. 일본과 유럽 등을 두루 다녔던 어린 시절의 경험이 '개방된 세계'를 자연스럽게 받아들이도록 했을 것이다. 아버지인 김정일이 외부 세계에 대한 극도의 피해의식 속에 사실상 국제사회에서의 '무대공포증'을 갖고 있었던 것과는 상반된다. 비유컨대 아버지 김정일이 지난 시대의 유물 같은 '고성' 속에 사는 드라큘라북한 인민들의 고혈을 빠는!, 곧 '집거하는 괴물' 이었다면, 아들 김정은은 갖가지 무성한 추측을 뚫고 극히 '정상적인' 외양으로 국제 사교계에 '혜성같이' 등장한, 꽤 신식의 지방 귀족이었던 셈이다. 비유를 이어가자면 그는 한 손에는 낡은 고성 속에 감춰져 있는, 세상을 궤멸시킬 수 있다는 전설 속의 '절대악의 반지핵' 를 들고, 또 한 손에는 낡고 낡은 고성을 완전히 현대적인 건축물로 바꿀 계획을 갖고, 세상에 나와 거래와 흥정을 하기 시작했다.

트럼프와 만난 싱가포르의 여정이 김정은이 내딛은 바깥 세계로의 첫 발걸음이라 할만 했다. 김정은뿐 아니라 북한으로서도 '첫걸음' 이었음도 물론이다. 트럼프와의 정상회담은 복싱으로 치자면 김정은에겐 세계챔피언과의 '세기의 데뷔전' 이었다. 국제사회의 '대다수 관중' 의 예상과 달리, 아버지인 김정일과도 딴판으로, 김정은은 매우 현대적인 계약관계와 거래방식에도 능통하다는 사실을 보여줬다.

김정은은 판문점과 평양으로 이어졌던 남북정상회담에서도 그랬듯이 싱가포르에서도 상당히 세련되고 현대적인 매너를 갖추고 있음을 입증했다. 또 세계 미디어가 만족할 만큼 '연출 능력' 을 지니고 있다는 사실도 증명했다. 언론 카메라와 스마트폰 카메라, 세상 사람들의 눈도 두려워하지 않았다. 무엇보다 협상할 만한, 신뢰할 만한, 자신감 넘치는 파트너가 될 수 있음을 입증했다. 판문점 넘어 싱가포르로의 한 걸음, 가깝지만 근본적이고 돌이킬 수 없는 도약이었다.

김정은은 첫 번째 발걸음으로 정확한 이름과 나이조차 감춰졌던 베일 속의 '악동'으로 세상에 모습을 드러냈다. 두 번째 발걸음에선 핵무기를 가지고 노는 겁 없는 '젊은 독재자'가 됐다. 세 번째 발걸음으로 김정은은 김씨 가문의 폐쇄된 왕국에서 개방된 국제무대로 나왔다. 세상은 김정은을 불러냈고 김정은은 담대한 결단으로 화답한 것이다.

손자, 할아버지의 전쟁을 끝내다

김정은의 '결단' 이전에는 무슨 일이 있었을까. 세상은 어떻게 그를 바깥으로 불러냈을까.

먼저 박근혜 대통령의 예기치 않은 실각이 있었다. 트럼프는 모든 이의 예상을 뒤집고 백악관의 주인이 됐다. 당대의 걸출한 '비즈니스맨'이자 '엔터테이너'인 트럼프의 야심이 워싱턴과 국제사회에 파란을 일으켰다. 마지막으로, 무엇보다, 남쪽에선 문재인이 집권했다. 평화주의자이자 타임이 '협상가'라고 부른 지도자.

김정은이 굳게 닫혔던 문을 열고 바깥 세계로 나올 수 있는 조건이었다. 일단 트럼프와 문재인은 모두 노련했다. 트럼프가 흥정과 거래의 달인이었다면, 문재인은 경험 많은 전략가이자 협상가였다. 트럼프에겐 모든 행위는 '장사' 였고, 모든 관계는 '승부' 였다. 이익과 승리가 지고의 선이었다. 한반도 문제에 관한한 문재인은 타협과 대화를 통한 평화지상주의자였다.

트럼프는 북한 선제타격으로 '위협' 했고, 문재인은 대화와 만남을 요청했다. 외부세계에서 보자면 공교롭게도 문재인과 트럼프의 존재는 당근과 채찍이었다. 김정은 편에서도 나쁘지는 않았다. 트럼프는 최후의 담판 상대였지만, 문재인은 최후의 파트너가 될 수밖에 없었다. 마지막 협상 테이블의 맞은편에 앉게 될 상대는 트럼프였지만, 회담장에서 같이 걸어 나올 파트너는 문재인이었다. 트럼프는 무서운 적수지만 차라리 예측가능해서 좋은 상대였고, 문재인은 신뢰할 만한 조율사이자 중개인이었다.

그리고 김정은이 있었다. 김정은은 김정일과 달랐고, 김일성도 아니었다. 김정은에게 김정일은 실패한 아버지였고, 김일성은 존경하는 할아버지였으나 활용할 만한 역사일 뿐 재현할 수는 없는 신화였다.

김정일로부터 물려받은 나라가 실패한 나라라는 것은 명약관화했다. 모든 인민들이 좋아하는 할아버지 김일성의 나라는 이미 지난 역사에 불과했다. '사회주의혁명' 은 할아버지의 것이지 그의 것일 수 없었다. '김정은의 나라' 는 김일성의 것도, 김정일의 것도 될 수 없었다. '김정은의 나라' 는 창업주의 신화, 2세의 괴기담으로부터 결별해야 했다. 그러기 위해선 할아버지가 시작한 전쟁, 아버지가 이어받아 패퇴만을 거듭했던 전쟁을 끝내야 했다. 무엇보다 종전이 출발점이 돼야 했다. 전쟁은 할아버지의 것이지 그의 것일 수 없기 때문이다.

어떤 개인이 다른 사람들에게, 집단과 사회에, 자신만의 독자적인 인격과 정체성을 각인하려는 노력을 흔히 '인정투쟁'이라고 한다. 김정은의 통치와 외교 행위 역시 일종의 '인정투쟁'으로 바라보고 해석할 수 있다.

김정은의 인정투쟁의 하나는 사실상 할아버지의 것이 100%라고 할 수 있는 북한권력체제에서의 '지분투쟁'이다. 즉 북한이 '김일성의 나라'가 아닌 '김정은의 나라'라는 것을 인정받기 위한 투쟁이라는 얘기다.

김정은의 아버지 김정일은 인정투쟁에서 실패했다. '김일성의 아들'이 아닌 스스로 선 존재이자 지도자라는 것을 증명하지 못했다. 김정일은 전쟁을 끝낼 수 없었다. 아버지를 부정할 수도 없었다. 그는 아버지의 그늘, 아버지의 성공한 신화로부터 한 발짝도 벗어나지 못했고, 그 안에서 그는 실패한 아들이 됐다.

김정일은 1942년생이었다. 김일성의 항일무장투쟁 중 태어났고, 북한의 창건과 한국전쟁을 겪었다. 김정일은 아버지가 살아있는 신화로서 구축되는 과정을 전부 지켜봤다. 김정일에겐 아버지가 부정될 수도, 훼손될 수도 없는 절대적인 존재였을 것이다.

그런 면에서 김정일과 박근혜의 운명은 닮은 데가 있다. 그들은 모두 아버지의 성공신화가 만들어지는 과정을 지켜보며 성장했다. 그들의 아버지, 김일성과 박정희는 모두 유교적 국부사상과 종교적 광신이 기묘하게 결합된 대중들의 지지를 바탕으로 절대권력 체계를 구축해나갔다. 비교적 어리고 젊은 나이에 (친)어머니를 잃었다는 공통점도 있다. 김정일과 박근혜는 모두 아버지의 뒤를 이어 최고 권력을 수중에 넣었지만, 자신만의 정치를 하지 못했다. 아버지의 신화에만 매달린 채 실패한 지도자로 남았다. 과거에 묶여 세계의 거대한 변화의 물결을 읽지도, 따라가지도 못했다. 환경의 변화라는 도전에 마땅히 응전하지 못하는 개체는 살아남지 못한다. 아버지가 이뤄놓은 독재체제 덕분에 김정일은 죽을 때까지 권력을 유지했지만 그의 나라 북한은 고사 직전의 운명에 처했다. 박근혜는 21세기에 박정희식 유신 정치를 고집하다 쫓겨났다. 박근혜가 탄핵되지 않았더라면 대한민국의 운명 역시 장담할 수 없었을 것이다.

김일성은 사회주의혁명의 주역이었고, 북한의 창건자, 주체사상의 창시자였다. 남한을 침략함으로써 한국전쟁을 시작하기도 했다. 소련, 중국, 동유럽의 국가들과 함께 사회주의의 전성기이자 냉전시대를 보냈다. 소련의 지원 속에 한때 북한의 경제는 남한을 앞질렀다.

김정일에겐 아버지의 나라, 사회주의 조국은 패퇴할 수도, 변할 수도 없는 것이었지만 김일성이 죽을 무렵부터 소련은 붕괴했고,

사회주의는 해체됐으며 냉전체제는 종말을 고해가기 시작했다.

소련의 붕괴와 사회주의권의 해체로 김정일에게 남은 것은 홀로 생존 투쟁해야 하는 가혹한 현실이었다. 소련을 비롯한 사회주의권 '동지' 들을 잃은 북한이 믿을 것은 핵뿐이었다. 국제사회는 잇따라 북한을 제재했다. 북한 경제는 고립됐고, '고난의 행군' 이 시작됐다. 김정일은 상황을 변화시키지 못했고, 북한의 정치·경제는 최악으로 치달았다.

김정일은 아버지의 성공을 지켜봤지만, 김정은은 아버지의 실패를 겪으며 성장했다. 김정은은 전대의 성공신화로부터 자유로웠다. 북한의 비참한 상황은 김정은에게 '현실주의' 와 '실용주의' 노선을 갖는 계기가 됐을 것이다. 북한의 참혹한 현실은 그가 경험한 외부 세계의 화려함과 극단적인 대비를 이뤘을 것이다. 김정일의 일본인 요리사 후지모토 겐지가 겪고 외부세계에 알린 김정은의 성장시절 일화가 말해주는 바이기도 하다. 김정은에게 주체사상이란, 사회주의 혁명이란, 한국전쟁이란 무슨 의미일까. 김정은의 속내까지야 알 수는 없는 일이지만, 권력유지와 체제의 생존 및 번영에 도움 되는 것이 아니라면 그 어떤 것도 고집할 필요가 없다는 점을 김정은이 인식하고 있다는 점만은 틀림없다. 주체사상도, 사회주의혁명도, 한국전쟁도 다 과거의 망령이며 김일성의 것이 아니던가. 중국과 베트남의 변화가 김정은에게 깨우쳐주는 사실이기도 했을 것이다.

김일성은 '창업' 했고, 김정일은 '방어' 했다. 그러나 김정일의 변화 없는 생존전략은 퇴보였다. 김정은이 추구하는 것은 무엇일까. 그것은 김정일이 하지 못한 것, 변화를 통한 응전이다.

김정은의 등장… '아버지의 실패한 왕국' 을 이어받다

2011년 12월 17일 김정일 북한 국방위원장이 죽었다. 북한의 국영 매체인 조선중앙통신이 김정일의 사망 소식을 전한 것은 이틀 후인 12월 19일이었다. 전 세계가 들썩였다.

조선중앙통신은 "조선로동당 총비서이시며 조선민주주의인민공화국 국방위원회 위원장이시며 조선인민군 최고사령관이신 위대한 령도자 김정일 동지께서 주체100(2011)년 12월 17일 8시 30분에 현지지도의 길에서 급병으로 서거하시었다는 것을 가장 비통한 심정으로 알린다"며 김정일의 업적과 추모의 뜻으로 채운 4천자 가량의 부고를 발표했다.

이 보도는 김정은의 '왕위 승계' 를 세계에 공식 확인하는 발표이기도 했다. 조선중앙통신은 "오늘 우리 혁명의 진두에는 주체혁명위업의 위대한 계승자이시며 우리 당과 군대와 인민의 탁월한 령도자이신 김정은 동지께서 서계신다"며 "우리는 김정은 동지의 령도 따라 슬픔을 힘과 용기로 바꾸어 오늘의 난국을 이겨내 주체혁명의 위대한 새 승리를 위하여 더욱 억세게 투쟁해나가야 한다"고 했다. 공식 추도 기간이 끝난 그해 12월 31일 김정은은 김정일의 조선인민군 최고사령관직을 승계했다.

한반도 운명의 '반쪽'이, 베일에 싸였던, 어디로 튈지 모르는, 28살배기 '젊은 독재자'의 손 안에 쥐어지는 순간이었다. 기네스북은 김정은을 세계 최연소 정상으로 기록했다. 그리고 1년 후인 2012년 12월 19일 남쪽에선 박근혜가 18대 대통령 선거에서 승리함으로써 한반도 또 다른 반쪽의 최고 권좌에도 독재자의 자식이 앉게 됐다.

그리고 약 6년 후인 2018년 박근혜는 3평10.08㎡ 감옥에 갇힌 영어의 몸이 됐고, 김정일은 12만㎢의 좁은 북녘 땅을 벗어나 국제사회 외교무대로 나온 최초의 북한 지도자가 됐다.

김정은이 물려받은 것은 할아버지 김일성의 신화와 아버지 김정일의 실패한 왕국이었다. 영국 BBC방송이 2016년 방영한 다큐멘터리 '김정은의 비공인 전기' Unauthorized Biography of Kim Jong un 이하 '다큐 김정은'에서 북한 인민군 장교중위급 출신 탈북자 박선홍가명은 이렇게 말했다.

"거리에 있는 요만한 애들부터 시작해서 김일성을 최고의 지도자로 여기고 다 좋아해요. 김일성 시대에는 잘 먹고 잘 살았어요. 최악의 가난과 기아에 시달린 것은 김정일 때부터예요. 그래서 김정은은 아버지와는 다르다는 것을 보여주려고 해요. 대신 모든 인민이 좋아하는 할아버지와 자신이 같다는 것을 증명하고자 해요. 그래서 그토록 김일성과 닮아 보이려고 하는 겁니다."

'김일성의 부활'을 내세운 김정은의 이미지 전략은 이미 잘 알려진 바다. 비단 김정은뿐 아니라 북한에서는 김일성을 내세워 그의 가계, 즉 '백두혈통'을 우상화하는 작업을 하고 있는데 대표적인 것이 김정일과 김정은의 출생년도에 관한 '비밀'이다. 김일성은 1912년생이고 김정일은 1942년, 김정은은 1982년생이라고 알려져 있는데 이는 5, 10년 단위를 중요하게 여기는 북한에서 '조작'한 것이라는 설이 유력하다. 김정일은 1941년, 김정은은 1984년생이라는 얘기가 파다하다. 북한에서 김정일의 요리사로 14년간 일했던 후지모토 겐지에 따르면 김정은은 1983년생이다. 국정원은 1984년생이라는 데 더 무게를 두고 있다.

김정은은 한발 더 나아가 외모부터 목소리, 대외 이미지에 이르기까지 철저히 '재림한 김일성'의 형상으로 북한 인민들에게 다가가고 있다. '다큐 김정은'은 "김정은이 체제를 유지하기 위해서는 아버지의 시대 극심한 빈곤을 겪고 난 북한 인민들에게 새로운 희망을 불어 넣어야 했다"며 "점점 할아버지를 닮아가는 김정은의 활기 있고 통통한 외모는 '김일성의 부활'이라는 이미지를 만들어주는 데 기여하고 있다"고 했다.

외부세계에서 보는 김정은의 위치와 목표는 명확하다. 아버지 김정일이 지배했던 '암흑의 시대' 에서 자라난 북한의 새로운 세대와 함께 '할아버지 시대의 영광' 을 재현하는 것이다. 물론 할아버지와는 다른 방식으로, 할아버지의 나라와는 다른 국가로 말이다. 김일성의 이미지를 빌려오되, 김일성의 사상과 전략까지 불러올 수는 없었다. 지금은 21세기가 아닌가. 김정은식 '실용주의' 의 한 면모다.

김정은, '아버지의 부정' 에서 새로운 세대의 북한으로

최고지도자가 된 후 처음인 2012년 4월 15일 태양절 연설은 그 내용으로도 국제사회의 비상한 관심을 끌었다. 그것은 이후 김정은의 통치와 북한 경제의 변화, 2018년 남북-북미 정상회담으로 이어지는 '대전환' 의 복선이었다.

김정은은 "세상에서 제일 좋은 우리 인민, 만난시련을 이겨내며 당을 충직하게 받들어온 우리 인민이 다시는 허리띠를 조이지 않게 하며 사회주의 부귀영화를 마음껏 누리게 하자는 것이 우리 당의 확고한 결심"이라고 천명했다. 그는 "일심단결과 불패의 군력에 새 세기 산업혁명을 더하면 그것은 곧 사회주의 강성국가"라고도 했고, "새 세기 산업혁명의 불길, 함남의 불길을 더욱 세차게 지펴

올려 경제강국을 전면적으로 건설하는 길에 들어서야 할 것"이라고 했다. '함남'은 함경남도의 준말로, 북한 내 비료와 기계, 방직, 제련 등 공업단지가 집중 배치돼 있다. '함남의 불길'은 곧 공업생산의 비약적 증진을 통한 경제 발전 운동이라고 할 수 있다. 김정은은 이어 "인민군 장병들은 경제강국 건설과 인민생활 향상을 위한 주요 전구마다에서 불가능을 모르는 혁명강군의 위력을 계속 떨치며 대고조 진군의 돌파구를 열어나가야 한다"고 했다. 군의 대외 공격·방어 능력 뿐 아니라 경제에의 기여를 강조한 것이다.

미국 국무부 북한정보분석관 출신 로버트 칼린은 이날의 연설에 대해 "과거에 많은 일이 있어났지만 지나간 과거일 뿐이며 이제 (김정은 시대의 북한은) 새로운 북한이라는 점을 그의 인민들과 세계에 주지시키고자 한 것이 주요 의도 중 하나였다는 인상을 받았다"고 했다.

김정은이 천명한 '경제강국' 실현의 수단은 두 가지다. 한 가지는 경제성장과 또 하나는 경제개혁·개방 모색이다.

실제로 김정은 집권 이후 북한의 경제의 경제성장률은 괄목할만하다. 한국은행이 추정한 북한경제성장률은 2017년엔 3.5%였으나 전 해인 2016년엔 무려 3.9%이다. 그해 한국 경제성장률은 2.9%였다. 김정은이 집권한 2012년 이후 2016년까지 5년간 북한의 연평균 경제성장률은 1.24%다. 세계적으로 높은 수준은 아니지만, 국제사회의 대북 경제제재가 계속되고 있는 상황을 감안하면

놀라운 수준이었다. 김정일의 집권기인 1995년부터 2011년까지 17년간 연평균 경제성장률은 0.25%였다. 김정은 체제가 예상과 달리 상당한 안정세를 보여주고 있는 것은 단지 숙청 등의 공포 정치 때문만이 아니라 이 같은 경제 성장세 덕이라고 할 수 있다. 다만 2017년엔 북한 제5~6차 핵실험과 ICBM급 미사일 발사 등으로 인한 국제사회의 제재가 더욱 강력해진 영향이 반영됐다고 할 수 있다. 그럼에도 남북미 관계가 대화 국면으로 본격화한 2018년 북한 현지 취재 언론보도를 보면 주요 도시의 건설붐과 소비수준이 상당해, 통계로 반영되지 않은 부분이 적지 않은 듯하다. 분명한 것은 김정은 집권 이후 북한 경제가 국제사회 제재에도 불구하고 상당한 성과를 거두고 있다는 점이다.

북한 경제성장의 동력 중 하나는 '장마당' 이라고 하는 암시장이다. '장마당' 은 북한 주민들이 남는 물건을 교환하거나 사고파는 시장으로 규모도 제한적이고 당국의 단속도 심했으나 1990년 이후 불어 닥친 경제난으로 국가 배급이 끊기자 점차 확산되기 시작했다. '종합시장' 의 역할을 하며 북한의 시장경제 확산의 견인차 역할을 하고 있다. 현재 북한 국내총생산GDP의 20~30%를 차지하는 것으로 추정된다. 권력 엘리트층도 장마당에 진출해 있으며 이곳에서 부를 축적한 자본가인 '돈주' 도 등장하게 됐다. 앞으로도 북한 경제의 개혁·개방과 시장경제 도입에 가장 중요한 역할을 할 '전진 기지' 로 꼽힌다.

젊은 층과 엘리트층을 중심으로 '해외에서 배우자'는 열풍도 일어나고 있다. 김정은은 해외 유학파를 통해 경제 개혁·개방의 열쇠를 얻으려고 한다는 분석도 나온다.

키스 루스 미국 북한위원회NCNK 사무총장은 "김정은은 전례 없이 많은 북한인민들을 싱가포르, 홍콩, 베트남, 캐나다 등 외국에 내보내 기업경영과 국제경제, 계획경제에서 시장경제로의 이행에 대해 배우도록 하고 있다"고 했다.

그리고 6년 후인 2018년 1월 1일 신년사를 통해 북한의 평창동계올림픽 참가부터 시작해 남북정상회담-북미정상회담으로 이어지는 역사적인 대전환의 '서막'을 알린다.

김정은은 역시 육성으로 전한 신년사에서 "미국 본토 전역이 우리의 핵 타격 사정권 안에 있다"면서 "핵 단추가 내 사무실 책상 위에 항상 놓여있다는 것은 위협이 아닌 현실임을 똑바로 알아야 한다"고 핵무력의 완성을 선언했다. 이와 함께 "인민경제의 자립성과 주체성을 강화하고 인민생활을 개선 향상시키는 것"을 경제 활성화의 핵심 목표로 제시했다. 그리고 마지막으로 대남 관계의 전향적 회복 의지를 보였다. 사실상 대남 대화 제의였다.

김정은은 "새해는 우리 인민이 공화국 창건 70돌을 대경사로 기념하게 되고 남조선에서는 겨울철 올림픽 경기대회가 열리는 것으로 하여 북과 남에 다 같이 의의있는 해"라며 "동결상태에 있는 북남관계를 개선하여 뜻 깊은 올해를 민족사에 특기할 사변적인 해로 빛내어야 한다"고 했다. 이어 "우리는 진정으로 민족적 화해와 단합을 원한다면 남조선의 집권 여당은 물론 각계각층 단체들과 개별적 인사들을 포함하여 그 누구에게도 대화와 접촉 내왕의 길을 열어 놓을 것"이라고 했다. 당장 평창동계올림픽에 대표단 파견 의사와 이를 위한 남북 대화를 제의했다. 그리고 2018년 역사적인 남북정상회담이 이뤄졌다.

김정은의 시간은 거꾸로 흐르지 않는다

2018년 4월 27일 오전 9시 30분 김정은이 판문점에 모습을 드러냈다. 그의 발걸음에 온 세계의 이목이 쏠렸다. 한국뿐 아니라 세계에 생중계됐다. 한국의 공중파 TV는 물론이고, 미국 CNN방송, 뉴욕타임스, 워싱턴포스트, 영국 BBC 방송 등 세계 주요 매체들이 TV나 인터넷 홈페이지를 통해 실시간으로 동영상과 육성을 전했다. 그는 이날 문재인 대통령과 만났다. 2007년 노무현 대통령과 김정일 북한 국방위원장 이후 11년만이자 분단 이후 3번째 남북정상회담이었다.

놀라운 것은 단지 남북 정상이 다시 만났다는 사실만은 아니었다. 김정은의 모든 행동이 '실시간'으로 세계에 생중계됐다는 사실이었다. 김정은의 모습이 처음으로 카메라에 잡힌 이후 문재인 대통령과의 '투 쇼트' two-shot, 2인 구도의 화면, 남북 정상 부부의 만남에 이르기까지 영상은 '비현실'을 넘어 차라리 '초현실'로 받아들여졌다.

적어도 한국에선 북한 최고지도자를 '실시간'으로 겪은 적이 없었다. 한국 국민에게 북한 최고지도자는 '남북의 창' 류의 프로그램이나 뉴스로 전달된 '조선중앙TV'의 화면 속을 벗어난 적이 없었다. 북한 최고지도자는 늘 '지난 시간' 속에 있었다. '편집된 소리와 영상'으로만 재현됐다. 실재하는 개인이라기보다는 특정한 '콘텐츠'나 '내러티브' 속 '캐릭터'였다.

글과 소리와 영상, 즉 정보의 '편집'은 권력의 강력한 '지배기술'이자 작동방식이다. 계획되지 않은 것은 일말의 우연도 허락지 않는 '편집'은 북한이 국제사회에 메시지를 전하고, 북한 '인민'을 통제하는 가장 강력한 방식이었다. 편집된 시간은 늘, '과거'다.

김정은이 남측의 '실시간 중계'를 받아들이고 자신의 모든 행동과 목소리를 세계인들의 눈과 귀에 드러냈다는 것은 그 어떤 정치적 결단이나 메시지 이상으로 의미심장했다. 인터넷과 모바일의 시대, 북한이 '편집'만으로는 더 이상 국제사회에서도 내부에서도 권력을 온전히 지탱할 수 없다는 사실을 인정했다는 뜻이기도 하기 때문이다. 김정은이 잘못과 실수를 범하지 않는 '무오류의 지도자'가 아니라 때로 거친 숨을 몰아쉬고 말을 더듬기도 하는 '개인'임을 국제사회나 북한 인민들에게 보여줄 수 있다는 의사를 확인한 것이다. 비록 북한에까지 생중계되지는 않았지만, 판문점 회담은 북한의 방송과 노동신문에서 상당한 분량과 비중으로 다뤄졌다.

김정은은 통치뿐 아니라 대내외 미디어-선전전략에서도 김정일과 대조적이다. 아버지의 '실패한 시대'를 넘어서고자 하려는 의지, 폐쇄된 왕국의 기괴한 우두머리가 아닌 '정상국가의 지도자'로 인정받고자 하려는 노력이 여기서도 나타난다.

김정은은 집권 직후부터 북한 대중들에게도 김정일과는 전혀 다른 모습을 대담하게 보여줬다. 김정일 사망 이후 조선인민군 최고사령관, 조선노동당 제1비서, 국방위원회 제1위원장에 차례로 올라 당-정-군의 최고 지위를 얻은 김정은은 2012년 4월 15일 김일성의 100회 생일[태양절]을 맞아 평양 김일성 광장에서 열린 인민군 열병식에서 연설을 했다. 집권 후 첫 공식석상이었다.

세계적인 이목을 끈 20분간의 연설은 세 가지 점에서 주목거리였다. 첫째, 그의 외모뿐 아니라 목소리와 억양까지 김일성을 닮았다는 사실이었다. 둘째, 아버지 김정일 때에는 전혀 볼 수 없었던 대중연설을 집권하자마자 실행했다는 것이었다. 셋째는 연설내용이었다.

김정일은 집권 17년간[1994~2011년] 단 한 번도 북한의 TV를 통해 육성을 공개하지 않았다. 김일성이 지켜왔던 육성 신년사도 1995년부터는 지면의 '신년공동사설'로 대체했다. 인민군 장교 출신 탈북자 박선홍 등 여러 증언에 따르면 김정일은 말을 더듬는 언어장애를 가졌던 것으로 알려졌다. 또 어눌할 뿐만 아니라 빠르고 주제 없이 장황한 말버릇을 가지고 있는 것으로도 알려졌다. 김정일이 숨긴 것은 자신의 목소리 뿐만은 아니었다. 부인과 자녀 등 사생활이었다. 외부로의 정보 유출을 철저히 차단했다. 그는 상당히 복잡한 여성편력을 가진 것으로 알려졌는데 외부 사회에 내연 또는 혼인관계로 유력하게 알려진 이들은 영화배우 출신의 성혜림, 조선노동당 간부 딸 김영숙, 재일교포 무용수 출신 고용희, 비서 출신 김옥 등이다. 성혜림과의 사이에서 낳은 자식이 장남인 김정남이었고, 김정은은 한때 고영희로도 알려졌던 고용희와의 2남 1녀정철, 정은, 여정 중 차남이다.

리설주, 김정은의 또 다른 '존재 증명'

2018년 판문점에서 평양에 이르기까지 한국민은 물론이고 전 세계의 이목을 끈 또 다른 존재는 김정은의 부인 리설주였다. 김정은 첫 판문점 정상회담에도, 세 번째 평양회담에도 많은 행사 일정을 김정은과 공식 동행했다. 문 대통령의 부인인 김정숙 여사와 함께한 일정도 있었다. 김정은 이전까지의 남북 교류사는 물론이고 북한 내의 행사에서조차도 최고지도자의 부부동반 사례는 없거나 드물었다.

김일성은 물론이고 김정일도 공개석상 부부동반이 드물었을 뿐만 아니라 북한 인민들에게도 외부 사회에도 부인과 자녀를 정확히 밝히지 않았다. 김정은 집권 전까지 북한에는 사실상 '퍼스트레이디'가 없거나 있더라도 '퍼스트레이디'의 역할이 존재하지 않았다.

그러나 김정은은 집권 첫 해인 2012년 7월 국영 TV를 통해 부인 리설주를 전격 공개했다. 7월 6일에는 김정은의 만수대예술극장 방문 시 객석에 동석한 리설주의 모습이 포착됐으며, 7월 25일 조선중앙TV는 능라인민유원지 준공식 소식을 전하며 "김정은 원수가 부인 리설주 동지와 함께 준공식장에 나왔다"고 했다. 이때 김정은 부인의 존재와 이름이 외부 세계에 처음 알려졌다.

리설주는 이후 북한 매체에 의해 '여사'로 호칭되며 대내외적인 '퍼스트레이디' 역할을 하고 있다. 집권 초기 김정은과 새로 준공된 고층 아파트의 가정을 방문하는 장면이 보도되기도 했다.

미국 국무부 정보조사국INR 북한정보분석관 출신인 로버트 칼린은 김정은 집권 초기 가장 인상적인 장면을 이렇게 소개했다.

"아주 기가 막힌 일화가 있었습니다. 김정은 부부가 신축 아파트의 한 가정을 방문했는데, 집주인의 환대를 받으며 김정은은 방바닥에 앉았습니다. 그리고 부인리설주은 다른 모든 보통 엄마들처럼 (다리를 모으고) 남편 곁에 앉았어요. 김일성이라면 모를까 김정일이라면 상상조차 하기 어려운 모습이었습니다. 김정은은 아버지와 다르다는 것을 보여주기 위해 다양한 노력을 하고 있습니다. 인민들에게 더 개방적이고, 더 자유롭게 어울린다는 것을 보여주면서 말이죠."

리설주는 1989년 9월생으로 알려졌으며 북한 함경북도 청진에서 태어났다. 북한에서 유명한 예술전문학교인 금성학원 전문학부를 졸업해 김일성종합대학에서 성악을 전공했다. 가수로서 모란봉 중창단과 은하수관현악단 등에도 속해 활동한 경력이 있다. 김정일 사망 직후 김정은과 비공개 결혼을 한 것으로 알려졌으며 김정은과의 사이에서 2남1녀를 낳았다. 지난 2005년 인천에서 열린 아시아육상선수권 대회에서는 북측 청년학생협력단 단원으로 남한을 방문해 언론에 소개되기도 했다.

리설주는 두 차례에 걸친 남북정상회담에서 두 정상의 부부동반 행사, 김정숙 여사와의 영부인 일정에서 상당한 '분위기 메이커' 역할을 했다. 김정은을 가리켜 "저희 남편"이라고 호칭하는가 하면, 남측 특사가 평양을 방문한 자리에서는 정의용 청와대 국가안보실장이 김정은에 금연을 권유하자 "항상 담배를 끊길 바란다고 부탁하고 있지만 말을 들어주지 않는다"고 했다는 뒷얘기도 전해졌다. 평양회담에서는 김정숙 여사와 마치 이모-조카나 자매 사이 같은 모습을 연출했다.

4·27 판문점 회담에서는 문 대통령과 도보다리에서 "아버지[김정일]가 저를 보시더니 저 여자와 결혼하라고 해서 했다"는 이야기를 털어놓았다고 한다. 한 방송사의 입술모양 분석에서 나온 보도다.

리설주의 존재와 역할이 김정은에게 갖는 의미는 각별하다. 김정은은 정상국가의 정상으로 국제사회에서 인정받기를 원한다. 여기에는 북한이 정상국가이자 국제사회의 일원으로 외부 세계와 외교와 경제교류를 하지 않으면 고사할 수밖에 없다는 절박한 사정이 있기도 하다. 리설주의 존재와 공식 무대에서 리설주의 역할은 김정은이 지극히 정상적인 지도자라는 증명이기도 한 것이다.

'꼬마 로켓맨'의 인정투쟁

김정은이 선대로부터 물려받은 것에는 '은둔의 나라, 해괴망측하고 잔인무도한 독재자'라는 이미지도 있었다. 특히 김정일의 여성편력과 숙청정치, 비밀주의는 이러한 이미지를 더욱 부추겼다. 외부 세계와 국제사회에 북한을 극도로 비정상적인 통치시스템을 가진 나라로 각인시켰고, 북한의 최고지도자를 변태적인 취향을 갖고 포악한 공포정치를 일삼는 '괴물'로 보이도록 했다.

핵과 미사일 발사 실험을 이어갔던 2017년까지 김정은도 종전의 이미지에서 자유롭지 못했다. 게다가 젊고 어리다는 것도 국제사회에서는 비웃음을 사기에 충분했다. 철없고, 어디로 튈지 모르고, 겁 없이 까부는, 그래서 더 위험한 풋내기라는 이미지까지 더해졌다. 미사일로켓을 들고 노는 어린애로 조롱받기 일쑤였다.

특히 2017년 새롭게 취임한 도널드 트럼프 미국 대통령에겐 김정은은 좋은 적수이자 '요릿감'이었다. 그렇지 않아도 트럼프는 방송인 출신으로 국정까지 TV쇼나 리얼리티쇼, 즉 우리식으로 말하자면 '예능'처럼 만든다는 비판을 받았다. 그러니 여러 모로 김정은은 '악역'이자 '조연'을 맡기기에는 더없이 좋은 캐릭터였다. 북미 정상회담을 앞두고 워싱턴포스트는 트럼프의 외교를 'diplomacy'외교와 'entertainment'오락, 예능의 합성어인 '디플로테인먼트'diplotainment라고 비아냥댈 정도였다.

트럼프와 김정은은 2017년까지 극단적인 표현으로 날선 비난을 주고받았다. 트럼프는 김정은을 '로켓맨' '리틀 로켓맨' '미치광이' '병든 강아지'로 불렀다. 김정은도 지지 않았다. '전쟁광' '늙다리 미치광이' 등으로 맞받았다. 트럼프는 북한을 '깡패국가'라고 불렀고, 북한은 미국을 '핵악마'라고 했다.

2018년 초에도 험악한 분위기는 계속됐다. 김정은이 신년사를 통해 "핵 단추가 내 사무실 책상 위에 항상 놓여있다"고 하자 트럼프는 "나에겐 더 큰 핵버튼이 있다"고 했다.

그러나 평창동계올림픽의 북한 참가를 계기로 남북관계에 대화와 화해 무드가 조성되면서 일대 전기를 맞는다. 북미정상회담을 전후로 트럼프와 김정은은 상호 비방을 자제하는 것은 물론 극찬까지 아끼지 않는 관계가 됐다.

한반도 정세의 대변환은 트럼프의 '디플로먼트' 와 문재인의 '운전자론' , 그리고 김정은의 '정상국가 인정투쟁' 이 조합된 결과다.

문재인 대통령은 2017년 7월 주요 20개국 정상회의 참석차 방문한 독일 베를린에서 한반도 평화 구상인 이른바 '신新베를린선언' 을 발표한다. 북한의 핵실험과 미사일 도발로 한반도 긴장이 최고조에 달한 때였지만, 결국 2018년 대전환의 출발점이 됐다. 신베를린선언은 북한의 비핵화와 체제보장, 한반도의 항구적 평화체제 구축, 남북 경제협력 및 교류 추구 등의 내용이 담겼다. 이와 함께 문 대통령은 2017년 9월 유엔총회 기조연설에서 북한의 6차 핵실험을 규탄하는 한편으로 북한의 평창올림픽 참가를 제안한다. 2018년 1월 김정은의 신년사는 문재인의 베를린구상과 평창 참가 제안에 대한 화답이기도 했다.

문재인은 대선 때부터 한반도 문제에 관한 '운전자론' 을 제시했다. 요컨대 한반도 문제는 남북이 당사자로 남한(의 대통령)이 스스로 '운전대' 를 잡고 방향을 결정해나가야 한다는 주장이었다. 문재인이 한국 대통령으로서 미국과 북한 사이에서 적극적인 중재자 역할을 함으로써 한반도 문제를 스스로 해결해나간다는 것이었다.

김정은에겐 트럼프의 협상스타일과 문재인의 운전자론은 북한이 기존의 이미지를 벗고 '정상국가' 로 국제무대에 나설 수 있는 조건이 됐다.

김정은은 자신이 아버지 김정일과 다르며, 과거와는 다른 '새로운 북한'을 지향하고 있다는 의지를 기회가 있을 때마다 직·간접적으로 보여 왔다. 새로운 북한을 위해서 김정은에겐 두 가지가 필요했다. 미국의 무력공격으로 인한 체제붕괴의 위험을 벗어나야 했고, 국제사회의 대북제재를 극복하고 경제를 발전시켜야 했다. 그러기 위해선 북한은 국제사회에서 '정상국가'로 인정받아야 했다. 2018년 남북, 북미정상회담을 전후로 보여준 김정은의 행보와 미디어를 통해 연출한 이미지는 국제사회에 '정상국가'의 정상이라는 것이었다. 남북정상회담에서의 부부동반, 국가 간 주요 의전에서의 공개적인 행보, 항공편을 통한 싱가포르 방문, 남미 주요 고위급 관료와의 공개적인 회동 등 김정은은 전례 없이 진지하고 상식적이며 예측 가능한 모습을 보여줬다.

인간 김정은

김정은은 김정일과 고용희 사이에서 정철, 정은, 여정 등 2남 1녀의 둘째로 태어났다. 김정일-성혜림 사이에서는 김정남이 있었다. 김정일 생전 후계자 선상에는 정남, 정철, 정은이 올랐다. 장자 승계 우선, 나이대로라면 1971년생인 정남이 가장 위에 있었고, 그 다음이 1981년생인 정철, 1984년생 정은 순이었다.

이 때문에 한때 한국과 일본 등 외부에서는 김정남이 유력한 후계자라는 설이 지배적이었다. 김정남의 외부 노출이 많았던 데다 김정은 생전 정철-정은 형제의 나이가 너무 어린 탓도 있었다.

그러나 김정일의 요리사 후지모토 겐지는 정남 후계설이 파다한 가운데에서도 서열상으로는 3남인 정은의 승계론을 주장했다.

후지모토는 지난 2001년 일본으로 귀환한 후 2003년 일본 언론에 등장한 직후부터 정은 승계론을 펼쳤다. 그는 저서 '북한의 후계자 왜 김정은인가'에서 김정은을 찍었던 이유를 밝혔다. 일단 김정남의 어머니인 성혜림은 김정일의 정실부인으로 인정받지 못했다. 성혜림은 영화배우 출신으로 원래는 전 김일성종합대학 연구사 리평의 아내였다. 리평은 북한에서 작가로선 최고의 자리에 올랐던 소설가 리기영의 아들이었다. 리기영은 월북작가 출신으로 북한에 대한 충성심이 높았으며 문학예술총동맹위원장을 역임했다. 김정일은 이미 리평의 아내였던 성혜림을 좋아해 이혼하도록 한 뒤 사실혼 관계를 유지하며 정남을 낳았으나 아버지 김일성으로부터 부부로서 승인받지 못했다. 후지모토는 김정일 가족의 요리사는 물론이고 정철-정은-여정 형제의 놀이 상대나 말동무 역할도 했다. 그는 김정일이나 최고위층의 공식·비공식 식사나 파티, 술자리 등을 준비하고 때로는 동석하기도 했는데, 북한에서 일하던 1987년에서 2001년까지 14년간 한 번도 정남을 본 적이 없었다고 했다. 김정일이 정남을 일찍부터 후계자 후보군에서 제외시켰을 것이라는 게 후지모토의 주장이다.

고용희 역시 재일교포에다 예술단 출신으로 출신성분이 완벽한 상대는 아니었지만, 김정일 생전 사실상 정식 부인으로 인정받았다. 외부에는 공개되지 않았지만 공식 행사에서도 고용희를 동반한 사례가 있었던 것으로 알려졌다.

후지모토는 정남 다음의 승계서열이었던 김정철이 후계자로 되지 못한 이유는 성격 문제가 큰 것으로 봤다. 그에 따르면 김정은보다 두 살 위인 정철은 성격이 온화하고, 내성적이며, 개인적이다. 김정은은 형보다 승부욕과 리더십, 사회성, 사회적 관심에서 모두 앞섰다. 후지모토에 따르면 김정일은 정은에 대해서는 "나와 닮았다"고 만족스러워 했으나 김정철에 대해선 "그 녀석은 안 돼, 계집애 같아서"라고 자주 말하곤 했다 한다.

후지모토가 김정은의 가장 인상적인 일화로 털어놓은 몇 건이 있다. 먼저 1998년의 일이다. 김정은이 14살 때다. 아마도 스위스 유학 중 잠시 귀국했던 때로 추정된다. 그는 후지모토에게 "외국의 백화점이나 상점에 가서 보니 어디를 가나 물자와 식품들로 넘쳐나서 놀랐어. 우리나라 상점은 어떨까?"라고 물었다.

다음은 역시 스위스 유학 중에 귀국했던 2000년 8월, 김정일의 전용열차 안에서의 일이다. 원산에서 평양으로 가던 전용 열차에서 김정은은 후지모토 겐지에게 할 말이 있다며 자신의 객실로 부른 뒤 술잔을 앞에 놓고 무려 5시간 동안 밤새서 얘기를 나눈다.

이날 대화 주제는 개인적인 것이 전혀 없었다. 오로지 북한의 경제와 사회 문제를 놓고 김정은은 묻고 말했다. 김정은은 16살이었다. 김정은은 북한에서 빈번한 정전을 언급하며 공업의 후진성과 물자부족을 한탄했고, 일본의 패망 후 발전상을 언급했으며 중국의 개혁·개방 정책에 대한 막대한 관심을 표했다.

후지모토에 따르면 김정은은 이미 10대 때부터 술과 담배를 즐겼다. 특히 후지모토를 밤에 불러내 담배를 달라 해서 피우곤 했다. 2001년 3월의 어느 날에도 김정은이 후지모토의 방에 전화를 해서 불러냈다. 그러다니 담배를 나눠 피고는 먼 곳을 바라보며 이렇게 말하더란다.

"그런데 말이야, 후지모토, 우리는 매일 말도 타고 롤러블레이드도 타며 농구도 하고 또 여름에는 제트스키와 수영장에서 놀기도 하는데 일반 인민들은 어떻게 살고 있을까."

김정은은 10대 시절 몇 년간을 스위스에서 유학했다. 국내외 매체의 보도와 관련자들의 증언 등에 따르면 1998년부터 2000년까지 스위스 베른에 있는 기숙사학교인 리에베펠트-슈타인횔츨리 공립학교에 다녔다. 스위스의 행정서류에 따르면 지난 1992년 스위스 주재 북한대사관 박남철은 스위스 당국에 비자를 신청하는데 명단 중에 박철, 박은, 박미영이 올라 있었다. 철, 은, 미영은 다름 아닌 김정철-김정은-김여정으로 모두 스위스에서 유학했다. 김정은은 '박은' 이라는 이름으로 학교를 다녔다.

김정철은 왕족이나 부자들이 다니는 베른 국제학교에 다녔으나 김정은은 형의 학교에 입학했다가 곧 집 근처 공립학교로 옮긴 것으로 알려졌다. 김정은의 유학시절은 12살이던 1996년에서 16살이던 2000년까지로 추정된다. 1996년에 스위스로 가 초등학교에서 독일어 연수를 받은 후 1998년 중학교 과정인 7학년으로 편입돼 9학년까지 다녔다.

김정은이 후계자로 떠오르고 북한의 최고지도자가 된 뒤 베른 유학 시절에 대한 다양한 증언들이 쏟아졌다. 김정은의 유학 당시 친구들이나 교사들로부터였다. 이를 종합하면 김정은은 처음 적응이 쉽지만은 않았지만 곧 친구들을 사귀어 함께 지냈으며, 말이 많지는 않았지만 때로는 씩씩하고 농담을 잘 하는 편이었다. 특히 농구광으로 농구를 잘 했다는 사실은 누구나 기억했다. 지기 싫어했으나 성격은 원만했다. 그를 기억하는 대부분은 "평범했다"고 했다. 게임과 농구, 나이키, CD플레이어를 좋아하는 당시 보통의 10대였다는 것이다.

포르투갈계로 당시 김정은과 친하게 지냈다는 스위스의 요리사 호아오 미카엘로는 2010년 CNN과의 인터뷰에서 "그는 나와 마찬가지로 스포츠와 영화, 컴퓨터에 관심이 많은, 평범한 애였다"며 "특히 운동을 잘했고 지기를 싫어했으며 농구광이었다"고 했다. 미카엘로에 따르면 김정은은 조용한 편이었고 사교성이 좋지는 않았다. 미카엘로는 김정은의 집에 여러 차례 놀러가기도 했는데 "우리 가족처럼 여느 보통 가족이었다"고 했다. 미카엘로는 당시 집에 김정은을 데리고 있던 두 남녀를 부모라고 생각했는데, 아마도 대사관 직원이나 수행원이었을 것으로 추측된다. 미카엘로는 CNN과의 인터뷰 후 2012년 김정은의 초청으로 북한을 다녀온다. 방송을 본 김정은이 오래 전 친구를 초대했던 것이다.

당시 김정은의 담임교사로 체육, 독일어, 수학을 가르쳤던 미헬 리젠은 NBC와의 인터뷰에서 "친절하고 예의 바른 아시아 소년"으로 기억했다. 경호원을 대동하지 않고 학교까지 걸어 다녔으며 평범한 옆집 소년 같았다고도 했다. 특히 리헬 리젠은 첫 영어 인터뷰 때 뛰어난 유머 감각을 보여줬으며 함께 웃었다고 떠올렸다.

스위스의 출입국 기록을 보면 김정은의 유학 당시 고용희는 여러 차례 현지를 방문했던 것으로 알려졌다. 이때 김정은과 함께 유럽 여행을 했던 것으로도 추정된다. 후지모토에 따르면 고용희는 김정철과 정은, 여정 등 자식들이 더 어렸을 때는 극비리에 일본을 왕래하며 테마파크에도 다녔고 자주 쇼핑이나 관광을 즐겼던 것으로 알려졌다.

스위스 베른의 유학 시절 그가 배운 과목에는 자본주의 경제뿐 아니라 서구의 민주정치가 있었고, 심지어는 스위스 의회 방문 프로그램도 있었다. 김정은은 4년간 중산층의 보통 아이들처럼 아파트에서 살며 경호원 없이 공립학교에 다녔다. '김정일의 아들' 이 아닌 '평범한 아시아 소년' 으로 알았던 외국인 친구도 있었다. 어머니와 함께 일본과 유럽 여행을 했다. 이 같은 생활감각이 김정일과 다른 김정은을 만들어냈을 것이다.

김정일은 김일성의 항일무장 투쟁 중 태어났고 한국전쟁 등 어려운 시기를 겪었지만 '왕자' 로서 철저한 '궁중 교육' 을 받았다. 숙부 김영주와 계모인 김성애, 김성애의 자식들과 권력투쟁을 벌이며 숙청정치를 했다. 친모인 김영숙의 이른 사망과 계모와의 불편한 관계 등으로 우울한 유년기를 보낸 것으로도 알려졌다. 소련의 해체 이후 후원의 단절과 세계 주요국의 대북재제로 최악의 경제난을 겪었다.

김정은은 아버지와 다르게 몇 년간의 유학시절을 보내며 국제 감각을 길렀다. 중산층의 보통 아이와 같은 생활경험도 했다. 김정일의 예측불가능하고 폐쇄적인 성격과는 달리 일반적이고 평균적인 생활 감각을 갖게 됐을 거라는 분석도 가능하다. 어머니인 고용희와의 안정적인 관계도 김정은의 성격 형성에 기여했을 것이다.

김정은, '희망' 과 '묵시록' 사이, 불가역적이지만 불투명한 미래

2018년, 문재인의 탁월한 전략과 김정은의 담대한 결단, 트럼프의 야심이 어울려 북한도, 한반도도 '돌이킬 수 없는 시간'으로 들어섰다. 비핵화와 평화공존을 향한 길이다. 남북미, 누구든 상황을 거꾸로 돌이키고자 한다면 모두 파국을 맞을 수밖에 없다는 의미에서 불가역적인 과정이다.

키는 역시 '핵'을 쥔 김정은이 갖고 있다. 평창과 판문점을 거쳐 싱가포르와 평양에 이르기까지 우여곡절 끝에도 순항해왔지만 그가 맞닥뜨린 상황은 결코 만만치 않다.

백악관 내외에서 파열음이 잇따르고 있는 트럼프 행정부의 대북전략이 언제 돌변할지 모른다. 당장 2020년 미국 대선에서 트럼프가 재선에 성공할지, 재선을 위해 한반도 전략을 어떻게 수정할지도 알 수 없는 노릇이다.

30대에 불과한 김정은이 북한체제 내부의 권력투쟁과 균열을 어떻게 성공적으로 막아내고 개혁과 개방을 추진해나갈 수 있을지에 대해서도 아무도 장담할 수 없다.

어쨌든 김정은은 한반도의 미래 한 축을 담당할 남한의 동반자가 됐고 이제까지는 전대의 그 누구보다 훌륭한 상대가 될 수 있음을 보여줬다. 김정은은 북한 인민, 그리고 남한과 함께 한반도의 비핵화와 항구적인 평화체제의 달성, 북미수교와 완전한 정상국가로의 국제사회 공인 등을 이뤄가야 한다. 협력과 교류, 궁극적으로 남북한 단일 시장으로의 지향을 통해 경제 발전을 이뤄야 한다는 공동의 목표도 있다.

김정은의 이름이 우리에겐 '묵시록'과 '희망' 사이, '과거의 망령'과 '새 시대의 번영' 사이, 불가역적인 시간과 불투명한 미래 사이에 있는 이유다.

선악의 피안 |

부활하는 망령, 망각과 향수가 부른 코미디

모든 개인은 말할 것도 없이 자기 시대의 아들이다. _ 헤겔, 〈법철학〉 서문 중

괴물과 싸우는 사람은 그 싸움 속에서 스스로도 괴물이 되지 않도록 조심해야 한다. 우리가 괴물의 심연을 오랫동안 들여다본다면 그 심연 또한 우리를 들여다보게 될 것이다.
_ 니체, 〈선악의 피안〉 중

조국의 근대화와 경제 발전을 이룬 위인인가? 부패와 인권 유린, 민주주의 말살을 가져온 범죄자인가?

필리핀과 스페인, 칠레. 서로 다른 대륙인 아시아와 유럽, 남미의 각국에서 우린 훨씬 더 직접적인 질문에 부딪혔다. '가문의 영광' 으로부터 시작해 '가문의 위기' 와 '가문의 몰락' 을 거쳐 '가문의 부활' 에 이르는 과정은 영화라면 코미디겠지만, 현실이라면 웃을 수 없는 현재 진행형의 역사가 된다.

필리핀의 페르디난드 마르코스1917~1989와 스페인의 프란시스코 프랑코1892~1975, 칠레의 아우구스토 피노체트1915~2006는 모두 천수에 가까운 수명을 누리다 사망한 독재자들이다. 마르코스는 필리핀 민중들에 의해 권력으로부터 축출된 뒤 하와이 망명 중 심장마비로 사망했고, 프랑코는 36년간 철권통치를 펴다 지병으로 죽었다. 피노체트는 17년간

대통령으로 재임했으며 퇴임 이후에도 십수 년간 군총사령관이자 상원의원으로서 정치적 영향력을 유지하다 결국은 집권 기간 동안 저질렀던 범죄에 대한 처벌을 받기 전 91세의 나이로 세상을 떠났다.

독재자들의 공과 제대로 평가 안 되는 현실

이들이 집권기에 저지른 끔찍한 악행의 기록을 다시 열거할 필요는 없을 것이다. 수많은 이들을 희생시킨 탄압과 학살, 자유·인권의 유린은 정도 차이만 있을 뿐 다른 모든 독재자들과 똑같았다. 그럼에도 불구하고 이들을 두고 '경제 발전'의 혁혁한 공로는 인정해야 하는 것이 아니냐는 주장이 뒤따르는 것도 공통적이다. 설령 그 공을 인정한다손 치더라도 문제는 이들이 저지른 반인륜적 범죄에 대한 처벌 및 평가가 생존 기간은 물론이고, 사후에도 거의 이루어지지 않았다는 점이다. 가해자에 대한 정당한 심판이 이루어지지 않고 있으니 많게는 수백만 명에 달하는 독재의 피해자들에 대한 복권 및 보상도 제대로 될 리 없다.

'정의란 무엇인가'를 다시 묻고 싶은 시점

가족을 잃고 재산을 강탈당하고 최소한의 자유마저 빼앗겼던 피해자들이 여전히 고통에 신음하고 있을 때에도 독재자가 남긴 가족과 자식들은 아버지가 범죄로 거둔 거대한 유산을 이어받아 호의호식하고 있다. 심지어 스스로 아버지 영혼의 대리자임을 자처하며 정계에 진출해 과거의 영광을 재현하겠노라 나서기도 했다. 정치적 과는 비판해도 '독재자의 (경제적) 업적을 인정해야 한다'는 주장은 일견 순수하고 합리적인 듯하지만, 대부분 독재의 부활과 죽은 권력의 복권, 부정으로 쌓은 부의 영구적 소유 의도와 결부돼 있다는 점에서 우려를 넘어 공포스럽다. 우리는 다시 묻지 않을 수 없다. '정의란 무엇인가' 말이다.

독재 정권의 악행을 처벌하고 부정하게 쌓아 불린 재산을 환수하고자 하는 노력이 없었던 것은 아니다. 필리핀에선 마르코스 이후 집권한 코라손 아키노 전 대통령이 '좋은 정부를 위한 대통령 직속위원회'를 설치하고 마르코스와 부인 이멜다 및 가족, 자식들이 가진 거대한 부정 재산과 은닉 자산을 환수하려 했지만 실패했다. 법적인 소송 역시 그 뒤를 이은 정권의 비호와 혈연 및 지연을 통한 행정, 사법 권력층의 결탁으로 사실상 부정 재산을 마르코스 일가의 소유로 '공인'하는 기능밖에는 하지 못했다.

강탈과 비리, 횡령, 이권 개입으로 얻은 '천문학적인 재산'에 대한 병적인 집착은 모든 독재자들의 자식에게 나타나는 특성이다. 마르코스의 첫째 딸 이미 마르코스는 아버지가 생전 대리인을 내세워 사놓은 각종 주식과 부동산을 그 대리인들이 돌려주지 않고 있다며 법적 조치를 취하기도 했다.

평생 정치와는 담을 쌓고 살아온 프랑코의 외동딸 카르멘 프랑코가 발끈한 것도 결국은 재산 환수 문제 때문이었다. 2004년 집권한 스페인 사회당이 그동안의 침묵의 역사를 깨고 '역사 바로 세우기'를 기치로 과거 역사에 대한 평가와 함께 프랑코가 부당하게 모은 재산에 대한 환수에 나서자 그녀는 전면에 등장해 아버지를 칭송하고 역사 바로 세우기를 거부했다.

피노체트의 딸이자 변호사인 루시아는 아버지의 퇴임 후에도 각종 소송과 재판에서 아버지를 변호했으나 일가의 해외 비밀 계좌가 폭로되고, 체포 위기에 처하자 미국으로 도망가 정치적 망명을 도모한다. 물론 이는 불발에 그쳤다.

필리핀에선 '좋은 정부를 위한 대통령 직속 위원회'의 설치에도 불구하고 마르코스 일가에 대한 처벌과 재산 환수가 이루어지지 못했다. 스페인에선 사회당의 야심찬 '역사 바로 세우기'에도 불구하고 과거 비극적인 역사에 대한 평가는 손도 대지 못했다. 칠레에선 피노체트 퇴임 이후 정권에서 살인 및 납치, 정치 탄압, 해외 불법 계좌 등 각종 죄목의 기소가 이루어지지만 면책 특권 여부와 치매로 인한 기소 중지 등으로 단죄는 이루어지지 않았다.

과거사 청산 실패 속 망령의 부활 심각

결국 과거와의 단절에 실패한 현실에서 망령의 부활은 필연적이었을 것이다. 눈곱만큼이라도 재산을 뺏기지 않으려고 눈에 불을 켰던 독재자의 자식들은 뒤따르는 정권의 과거사에 대한 논란과 사실상 방기된 과거사 청산의 틈을 비집고 복권을 시도하고 있다. 마르코스의 부인인 이멜다와 맏딸 이미, 아들 봉봉은 이미 정치계의 전면에 나섰다. 그중 봉봉은 어머니 이멜다에 이어 2016년 대권 도전을 선언했었다. 피노체트의 딸 루시아는 현역 시의원이다. 노령의 카르멘 프랑코는 정치 일선에 나선 것은 아니지만 '역사 바로 세우기'를 거부하는 스페인 우익 보수 세력의 정신적 구심이 되고 있다.

아버지의 단죄 피해 복권 노리는 자식들

이들이 아버지의 단죄를 피해 복권을 노릴 수 있는 사회적, 역사적 배경은 일견 다르다. 필리핀은 여야를 막론하고 여전히 견고하게 뿌리내린 족벌주의 및 지역주의가 과거 독재 잔재와의 단절을 불가능하게 하고 있으며, 스페인은 내전으로 인한 좌우파의 대립과 긴장, 국민적인 분열과 상처가 과거사 청산을 가로막고 있다. 칠레의 경우 피노체트의 집권기 지배층을 포함한 우파 정권의 집권이 독재 세력 복권의 바탕이 되고 있다.

지역적 특성과 역사적 배경에 따라 다르지만, 과거의 영화를 재현하려는 독재자의 후손 및 일가가 구사하는 수사와 주장은 신기할 정도로 닮았다. 근본적으로는 아버지의 통치가 조국의 번영을 가져왔다며 독재 체제를 비호하고, 과거의 과오에 대한 증오 및 비판은 국민적인 분열을 가져올 것이라는 점을 강조한다. 정세와 여론의 변화에 따라 교묘히 말을 바꾸거나 재산 기부나 사회 환원으로 대중을 호도하는 '기회주의' 도 한결같이 나타난다.

카르멘은 아버지의 유해 이전과 동상 철거에 반발하고 국가 문화재를 포함한 거액의 재산권을 방어하는 데 전력을 다하며 '아버지는 스페인의 근대화를 훌륭하게 이끌어 낸 지도자' 라고 주장했다. '스페인 국민의 삶의 질을 향상시켰고, 사회 안전망을 구축했으며, 지금의 중산층을 있게 했다' 는 것이 그녀의 말이다. 아버지가 남긴 재산권 방어에 온힘을 쏟던 그녀는 최근 여론의 압력에 굴복해 재산의 일부인 갈리시안 궁을 대중에게 개방하는 데 동의했다.

피노체트의 퇴임 후 법정에서 아버지를 변호하는 데 매진했던 딸 루시아는 아버지의 종신 면책 특권이 박탈당하자 '아버지는 무죄이며, 아버지가 몰락할 경우 군인과 민간인 등 수많은 사람들이 다치게 될 것' 이라고 협박했다. 피노체트의 집권기 범죄에 대한 기소가 잇따르자 루시아는 '아버지는 재임 시의 희생자들로 인해 고통스러워했다' 라며 한발 물러나기도 했다. 하지만 2006년 피노체트의 장례식에 참석한 가족들은 ‘칠레 역사상 가장 위대한 대통령’이라고 입을 모았으며, 그녀는 한술 더 떠 ‘아버지는 자유의 불꽃을 태웠다’고까지 칭송했다. 2010년을 전후로 칠레를 포함한 남미에 좌파 정권이 잇따라 들어서자 ‘남미에는 어제의 테러리스트가 오늘 대통령이나 각료가 된 인물들이 많다’고 비난했다. 자신과 다른 정치적 견해를 가진 이들을 ‘폭동 세력’이나 ‘테러리스트’ ‘국민의 분열을 획책하는 반체제 인사’로 공격하는 것은 이들이 구사하는 상투적인 수사다.

여전히 가문의 영광에 사로잡혀 있는 독재자의 자식들

여론과 역사적 사실까지 무시할 순 없었던 루시아에게 ‘아버지의 집권 시절에 저질러진 인권 침해 범죄 행위는 정당화될 수 없으며, 피해자들에게 정당성을 요구하지도 않을 것’이라는 말은 정치적 수사일 뿐이고, 정작 본심은 ‘증오만을 키우는 것은 아무에게도 도움이 되지 않으며 상처 입은 사람들에게도 많은 고통을 가져다줄 것’이라는 주장이다. 여전히 가문의 영광, 아버지의 영혼에 사로잡혀 있는 독재자의 자식들에게 과거사에 대한 정당한 평가와 청산은 증오와 분열을 의미할 뿐이다. ‘통합’과 ‘화해’는 이들이 아버지의 범죄와 과오를 가리기 위해 내세우는 가장 강력한 ‘수사’다.

이들이 망령의 부활과 복권에 성공적인 한 걸음을 내디딜 수 있었던 토대는 물론 독재 체제 아래서 막대한 부와 이익을 누렸던 기득권층이다. 여전히 사회의 지배층을 점하고 있는 이들은 독재자의 자식들에게 가문의 부활을 꿈꿀 수 있는 강력한 바탕이 됐다. 하지만 더 중요한 것은 망각과 향수에 기반한 대중의 지지와 열망이다. 독재 체제의 붕괴 혹은 독재자의 퇴임 후 집권한 어떤 정치 세력도 과거 경제 체제와 단절을 이루어 내지 못했으며, 성공적인 개혁도 이뤄 내지 못했다. 독재 체제로부터 이어진 신자유주의적인 정책은 빈부 양극화와 고용 불안, 사회 복지의 축소를 가져왔고, 현실에 절망한 국민들은 인권 유린의 악몽은 잊은 채 '경제 개발의 추억'만을 불러내고 있는 것이다.

아이러니하게도 많은 이들이 독재자의 자식들에게서 독재자의 악행을 떠올리는 것이 아니라, '과거의 영화'를 겹쳐 본다. 그것이 누구의 영화였는지는 묻지 않는다. 그 한편에선 독재의 피해자와 희생자들뿐 아니라 '퇴행이 아닌 미래로의 전진'을 지향하는 많은 이들이 현재 진행형의 역사가 된 '과거의 악령'과 싸우고 있다.

독재를 경험한 많은 나라에서 독재자의 자식들은 아직도 집권을 꿈꾸고 있다. 그들을 어떻게 볼 것인가. 분명한 것은 어느 누구도 부모나 가족의 행적 및 과오로 비난받아서는 안 된다는 것이다. 그 어느 누구도 자신이 선택하거나 성취하지 않은 지위 혹은 신분으로 불이익을 받아서는 안 된다는 것이다. 마찬가지로 독재자의 자식이라는 이유로 그 누구도 비판받아선 안 된다. 뿐만 아니라 누구에게나 보장된 선거권과 피선거권, 즉 정치에 참여할 권리 역시 부당하게 제한되어서는 안 될 것이다. 그것은 성과 종교, 사상, 국적, 민족에 상관없이 누구에게나 보편적인 권리를 보장하기 위해, 우리가 많은 희생을 치른 인권 투쟁의 역사 끝에 도달한 진리다.

우리는 그 누구의 행동을 섣부르게 예측하지 않기 위해, 편견으로 인해 또 다른 인권을 침해하지 않기 위해 비극의 역사를 뒤돌아보았다. 여기서 목격한 것은 부당하게 누린 부와 권력에 대해 반성하지 않는 독재자의 영혼이다. 부당하게 강탈하고 축적한 재산을 기필코 방어하려는 탐욕이며, 아버지의 폭력과 불의의 폭력에 의한 희생자들을 인정하지 않는 자식들의 후안무치한 정치관과 역사관이다. 그들이 아버지에 이어 다시 역사의 전면에 주인공으로 등장한다면, 비극과 불행은 반복될 것이다. 그것은 주장이 아니라 역사가 증명한 사실이다.

우리는 스스로 괴물이 되지 않기 위해 싸워야 한다

다시, 독재자 그들은 조국의 근대화와 경제 발전을 이룬 위인인가? 부패와 인권 유린, 민주주의 말살을 가져온 범죄자인가? 선악과 공과에 대한 평가를 현재가 아닌 미래의 저 너머, '피안'으로 미뤄 둘 것인가?

질문에 답할 순간이다. 헤겔이 말한 대로 우리는 말할 것도 없이 우리 시대의 아들이기 때문이다. 우리는 괴물과 싸우는 것이 아니라, 괴물이 되지 않기 위해 싸워야 하기 때문이다.